The Japanese Language

일본어 회화

항공, 호텔, 스키, 골프, 카지노

日本語

정천석 · 신포 나오미 공저

(주)백산출판사

머리말

최근 영어 외에 자기 계발을 위해 제2외국어를 배우는 사람들이 증가추세에 있다. 따라서 이제 어학은 국제화 시대의 필수품이 되었으며 각자의 목적달성을 위해 필수불가결의 중요한 수단이 되고 있다. 언어 중에서 일본어를 사용하는 인구는 1억 2천만 명 정도로 세계적으로 전체 11위권에 머물고 있다.

과거부터 한국과 일본은 멀고도 가장 가까운 나라이기도 하며 스포츠 교류에서는 양국이 영원한 경쟁자라 생각하고 있다.

한편으로는 일본 대중문화의 개방과 한류 열풍으로 케이팝, 드라마, 한식, 미용, 패션 등 '신한류' 유행으로 한일 간의 국제화 교류가 꾸준하게 진행되고 있다.

거기에 발맞추어 일본이 20년 장기침체에서 서서히 탈피하면서 한국을 찾는 일본인 관광객은 2017년 5년 만에 다시 증가세로 전환한 뒤 뚜렷한 회복세를 보이고 있다. 한국을 방문하는 일본인 관광객은 2016년 230만, 2017년 231만 1,447명, 2018년 상반기에는 전년 대비 20.2% 이상 증가하였다.

일본인 관광객의 증가에는 기존 항공사 이외에 저가비용 항공사 노선 취항 확대 등의 영향과 제주~일본 간 전세기, 크루즈 취항이 크게 작용하였으며 특히, 일본의 20~30대 젊은 층과 가족 관광객이 증가하고 있다.

이제 서울, 부산, 제주 외에도, 강원도 등 대한민국 어디에서라도 일본인 관광객을 쉽게 접할 수 있다.

한국을 방문하는 일본 관광객을 맞이하는 자세로 무엇보다 중요한 것은 현장에서 근무하는 종사자들이 일본어를 정확하게 구사하는 의사전달능력이라 할 수 있다.

이 교재는 일본 관광객이 호텔, 레스토랑, 카지노, 리조트 지역의 골프장, 스키장, 각종 스포츠시설을 방문하면서 현장에서 일어날 수 있는 여러 가지 상황들을 필자가 현장 실무경험을 통해 다양한 표현들을 대화체 형식으로 응용하여 직접 만들었다.

또한, 항공편과 공항 출국에서부터 입국하기까지 모든 과정을 다루었고 일본을 직접 관광하고자 하는 우리나라 사람이 이 일본어 교재로 익혀서 사용하면 일본 현지 여행지에서도 언어의 어려움을 겪는 장벽을 완전히 해소할 수 있을 것이다.

영어는 언어구조가 한국어와 정반대이므로 10년 이상 배워도 크게 진척이 없지만, 일본어는 한국어와 가장 유사한 언어이기 때문에, 누구라도, 배워서 단기간에 습득할 수 있으며 빠른 사람은 3개월 정도면 어느 정도 의사소통이 가능하다. 구조상 한국어와 발음이 같거나 비슷하고, 문장의 어순이 똑같아서 배우기가 매우 쉽다. 그러나 배우는 데 있어서 몰입과 효과적인 공부방법이 필요하다. 무엇보다도 일본어는 습득에 있어서 동사 활용이 매우 중요하다.

따라서 이 일본어 회화 교재는 기초가 전혀 없는 초보자부터 중급, 고급에 이르기까지 누구나 쉽게 단기간에 일본어를 습득할 수 있도록, 더욱 효과적인 일본어 학습방법을 제시하고 있다.

본 교재의 특징을 소개하면 다음과 같다.

먼저, 실무 회화에 들어가기 전에 일본어 기초 습득에 필요한 내용만을 모아서 제1편에 정리하여 수록하였다. 일본어를 구사하는 데 있어 어느 정도 꼭 필요한 기본 문법 지식과 동사 활용, 형용사 활용, 부사 활용, 접객업소에서 가장 많이 사용되는 정중 표현(존경어, 겸양어), 그 밖에 다양한 일본어 표현법들을 일목요연하게 총정리해서 담고 있다.

제2편 실용 일본어 회화편에서는 지금까지 어느 교재에서도 다루지 못했던 부분까지 모두 실었다. 항공편, 호텔, 콘도, 레스토랑, 카지노, 스포츠(스키장, 골프장, 수영장, 볼링장), 편의점, 병원, 교통편, 기타 부대시설, 일본 관광객들이 겪은 다양한 불편사항 등을 30년간의 현장 실무경험을 토대로 수록하였다. 따라서 생동감 넘치는 다양하고 알찬 내용과 설명으로 단시간에 일본어를 완전히 습득할 수 있는 종합교재라 하겠다.

이 일본어 회화 교재는 관광을 전공하는 대학생뿐만 아니라 관광종사자, 자격시험준비생, 수험생, 직장인, 일본여행을 위한 한국인 관광객 모두가 일본어를 완성하는 데 도움을 줄 것이다.

아무쪼록 이 책 한 권이 일본어를 완전히 정복하고자 하는 모든 분에게 좋은 길잡이가 되었으면 하는 바람이다.

2019年

著者 鄭 千 石

차례

제1편 일본어(日本語) 문법(文法) 및 활용(活用) • 15

제2편 실용(実用) 일본어(日本語) 회화(会話) • 57

제2장 ホテルサービス(호텔 서비스) • 95

제4장 コールセンター(콜센터) • 221

제5장 レストラン(레스토랑) • 265

제 1 편

일본어(日本語) 문법(文法) 및 활용(活用)

日本語 特徵

1. 한국어와 문법의 어순이 같다.
   - 일본어는 제일 먼저 반드시 名詞, ~い形(형용사), ~な形(형용동사), 動詞의 기본형과 활용법을 빨리 이해해야만 일본어를 쉽게 습득할 수 있다.

2. 한자(상용한자 2,136자)가 한국 한문과 거의 비슷하고 일본은 약자로 쓰는 것이 있다.
   - 한국〔會〕(모일/회) ⇨ 일본〔会〕(あ-う/かい)
     한국〔國〕(나라/국) ⇨ 일본〔国〕(くに/こく)

3. 한국과 같이 음독(음으로 읽기)과 훈독(뜻으로 읽기)이 있다.

春夏秋冬	소리로 읽기	뜻으로 읽기
한국	춘하추동	봄, 여름, 가을, 겨울
일본	しゅんかしゅうとう	はる, なつ, あき, ふゆ

<table>
<tr><th rowspan="2">한자</th><th colspan="2">한국어</th><th colspan="2">일본어</th><th rowspan="2">예문</th></tr>
<tr><th>음(소리)</th><th>훈(뜻글자)</th><th>음</th><th>훈(뜻글자)</th></tr>
<tr><td>学</td><td>학</td><td>배우다</td><td>がく</td><td>学(まな)ぶ</td><td rowspan="4">学校(학교 : がっこう)
人間(인간 : にんげん)
食事(식사 : しょくじ)
登山(등산 : とざん)</td></tr>
<tr><td>人</td><td>인</td><td>사람</td><td>にん</td><td>ひと</td></tr>
<tr><td>食</td><td>식</td><td>먹다</td><td>しょく</td><td>たべる</td></tr>
<tr><td>登</td><td>등</td><td>올라가다</td><td>と</td><td>のぼる</td></tr>
</table>

4. 외래어, 의성어 · 의태어, 이름, 동 · 식물의 이름 등의 표기는 가타카나로 표기한다.

- 아메리카(アメリカ), 유럽(ヨーロッパ), 왕왕(ワンワン : 개가 짖는 소리)
- 텔레비전(テレビ), 영국(イギリス), ボールペン(볼펜)

5. 단어나 끝말에 남성어와 여성어가 존재한다.

- 남성어 1) 君 : きみ(자네), おまえ : (너), 俺 : おれ(나)
  2) キムさんが来る(김 군이 오다)
  ⇨ キムさんが来るぞ(김 군이 오지?)

- 여성어 1) キムさんが来(く)る(김 군이 오다)
  ⇨ キムさんが来るわよ(김 군이 와요)
  2) 雨(あめ)が降(ふ)る(비가 내리다)
  ⇨ 雨が降るかしら(비가 내리려나)

6. 존칭어(정중형, 존경어, 겸양어가 뚜렷하다)

- 일본어의 존칭어는 한국어와 같이 다양한 방법으로 상대를 높이거나, 자신을 낮추어 말한다.

日本語 文字(もじ) 50音図(おんず)

히라가나(ひらがな)

단 / 행	1단	2단	3단	4단	5단
	あ(아)단	い(이)단	う(우)단	え(에)단	お(오)단
あ (아)행	あ a	い i	う u	え e	お o
か (카)행	か ka	き ki	く ku	け ke	こ ko
さ (사)행	さ sa	し shi	す su	せ se	そ so
た (타)행	た ta	ち thi	つ thu	て te	と to
な (나)행	な na	に ni	ぬ nu	ね ne	の no
は (하)행	は ha	ひ hi	ふ hu	へ he	ほ ho
ま (마)행	ま ma	み mi	む mu	め me	も mo
や (야)행	や ya		ゆ yu		よ yo
ら (라)행	ら ra	り ri	る ru	れ re	ろ ro
わ (와)행	わ wa				を o
ん n	ん n				

- 세로를 行 / 가로를 段(5段)이라 부름
- あ か さ た な は ま や ら わ 行의 순서를 반드시 암기
  아 카 사 타 나 하 마 야 라 와

가타카나(カタカナ)

단 행	1단 ア(아)단	2단 イ(이)단	3단 ウ(우)단	4단 エ(에)단	5단 オ(오)단
ア (아)행	ア a	イ i	ウ u	エ e	オ o
カ (카)행	カ ka	キ ki	ク ku	ケ ke	コ ko
サ (사)행	サ sa	シ shi	ス su	セ se	ソ so
タ (타)행	タ ta	チ thi	ツ thu	テ te	ト to
ナ (나)행	ナ na	ニ ni	ヌ nu	ネ ne	ノ no
ハ (하)행	ハ ha	ヒ hi	フ hu	ヘ he	ホ ho
マ (마)행	マ ma	ミ mi	ム mu	メ me	モ mo
ヤ (야)행	ヤ ya		ユ yu		ヨ yo
ラ (라)행	ラ ra	リ ri	ル ru	レ re	ロ ro
ワ (와)행	ワ wa				ヲ o
ン n	ン n				

- 주로 외래어 표기, 이름, 의성어 · 의태어, 동 · 식물의 이름 등을 표기
- 아메리카(アメリカ), 이탈리아(イタリア), 왕왕(ワンワン, 개가 짖는 소리)

탁음, 반탁음

■ 탁음(が, ざ, だ, ば)

が ga	ぎ gi	ぐ gu	げ ge	ご go
ざ za	じ zi	ず zu	ぜ ze	ぞ zo
だ da	ぢ zi	づ zu	で de	ど do
ば ba	び bi	ぶ bu	べ be	ぼ bo

• 탁음 : か(카) さ(사) た(타) は(하) 행에만 있다.

* が, ぎ, ぐ, げ, ご(가, 기, 구, 게, 고)
영어의 'g'와 같은 발음

* だ、ぢ、づ、で、ど(다, 지, 즈, 데, 도)
영어의 'd' 발음, 'ㅈ' 발음은 영어의 'z' 발음과 유사 'ぢ(지), づ(즈)'의 경우 'じ(지), ず(즈)'와 비슷하게 발음되어 특별한 경우에만 사용

* ざ, じ, ず, ぜ, ぞ(자, 지, 즈, 제, 조)
영어의 'z' 발음에 가까움. 'ず'는 '주'와 '즈'의 중간발음

* ば, び, ぶ, べ, ぼ(바, 비, 부, 베, 보)
영어의 'b'와 같은 발음

■ 반탁음(ぱ)

ぱ pa	ぴ pi	ぷ pu	ぺ pe	ぽ po

• 반탁음 : は(하)행에만 있다.

日本語 文字の読み方(읽는 법)

- か(KA) : 카 또는 까로 읽음
- た(TA) : 타 또는 따로 읽음
  * 첫 글자에 올 경우 읽기 : か(카), き(키), く(쿠), け(케), こ(코)
    た(타), ち(치), つ(츠), て(테), と(토)로 읽음
  * 중간글자나 끝 글자로 읽기 : 까, 끼, 꾸, 께, 꼬
    따, 찌, 쯔, 떼, 또로 읽음
- 田中(たなか)(타나까) / 心(こころ)(마음) / あなた(당신) / おどろく(놀라다) / おかしい(이상하다) / 歩(ある)く(걷다), 立(た)つ(서다), 九(ここの)つ(아홉)

日本語의 받침 使用法

1. ん(응)

- ㅇ, ㄴ, ㅁ으로 모두 통일해서 발음

  * 주로 ん(응) 뒤에 오는 음에 따라 'ㅇ, ㅁ, ㄴ'으로 발음

1) ㅇ발음 - 뒷소리가 かがあはやわ행

   - 뒤에 글자가 없는 경우

   예) かばん〔카방〕- 가방, にんじん〔닌징〕- (당근), りんご〔링고〕- (사과),
   しんごう〔싱고〕- 신호, かんがえる〔강가에루〕- 생각하다
   にほんご〔니홍고〕- 일본어, でんわ〔뎅와〕- 전화

2) ㅁ발음(ん 다음에 ま ば ぱ가 옴)

   예) さんまい〔삼마이〕- 세장, しんぶん〔심붕〕- 신문

3) ㄴ발음(な행 및 그 외에 さざただなら 뒷글자)

   예) おんな〔온나〕- 여자, はんたい〔한따이〕- 반대
   せんせい〔센세-〕- 선생님, かんじ〔칸지〕- 한자

2. 촉음(っ)

- ㄱ, ㄷ, ㅅ, ㅂ, ㅈ 등으로 발음
- つ를 받침으로 사용할 경우 작게 쓰고(っ) 바로 뒤에 나오는 글자를 발음한다.

  예) がっこう(각꼬-) - 학교, さっぽろ(삽뽀로) - 삿포로, きって(긷떼) - 우표,
  ざっし(잣시) - 잡지, きっぷ(깁뿌) - 표

3. 요음(きゃ, きゅ, きょ)

- き(키) + ゃ(야) ⇨ きゃ(캬)
- じ(지) + ゃ(야) ⇨ じゃ(쟈)

  * にゃ(냐), ぎゆう(규우), じゅ(쥬), ぎょ(교)

  예) きゃく(캬꾸) - 손님, いしゃ(이샤) - 의사, りょこう(료코우) - 여행

数字の数え方(숫자 헤아리기)

1. 숫자
   - 1(いち), 2(に), 3(さん), 4(し,よん), 5(ご), 6(ろく), 7(しち, なな), 8(はち), 9(きゅう,く), 10(じゅう), 11(じゅういち), 12…
   - 百(ひゃく), 2백, 3백(さんびゃく), 4백, 5백, 6백(ろっぴゃく), 7백, 8백(はっぴゃく)
   - 千(せん), 2천, 3천(さんぜん), 4천, 5천, 6천, 7천, 8천(はっせん), 9천
   - 하나(ひとつ), 둘(ふたつ), 셋(みっつ), 넷(よっつ), 다섯(いつつ), 여섯(むっつ), 일곱(ななつ), 여덟(やっつ), 아홉(ここのつ), 열(とお)
   - 열하나부터는 : じゅういち, …

2. 날짜
   - 1일(ついたち), 2일(ふつか), 3일(みっか), 4일(よっか), 5일(いつか), 6일(むいか), 7일(なのか), 8일(ようか), 9일(ここのか), 10일(とおか)
   - 11일부터는 ~にち : 11日(じゅういちにち), 12日(じゅににち), ~, 14일(じゅうよっか), …
   - 20일(はつか), 24일(にじゅうよっか)

3. ~개월(ヶ月: ~かげつ) : 1개월(いっかげつ), 2개월(にかげつ), 3개월(さんかげつ)

4. 개(個 : こ) : 1개(いっこ), 2개(にこ), 3개(さんこ), 8개(はっこ), 10개(じゅっこ)

5. 자루(本: ほん) : 1자루(いっぽん), 2자루(にほん), 3자루(さんぼん), 4자루, 5자루, 6자루(ろっぽん), 7자루, 8자루(はっぽん), 9자루, 10자루(じゅっぽん)

6. 마리(匹: ひき) : 1마리(いっぴき), 2마리(にひき), 3마리(さんびき), 4마리, 5마리, 6마리(ろっぴき), 7마리, 8마리(はっぴき), 9마리, 10마리(じゅっぴき)

7. 사람 수(人: にん) : 1명(ひとり), 2명(ふたり), 3명(さんにん), 4명(よにん), 5명(ごにん)…

☞ 정중한 표현 1名 : 1명(いちめい), 2名(にめい), 3名(さんめい) …

8. ~장(枚: まい) : 1장(いちまい), 2장(にまい), 3장(さんまい) …

9. ~권(冊: さつ) : 1권(いっさつ), 6권(ろっさつ), 8권(はっさつ), 10권(じゅっさつ), 2권(にさつ), 3권(さんさつ), 4권, 5권, 7권, 9권

10. ~초(秒: びょう): 1초(いちびょう), 2초(にびょう), 3초(さんびょう) …

11. ~마리(頭: とう) : 말, 소, 돼지 등 1마리(いっとう), 2마리(にとう), 3마리(さんとう)…

~마리(羽: わ) : 날짐승, 새 1마리(いちわ), 2마리(にわ), 3마리(さんわ)…

12. ~시(時: じ) : 1시(いちじ), 2시(にじ), 3시(さんじ), 4시(よじ), 5시(ごじ), 6시(ろくじ), 7시(しちじ), 8시(はちじ), 9시(くじ), 10시(じゅうじ), 11시(じゅういちじ), 12시(じゅうにじ)

日本語 基本 表現文法

1. 주어 : ~ は(와) : ~은, ~는
   ~ が(가) : ~이, ~가

☞ は(하)가 주어로 사용될 경우 와로 읽는다.

- 私(わたし)は会社員(かいしゃいん)です。(나는 회사원입니다)

2. 목적어 : ~を(오) : ~을, ~를

あなたを愛(あい)する(당신을 사랑하다)

3. 명사와 명사 사이에는 の를 사용(~의)

- わたし(나) + 部屋(へや)(방) : わたしの部屋(나의 방)
- 机(つくえ)(책상) + 上(うえ)(위) : 机の上(책상의 위에)

4. 어떤 사물(명사)을 단정할 때 사용되는 기본형

- ~ だ ; (~ 이다) : 보통체
- ~ です ; (~ 입니다) : 정중체
- ~でございます; (~ 이옵니다) : 겸양어

☞ これは部屋(へや)だ(이것은 방이다)
部屋です(방입니다)
部屋でございます(방이옵니다)

5. い形容詞 : ~い形으로 끝나는 단어

☞ おいしい; (맛있다), 寒(さむ)い; (춥다), 広(ひろ)い; (넓다), 狭(せま)い; (좁다), まずい; (맛없다), おもしろい; (재미있다), 高(たか)い; (비싸다), 低(ひく)い; (낮다), 安(やす)い; (싸다), 楽(たの)しい; (즐겁다), 怖(こわ)い; (무섭다)

■ 기본형은 ~い(~한, ~하다)

1) 명사를 수식할 경우 ~い + 名詞

- おいしいりんご; (맛있는 사과), 寒(さむ)い季節(きせつ); (추운 계절)

2) 상태를 설명할 경우 ~い(~하다) : 기본형
~いです(~합니다) : 정중형

- りんごはおいしい; (사과는 맛있다)
- おいしいです; (맛있습니다)

6. な形容動詞 : ~な形容動詞는 「だ」로 끝나는 형용사이고, 명사 수식 시에는 어미가 「な」로 바뀐다.

☞ 親切(しんせつ)だ; (친절하다), 新鮮(しんせん)だ; (신선하다), 簡単(かんたん)だ; (간단하다), 静(しず)かだ; (조용하다)

1) 명사를 수식할 경우 ~な + 名詞

- 親切(しんせつ)な人; (친절한 사람), 新鮮(しんせん)な果物(くだもの); (신선한 과일), 静(しず)かな部屋(へや); (조용한 방)

2) 단정을 할 경우 : 끝의 な를 생략하고 명사처럼 사용한다.

- この人(ひと)は親切(しんせつ)だ; (이 사람은 친절하다) - 기본형
親切です; (친절합니다) - 정중형
- この部屋(へや)は静(しず)かだ; (이 방은 조용하다)
静かです; (조용합니다)

~い形, ~な形 活用 単語

~い 形容詞		~な 形容動詞	
달다	- 甘(あま)い	완전하다	- 完全(かんぜん)だ
짜다	- しょっぱい	건강하다	- 健康(けんこう)だ
싱겁다	- 水(みず)っぽい	정직하다	- 正直(しょうじき)だ
맵다	- 辛(から)い	정확하다	- 正確(せいかく)だ
맛있다	- おいしい	선명하다	- 鮮明(せんめい)だ
맛없다	- まずい	불쌍하다	- 可哀想(かわいそう)だ
시원하다	- 涼(すず)しい	건강하다	- 元気(げんき)だ
따뜻하다	- 暖(あたた)かい	튼튼하다	- 丈夫(じょうぶ)だ
덥다	- 暑(あつ)い	좋아하다	- 好(す)きだ
차갑다	- 冷(つめ)たい	싫다	- 嫌(きら)いだ
미지근하다	- 温(ぬる)い	품질이 좋다	- 上品(じょうひん)だ
크다	- 大(おお)きい	품질이 나쁘다	- 下品(げひん)だ
작다	- 小(ちい)さい	확실하다	- 確(たし)かだ
얕다	- 浅(あさ)い	안전하다	- 安全(あんぜん)だ
두껍다	- 厚(あつ)い	위험하다	- 危険(きけん)だ
얇다	- 薄(うす)い	조용하다	- 静(しず)かだ
재미있다	- 面白(おもしろ)い	번화하다	- 賑(にぎ)やかだ
부럽다	- うらやましい	유명하다	- 有名(ゆうめい)だ
어렵다	- 難(むずか)しい	예쁘다, 깨끗하다	- きれいだ
쉽다	- 易(やさ)しい	잘하다	- 上手(じょうず)だ
갖고 싶다	- 欲(ほ)しい	못하다	- 下手(へた)だ
상세하다	- 詳(くわ)しい	괜찮다	- 大丈夫(だいじょうぶ)だ
아프다	- 痛(いた)い	걱정하다	- 心配(しんぱい)だ
훌륭하다	- 偉(えら)い	편리하다	- 便利(べんり)だ
무섭다	- 怖(こわ)い	불편하다	- 不便(ふべん)だ
상쾌하다	- 快(こころよ)い	친절하다	- 親切(しんせつ)だ
기분이 좋다	- 気持(きもち)いい	멋있다	- 素敵(すてき)だ
괴롭다	- 辛(つら)い	소중하다	- 大事(だいじ)だ
시시, 하찮다	- つまらない	힘들다	- 大変(たいへん)だ
굵다	- 太(ふと)い	행복하다	- 幸(しあわ)せだ
가늘다	- 細(ほそ)い	부지런하다	- 真面目(まじめ)だ
지독하다	- ひどい	훌륭하다	- 立派(りっぱ)だ
나쁘다	- 悪(わる)い	태연하다	- 平気(へいき)だ
기쁘다	- うれしい	화려하다	- 派手(はで)だ
우습다	- おかしい	스마트하다	- スマートだ(스마-토다)
슬프다	- 悲(かな)しい	핸섬하다	- ハンサムだ(한사무다)
멋지다	- 素晴(すば)らしい	차밍하다	- チャーミングだ(차밍구다)
부끄럽다	- 恥(は)ずかしい		

	名詞 (방이다)	～い形 (춥다)	～な形 (친절하다)	1그룹 動詞 (～う行으로 끝나는 기본 동사)	
				(쓰다)	(마시다)
기본형	部屋(へや)だ	寒(さむ)い	親切(しんせつ)だ	書(か)く	飲(の)む
정중형	部屋です	寒いです	親切です	書きます	飲みます
겸손형	部屋でございます				
과거기본형	部屋だった	寒かった	親切だった	書いた	飲んだ
과거정중형	部屋でした	寒かったです	親切でした	書きました	飲みました
(부정) 기본형	部屋ではない 部屋じゃない	寒くない	親切ではない 親切じゃない	書かない	飲まない
(부정) 정중형	部屋では(じゃ) ないです	寒くないです	親切では(じゃ) ないです	書かないです	飲まないです
	部屋では(じゃ) ありません	寒くありません	親切では(じゃ) ありません	書きません	飲みません
(부정) 과거정중형	部屋では(じゃ) ありませんでした	寒くなかったです	親切では(じゃ) ありませんでした	書かなかったです	飲まなかったです
	部屋では(じゃ) なかったです	寒くありませんでした	親切では(じゃ) なかったです	書きませんでした	飲みませんでした
	名詞不定形은 名+ではない	~ い 不定形은 い를 ⇨ く로	~ な形 부정형은 ~ ~~な~~ では(じゃ)ない(な를 생략하고 명사와 같이 사용)	*1그룹 동사 く, う, つ, る로 끝나는 동사 기본형 ☞예외 1) く로 끝나는 1그룹 동사 과거형은 く ⇨ いた로 あるく(걷다) ⇨ あるいた(걸었다) -------- かない 부정 きます 정중 あるく(기본형) け(명령) こう(청유)	*1그룹 동사 기본형이 む, ぶ, ぬ로 끝나는 동사 のむ(마시다) ⇨ のんだ(마셨다) 과거형은 ~んだ 예) 1그룹 활용 まない(부정) みます(정중) のむ(마시다) め(명령) もう(의지) ☞예외 2) 2그룹(상1, 하1단) みる(보다): 상1단 ねる(자다): 하1단 기본형 ~る앞에 글자 い(상1단), え(하1단)행이 올 경우 예) ない(부정) ます(정중 ねる(자다) れば(가정) ろ(명령) よう(청유형)

日本語 5段 動詞 活用

- 일본어 기본 동사는 모두 ~う(우)로 끝난다.
- 각각 변형되는 형태가 다르다.(3가지 형태의 그룹이 있다 : 1그룹, 2그룹, 3그룹)
- 동사 활용에 있어 매우 중요하다.
- 가로(→)를 행 / 세로(↓)를 단이라 부른다.

	→ 行								
↓	あ	か	さ	た	な	は	ま	ら	⇨ 부정형(~ない)
段	い	き	し	ち	に	ひ	み	り	⇨ 정중형(~ます)
	う	く	す	つ	ぬ	ふ	む	る	⇨ 기본형
	え	け	せ	て	ね	へ	め	れ	⇨ 가정형(~ば)(명령형 : れ)
	お	こ	そ	と	の	ほ	も	ろ	⇨ 청유 · 의지형(~う)

그룹 1 : 5단의 형태가 모두 변하는 동사(5단 동사)

1. (기본형) : ~う로 끝나는 동사(기본형) : ~つ (기본형) : ~る

- 買(か)う(사다)	立(た)つ(서다)	乗(の)る(타다)
わ ない(부정형 : 사지 않는다)	た ない	ら ない
い ます(정중형 : 삽니다)	ち ます	り ます
か う(기본형 : 사다)	た つ	の る
え ば(가정형 : 사면) (명령형 : 買え)	て ば(立て)	れ ば(のれ)
お う(청유 · 의지형: 사자)	と う	ろ う

☞う, つ, る로 끝나는 동사(っ, ます形)의 변형 : ~って 形(~하고서)

* (っ)으로 변형	(っ)으로 변형	(っ)으로 변형
買(か)って(사고서)	立(た)って(서서, 서고서)	乗(の)って(타고서)
買ったら(사면)	立ったら(서면)	乗ったら(타면)
買ったまま(산 채로)	立ったまま(선 채로)	乗ったまま(탄 채로)
* ます形으로 변형	ます形으로 변형	ます形으로 변형
買いながら(사면서)	立ちながら(서면서)	乗りながら(타면서)

• ~う, つ, る 예문) : 言(い)う(말하다), もつ(가지다), 貼(は)る(붙이다), やる(주다)

☞ ある(있다 : 물건)의 부정은 - ない(없다)

2. (기본형) : ~く로 끝나는 동사

- 歩(ある)く(걷다)

か ない(~않다)

き ます(~니다)

ある く(기본형 : 걷다)

け ば(~하면)(명령 : あるけ 걸어라)

こ う(~하자)

* き ⇨ い로 변형 ⇨ 歩いて(걷고서), 歩いたら(걸으면), 歩いたまま(걷는 채로)
* ます形으로 변형 ⇨ 歩きます(걷습니다) ⇨ 歩きながら(걸으면서)

☞ ~く 기본형 동사 ~いて 形(~하고서)

~く 예문) : 敷(し)く(깔다), 置(お)く(놓다), 叩(たた)く(때리다),
泣(な)く(울다), 除(のぞ)く(제외하다)

3. 기본형 ~す로 끝나는 동사

- 話(はな)す(말하다)

	さ ない(부정형)
	し ます(정중형)
話	す(기본형 : 말하다)
	せ ば(가정형 : 말하면)
	そ う(청유・의지형)

* し 변형 ⇨ 話して(말하고서), 話したら(말하면), 話したまま(말한 채로)

* ます形으로 변형 ⇨ 話します(말합니다) ⇨ 話しながら(말하면서)

예문) 指(さ)す(가리키다)

4. 기본형 ~む ~ぶ ~ぬ로 끝나는 동사

- 死(し) ぬ(죽다) : 기본형	噛(か) む(씹다)	遊(あそ) ぶ(놀다)
な ない(~않다)	ま ない	ば ない
に ます(~습니다)	み ます	び ます
死 ぬ(기본형 : 죽다)	噛 む	遊 ぶ
ね ば(~하면) (명령형 : 死ね)	め ば	べ ば
の う(~하자)	も う	ぼ う

* ん 변형 ⇨ 死んで(죽고서), 死んだら(죽으면), 死んだまま(죽은 채로),
噛んで(씹고서), 噛んだら(씹으면), 噛んだまま(씹는 채로),
遊んで(놀고서), 遊んだら(놀면), 遊んだまま(노는 채로)

* ます形으로 변형 ⇨ 死にます(죽습니다) ⇨ 死にながら(죽으면서),
噛みながら(씹으면서)
遊びながら(놀면서)

예문) 飲(の)む(마시다), 飛(と)ぶ(날다)

그룹2 : 상, 하 1단 동사(5단의 형태가 모두 변하지 않는 동사)

기본형은 : ~る

- る 앞의 상단 글자(い行 : い き し ち に ひ み)
 앞의 하단 글자(え行 : え け せ て ね へ め)가 올 경우
 ⇨ 첫째, 둘째 ら, り는 생략

- 見(み)る(보다) : る상단이 (い)형태 - 食(た)べる(먹다) : る하단이 (え)형태

(ら) ない(부정형 : 보지 않다)	(ら) ない(부정형)
(り) ます(정중형 : 봅니다)	(り) ます(정중형)
見 る(기본형)	食べ る(기본형)
れば(가정형 : 보면)	れば(가정형)
ろ(명령형 : 보라)	ろ(명령형)
よう(청유 · 의지형 : 보자)	よう(청유 · 의지형)

* 받침 없는 변형 ⇨ 見て(보고서), 見たら(보면), 見たまま(보는 채로)
* ます形으로 변형 ⇨ 見ます ⇨ 見ながら(보면서)
* 예외 동사
 - 1그룹으로 활용되는 동사(2그룹이 아님)로 5단이 모두 변형

☞帰(かえ)る	蹴(け)る	入(はい)る
らない	らない	らない(부정)
ります	ります	ります(정중)
かえる(돌아가다)	ける(차다)	はいる(들어가다)
れば	れば	れば(가정형)
ろう	ろう	ろう(청유, 의지형)

그룹3 : 변칙으로 변하는 동사 2가지〔する, 来(く)る〕

- する(하다)	- 来(く)る(오다)
し~~(ら)~~ない(부정형 : 하지 않는다)	来(こ)~~(ら)~~ない(부정형)
し~~(り)~~ ます(정중형 : 합니다)	来(き)~~(り)~~ます(정중형)
する(기본형)	来(く)る(기본형)
すれば(가정형 : 하면)	来(く)れば(가정형)
しろ(명령형 : 해라)	来(こ)い(명령형)
しよう(청유형 : 하자)	来(こ)よう(오자)

* 받침 없는 변형 ⇨ する : して(하고서), したら(하면), したまま(한 채로)
来(く)る : 来(き)て(오고서), 来(き)たら(오면), 来(き)たまま(온 채로)

* ます形으로 변형 ⇨ する : しながら(하면서)
来(く)る : 来(き)ながら(오면서)

助動詞 分類

1. 사역 : (시키다라는 의미) ☞ 아래 예문 참조
   - 1그룹 - ~せる
   - 2, 3그룹 - ~させる
2. 수동 : (타인으로부터 동작을 받는 행위)
   - 1그룹 - ~れる
   - 2그룹 - ~られる
   - 3그룹 − される(する), 来(こ)られる(来(く)る)
3. 가능 : (できる)할 수 있다와 같은 의미
   - 1그룹 - ~える
   - 2그룹 - ~られる
   - 3그룹 - できる(する), 来(こ)られる(来(く)る)
4. 자발 : (동작이 자연히 일어나는 의미)
   - 1그룹 - ~れる
   - 2그룹 - ~られる
   - 忘(わす)れられてしまうでしょう。(자연히) 잊어버리고 말겠지요
5. 존경 : (다른 동작을 존경하는 의미)
   - 1그룹 - ~れる
   - 2그룹 - ~られる
   - 3그룹 - ~せる, ~させる
   - 診察(しんさつ)を受(う)けられる(진찰을 받으시다) /

     昨日(きのう)、来(こ)られたキムさんです。(어제 오신 김상입니다)
6. 정중 : ~ます
   - 1그룹 行(い)きます(갑니다)
   - 2그룹 食(た)べます(먹습니다)
7. 부정 : ~ない
   - 1그룹 : あ단 + ない = 行(い)かない(가지 않는다)

- 2그룹(る) : ~~ち~~ + ない)

  ~ ぬ(기본형의 あ단 + ぬ) : 行かぬ(가지 않는다), 知らない ⇨ 知らぬ(모른다)

8. 부정, 추량 : らしい(~느낌이 든다), まい(부정적인 추측 : ~않겠지)

- 雨が降るらしい(비가 올 것 같다). キムさんは 行くまい(가지 않겠지)

9. 과거 : た(다) : 乗った(탔다), 飲んだ(마셨다), 食べた(먹었다), した(했다)

- 1그룹 : ~う, つ, る ⇨ った / ~く ⇨ いた / ~す ⇨ した /
  ~む, ~ぶ, ~ぬ ⇨ んだ
- 2그룹 : ~~ます~~形 ~た
- 3그룹 : 来た(왔다), した(했다)

10. 희망 : ~~~ます~~형 たい, ~たがる(타인의 기분)

- 行(い)きたい(가고 싶다), 食(た)べたい(먹고 싶다) /
  行きたがる(가고 싶어 하다)

11. 단정 : だ(~다), です(정중 : ~입니다)

12. 모양(~한 듯하다) : …のようだ / 名 + のようだ, な形 + ようだ,
基本動詞 + ようだ

- 雨(あめ)のようだ(비인 것 같다), 死(し)んだようだ(죽은 것 같다)
  派手(はで)なようだ(화려한 것 같다)

13. 전문(직접 보고 들은 사실 전달) : 基本形(名 + だ / ~い / 動詞基本形) + そうだ

- 雨(あめ)が降(ふ)るそうだ(비가 온다고 한다),
  忙(いそが)しいそうだ(바쁘다고 한다)

14. 양태(화자의 기분) : そうだ

- 死(し)にそうだ : 死に(~~ます~~)そうだ(죽을 것 같다)
  寝(ね)そうだ(잘 것 같다)

基本 動詞 活用

1그룹 기본형 5단 동사(～う, く, つ, る, む, ぶ, ぬ, ぐ) : 5단 모두 변형

		5단	변형
買う(사다) 吸う(피우다) 言う(말하다) 会う(만나다)	か す い あ	わ い **う** え お	ない(부정) ます(정중) **기본형** ば(가정) う(청유・의지)
敷く(깔다) 履く(신다) 行く(가다) 書く(쓰다) 泣く(울다)	し は い か な	か き **く** け こ	ない(부정) ます(정중) **기본형** ば(가정)/け(명령) う(청유형)
立つ(서다) 待つ (기다리다)	た ま	た ち **つ** て と	ない ます **기본형** ば う
話す (말하다) 指す (가리키다) (손가락으로)	はな さ	さ し **す** せ そ	ない ます **기본형** ば う
乗る(타다) 貼る(붙이다) やる(주다) なる(되다)	の は や な	ら り **る** れ ろ	ない ます **기본형** ば う
飲む(마시다) 踏む(밟다) 噛む(씹다)	の ふ か	ま み **む** め も	ない ます **기본형** ば う
飛ぶ(날다)	と	ば び **ぶ** べ ぼ	ない ます **기본형** ば う

		5단	변형
死(し)ぬ (죽다)	し	な に **ぬ** ね の	ない(~않는다) ます(~니다) **기본형** + 사람(~하는 사람) ば(~하면) / 死(し)ね(죽어라) う(~하자)
嗅(か)ぐ 냄새 맡다	か	が ぎ **ぐ** げ ご	ない ます **기본형** ば う

2그룹〔～る / 상1(い), 하1(え)단〕

		상・하	변형
(상1단) 見る (보다) いる (있다) 閉じ (닫히다)	み い とじ	~~ら~~ ~~り~~ **る** れ ろ (よう)	ない ます **기본형** ば (명령) (청유・의지)
(하1단) 食べる(먹다) 寝る(자다) 閉める (잠그다)	たべ ね しめ	~~ら~~ ~~り~~ **る** れ (よう)	ない ます **기본형** ば (청유・의지)

3그룹 변칙동사(する / 来る)

する하다		来る오다	
しない します **する** すれば しろ	부정 정중 **기본형** 가정형 명령형	来ない 来ます **来る** 来れば 来い	부정 정중 **기본형** 가정형 명령형

動詞의 可能, 受け身〔수동〕/ 尊敬, 使役의 変形

	동사기본형 (~う)		가능형 れる,られる ~え 변형	수동/존경형 (당하다/하시다) ~あ 변형	사역 (~시키다) せる, させる ~あ 변형	사역수동 (억지로 ~하다) (시킴을 당함) せられる ~あ 변형
그룹1 (5단)	만나다	会う	会える	会われる	会わせる	会わせられる
	가다	行く	行ける	行かれる	行かせる	行かせられる
	마시다	飲む	飲める	飲まれる	飲ませる	飲ませられる
	날다	飛ぶ	飛べる	飛ばれる	飛ばせる	飛ばせられる
	벗다	脱ぐ	脱げる	脱がれる	脱がせる	脱がせられる
	기다리다	待つ	待てる	待たれる	待たせる	待たせられる
	말하다	話す	話せる	話される	話させる	話させられる
그룹2 (상 · 하 1단)	보다	見る	見られる	見られる	見させる	見させられる
	먹다	食べる	食べられる	食べられる	食べさせる	食べさせられる
그룹3 (변칙 동사)	하다 오다	する 来る	出来る 来られる	*수동 される 来られる *존경 される 来られる	させる 来させる	させられる 来させられる
	* 可能形 : 基本動詞 + ことがで きる(~하는 + 것이 가능하다) * 会う + ことができる(만나는 + 것이 가능하다)					* させられる의 축약형 ⇨ される로 바꿔 쓸 수 있다

尊称語(존칭어) 使用

1. 일본어의 존칭은 명사나 동사 앞에 오(お)를 붙여서 사용한다.

2. 동사형 존칭

1) 타인이 주어일 경우

お+動詞ま~~す~~形+になる(~하시다)(基本形)

- お読(よ)みになる(읽으시다), お書(か)きになる(쓰시다), お使(つか)いになる(쓰시다), お急(いそ)ぎになる(서두르시다), お持(も)ちになる(가지시다), ご覧(らん)になる(보시다), 見(み)えます(보입니다), お見えになります(오십니다)

☞ 帰(かえ)る; (돌아가다) - 帰ります : (돌아갑니다)

- 帰ります(돌아갑니다) ⇨ お帰りになります : (돌아가십니다)
  예) 先生(せんせい)がお帰りになります : (선생님이 돌아가십니다)
- 話(はな)す(말하다) - 話します(말합니다)
  話します ⇨ お話しになります : (말씀하십니다)

2) 자기가 주어일 경우(겸손어)

お+~~ます~~形 +します(합니다)

持(も)つ : (들다) - 持ちます : (듭니다) - お持ちします : (들겠습니다)

- 私(わたし)がお持ちします : (제가 들겠습니다)
  私がお持ち致(いた)します : (제가 들어드리겠습니다)
- 日本(にほん)の料理(りょうり)をお作(つく)り 致(いた)します : (つくります) (일본어 요리를 만들어드리겠습니다)

3) ご + 명사 + なさる(~하시다)

- ご栄転(えいてん)なさいました(영전하셨습니다)

3. 접두어 お~, ご~의 사용법

- 일반 단어(名詞) 앞에 お를 붙여 존경, 겸양, 정중의 뜻을 나타낸다.
- 또한 단순히 일반 사물을 미화하기 위해 앞에 お나 ご를 붙임
- 일본어 고유단어(訓 : 뜻읽기)에는 お를, 한자어(音 : 음읽기)에는 단어 앞에 ご를 쓴다.

1) 존경, 겸양, 정중

- お母(かあ)さん(어머니), お父(とう)さん(아버지), お客(きゃく)(고객), お友達(ともだち)(친구), お名前(なまえ)(존함), お電話(でんわ)(전화), お考(かんが)え(생각), お好(この)み(좋아함, 기호), お世話(せわ)(보살핌), お美しい(아름다운), ご心配(しんぱい)(걱정), ご感想(かんそう)(소감), ご相談(そうだん)(상담), ご通知(つうち)(통지), ご存(ぞん)じ(알고 계심), ご住所(じゅうしょ)(주소), ご主人(しゅじん)(주인)

2) 단순한 일반사물의 미화

- お酒(さけ) 술, お米(こめ) 쌀, お帽子(ぼうし) 모자, お体(からだ) 몸, お帰(かえ)り 귀가, お金(かね) 돈, お手洗(てあら)い 화장실, お水(みず) 물, ご意見(いけん) 의견, ご飯(はん) 밥, ご希望(きぼう) 희망, ごゆっくり(천천히, 마음 편히, 느긋하게)

☞ 예외) 일본에서 익숙하게 사용하는 단어에는 ご 대신 お를 붙임

- お料理(りょうり) 요리, お食事(しょくじ) 식사, お医者(いしゃ) 의사, お茶(ちゃ) 차, お菓子(かし) 과자

윗사람(目上), 상사(上司), 고객(顧客)에게 使用 時 적절한 表現

한국어	보통체	좋은 언어
노인	老人(ろうじん)	ご年配(ねんぱい)の方(かた)
아이	子供(こども)	お子様(こさま)
남자	男子(だんし)	男(おとこ)の方(かた)
여자	女子(じょし)	女(おんな)の方(かた)
일본인	日本人(にほんじん)	日本(にほん)の方(かた)
나	私(わたし), 僕(남자→ぼく)	私(わたくし)
시골 사람	田舎者(いなかもの)	地方(ちほう)の方(かた)
역시	やっぱり	やはり
여기, 거기, 저기, 어디	あっち, こっち, そっち,どっち	あちら,こちら, そちら, どちら
부인	家内(かない), 妻(つま)	奥様(おくさま)
주인	ご主人(ごしゅじん)	ご主人様(ごしゅじんさま)
아저씨(숙부)	叔父(おじ)	叔父(おじ)さん
아주머니(숙모)	叔母(おば)	叔母(おば)さん
양친	両親(りょうしん)	ご両親(りょうしん)
아가씨	お嬢(じょう)さん	お嬢様(じょうさま)
데리고 온 사람	お連(つ)れさん	お連(つ)れの方(かた)
사용하는 사람	使(つか)いの人(ひと)	お使(つか)いの方(かた)
나중에	後(あと)で	後程(のちほど)

丁寧形(정중형)	尊敬(존경)	謙譲(겸양)
います(있습니다 : 사람) 来(き)ます(옵니다) 行(い)きます(갑니다)	いらっしゃいます いらっしゃいます,おいでになります いらっしゃいます,行(い)かれます	おります 参(まい)ります 参(まい)ります,伺(うかが)います
いいです(좋습니다)		結構(けっこう)でございます よろしゅうございます
知(し)っています(압니다)	ご存(ぞん)じです	存(ぞん)じ上(あ)げます
そうです(그렇습니다)		さようでございます
言(い)います(말합니다)	おっしゃいます	申(もう)しあげます,申します
食(た)べます(먹습니다) 飲(の)みます(마십니다)	召(め)し上(あが)ります	頂(いただ)きます
もらいます(받습니다)		頂(いただ)きます 頂載(ちょうだい)します
します(합니다)	なさいます	致(いた)します
見(み)ます(봅니다)	ご覧(らん)になります	拝見(はいけん)します
死(し)にます(죽습니다)	亡(な)くなられます	
くれます(줍니다)	下(くだ)さいます	
あげます(줍니다) やります(줍니다)		差(さ)し上(あげ)ます
会(あ)います(봅니다, 만납니다)		お目(め)にかかります
見(み)せます(보여줍니다)	お見せになります	お目(め)にかけます ご覧(らん)になります
思(おも)います(생각합니다)	お思(おも)いになります 思(おも)われます	存(ぞん)じます
尋(たず)ねます(묻습니다) 聞(き)きます		お尋(たず)ねします
聞(き)きます(듣습니다)	お聞(き)きになります	承(うけたまわ)りました 拝聴(はいちょう)します
借(か)ります(빌립니다)	お借(か)りします	拝借(はいしゃく)します
寒(さむ)いです(춥습니다)	お寒(さむ)うございます	
失礼(しつれい)しました (실례했습니다)	失礼(しつれい)いたしました	
すみません(죄송합니다)	申(もう)し訳(わけ)ございません	
ご苦労様(くろうさま)でした (수고했습니다)	お疲(つか)れ様(さま)でございました	
どうでしたか(어떠하였습니까)	いかがでございましたか	
あります(있습니다 : 물건)	ございます	
わかりません(모릅니다)	わかりかねます	

その他 役に立つ(기타 유용한) 日本語 表現

~で : 가격, 이유, 수단, 방법 도구, 장소를 나타냄

- 全部で いくらですか。(가격 : 전부 얼마입니까?)
- 雨で火が消えた(이유 : 비로 인해 불이 꺼졌다)

  * 消える(꺼지다)

動詞(ます形) + ながら, ~する(~하면서, ~하다 : 동시 동작)

- テレビを 見ながら ご飯を 食べます。(TV를 보면서 밥을 먹습니다)

名, な形, い形, 動詞 たり, ________ ~ たり(~하기도 하고, ~하기도 하고)

- 株が 上がったり 下がったりする(주식이 오르기도 하고 내리기도 하다)

  *下がる(내리다)

名, な形, い形, 動詞 し, ____ し, ______ (이유가 두 개 이상일 경우 사용)

- 外は雪が降っているし、寒いし、風邪も引いたから ずっと家にいます。

  (밖에는 눈이 내리고 있고, 춥고, 감기도 걸렸기 때문에 내내 집에 있습니다)

  * 降る(내리다), 風邪を引く(감기에 걸리다)

名 + の, 動詞(~た形) まま, ~する(~한 채로 ~하다)

- 缶のまま ビールを 飲みました。(캔째로 맥주를 마셨습니다)

  * 缶(깡통), ビール(맥주)

- 眼鏡を 掛けたまま 寝ました。(안경을 쓴 채로 잤습니다)

~です	⇨	~なのです	⇨	~なんです
(~입니다)		(이유가 포함되어 있음)		(본인의 의지를 상대방에게 더욱 강하게 전달)
• 名：私は 病気です。 (저는 아픕니다)	⇨	病気なのです。	⇨	病気なんです。
• な形：嫌いです。 (싫어합니다)	⇨	嫌いなのです。	⇨	嫌いなんです。
• い形：怖いです。 (무섭습니다)	⇨	怖いのです。	⇨	怖いんです。
• 動詞：行きます。 (갑니다)	⇨	行くのです。	⇨	行くんです。

명령(긍정, 정중 표현)	⇨	금지(부정, 정중 표현)
動詞(~ます形) ~なさい (~하세요)	⇨	動詞 ~ては(では) いけません (~해서는 안 됩니다)
• 1그룹(行く)： 行きなさい(가세요)	⇨	行っては いけません (가서는 안 됩니다)
• 2그룹(食べる)： 食べなさい(먹으세요)	⇨	食べてはいけません (먹어서는 안 됩니다)
• 3그룹(する)： しなさい(하세요)	⇨	してはいけません (해서는 안 됩니다)

명령(긍정, 반말) ⇨ 금지(부정, 강한 반말) : 動詞基本形 + な

- 1그룹 行け(가라 : え段) ⇨ 行くな(가지 마)

- 2그룹 食べろ(먹어라 : ~~~ます~~形+ ろ) ⇨ 食べるな(먹지 마)

- 3그룹 しろ(해라), 来い(오라) ⇨ するな(하지 마), 来るな(오지 마)

名, ~な形, ~い形, 動詞 + たら, ~______________ (조건 : ~하면 ~합니다)

- 雨だったら、行きません。(비라면, 안 갑니다)

- 寒くなかったら、行きます。(춥지 않으면 갑니다) : ~~~い~~形 ⇨ ~かったら로 변형

- 雨が降ったら行きません。(비가 내리면 안 갑니다)

名, な形 + でも, ____________ (반대조건 : ~라도 ~합니다)

~~い~~形(~く), 動詞 + でも, ___________

- 雨でも 行きます。(비라도 갑니다)

- 忙しくても会いに行きます。(바쁘더라도 만나러 갑니다)

- お酒を 飲んでも行きます。(술을 마셔도 갑니다)

조건(~하면) ⇨ (~하지 않으면)

- 1그룹(え단 + ば) ⇨ 1그룹(あ段 + なければ)

  * 行(い)く(가다) : 行(い)けば(가면) ⇨ 行(い)かなければ(가지 않으면)

- 2그룹(ます形 + れば) ⇨ 2그룹(ます形 + なければ)

  * 食(た)べる(먹다) : 食(た)べれば(먹으면) ⇨ 食(た)べなければ(먹지 않으면)

- 3그룹 来(く)る(오다), する(하다) ⇨ 3그룹(来(こ)な~~い~~, しな~~い~~)形

  * 来(く)れば(오면), すれば(하면) ⇨ 来(こ)なければ(오지 않으면), しなければ

~~い~~形 + ければ, ________________

- 高(たか)い(비싸다) : 高(たか)ければ 買(か)いません。(비싸면 사지 않습니다)

名, な形 + なら, ____________________ (~하면)

- 日本語(にほんご)なら 分(わ)かります。(일본어라면 압니다)
- 好(す)きなら 会(あ)います。(좋아하면 만납니다)

상대방에게 물건을 줄 경우 : あげる, やる(아랫사람, 동물에게)
差(さ)し上(あ)げる(윗사람에게)

- 私(わたし)は | 友達(ともだち)にプレゼントを | あげる(나는 친구에게 선물을 준다)
- | 子供(こども)に | やる(나는 어린이에게 선물을 준다)
- | 社長(しゃちょう)に | 差(さ)し上(あ)げる(나는 사장님에게 선물을 드린다)

상대방이 물건을 줄 경우

- 子供が 私に プレゼントを くれる(아이가 나에게 선물을 준다)
- 友達が くれる(친구가 나에게 선물을 준다 : 동등한 입장)
- 社長が 下さる(사장님이 나에게 선물을 주신다 : 윗사람이)
- 私は 友達に プレゼントを もらう

  (내가 친구에게 선물을 받다 : 동등한 사람한테 받음)
- 社長に 頂く(사장에게 받다 : 윗사람으로부터 받을 경우)

動詞 + て しまう(~하고 말다) : 동작의 완료나 不本意

- 1그룹(っ(ん) + て(で)) ⇨ 死ぬ(죽다) : 死んでしまいました(죽고 말았습니다)
- 2그룹(~る : ます形+ て) ⇨ 寝る(자다) : 寝てしまいました(자고 말았습니다)
- 3그룹(ます形 + て) ⇨ 来る(오다) : 来てしまいました(오고 말았습니다)

~動詞 + ておく(~해놓겠다)

- 魚を買っておきます。(생선을 사놓겠습니다)

  * 買う(사다)
- 宿題を しておきます。(숙제를 해놓겠습니다)

~하면 ~할수록 좋다

~な形, い形, 動詞(~ば) + ~な形, い形, 動詞기본형 + ほど

- い形 : 安~~い~~(싸다) : 安ければ 安いほど いいです。(싸면 쌀수록 좋다)
- 動詞 : 習う(배우다) : 水泳は 習えば 習うほど おもしろいです。

  (수영은 배우면 배울수록 재미있다)

様態(~한 모양이다 : ~할 것 같다 : 직접 보고서)

な形, ~~い~~形, 動詞(~~ます~~形) + そうだ

- 元気~~な~~(건강한) : 元気そうです(건강한 모양입니다)
- 忙し~~い~~(바쁘다) : あの人は 忙しそうです。(저 사람은 바쁜 모양입니다)
- 降る/降り~~ます~~(내리다/내립니다) : 雪が 降りそうです。(눈이 올 모양입니다)
- な~~い~~(없다) : お金が なさそうです。(돈이 없는 모양입니다)

伝聞(들은 것)

- 元気だそうです。(건강한 것 같습니다 : 상대방으로부터 듣고서)
- 忙しいそうです。(바쁘다고 합니다 : 전문)
- 雪が 降るそうです。(눈이 온다고 합니다 : 전문)

(名 + の) + よう ＿＿＿＿＿＿ (~모양이다, ~와 같다)

動詞기본형

- これは 偽物のようです。(이것은 가짜인 모양입니다)
- キムさんが お金を 持っているようだ。(김상이 돈을 갖고 있는 것 같다)

~ らしい(~인 것 같다 : ~답다)

- 彼は とても 丈夫で 男らしいです。(그는 정말 강인해서 남자답습니다)
- 学生らしい(학생답다)

~みたい(~인 것 같다 : 가짜)

- 彼女は 男みたいです。(그녀는 남자같이 보입니다)

依頼(의뢰)

動詞基本形 + ように して 下さい(~하도록 해주세요)

- 来る(오다) : 今日 来るようにして下さい。(오늘 오도록 해주세요)
- 吸う(피우다) : たばこを 吸わないようにして下さい。

  (담배를 피우지 않도록 해주세요)

이유 : ~ 한데도 불구하고

名(な形) + なのに

い形, 動詞 + のに

- 病気なのに 会社に 出勤しました。(아픈데도 회사에 출근했습니다)
- 暑いのにクーラーをつけないのですか。(더운데도 에어컨을 켜지 않습니까)
- お金が あるのに 税金を 払いません。(돈이 있는데도 세금을 내지 않습니다)

  * クーラー(cooler)を つける : エアコンをつける(에어컨을 켜다)

  払う(지급하다)

이유(~때문에) : 名 + の ために

な形, い形, 動詞 + ために

- 病気のために会社を 辞める(병 때문에 회사를 그만두다)
- 英語が 上手なため 通訳が できます。

  (영어가 능숙하기 때문에 통역이 가능합니다)
- お客さんが いらっしゃるため これを 準備して下さい。

  (손님이 오시기 때문에 준비해 주세요)

  * 辞める(그만두다), 上手な(능숙한)

이유(~때문에) : 名 + で

な形, い形, 動詞 + て

- 病気で 会社を 辞めました。(병으로 회사를 그만두었습니다)
- 簡単で よく 分かる。(간단해서 잘 압니다) : 簡単な(간단한)
- 忙しくて 行けなかったです。(바빠서 가지 못했습니다) : ~い形 ⇨ く로
- お酒を 一杯飲んで 運転できません。

  (술을 많이 마셔서 운전할 수 없습니다)
- お客さんが 寝ていて 入られないです。

  (손님이 자고 있어서 들어갈 수가 없습니다)

  * 辞める(그만두다), 飲む(마시다), 寝る(자다), いる(있다), 入る(들어가다)

(~을 위해서 : 目的을 나타낼 때) 名 + の ために

動詞 + ために

- 家族のために 一生懸命 働いています。

  (가족을 위해서 열심히 일하고 있습니다)
- 海外旅行のために お金を 貯めています。

  (해외여행을 위해서 돈을 모으고 있습니다)

  * 働く(일하다), 貯める(모으다, 저축하다)

추량 : ~이겠지 : 名, な形, い形, 動詞 + だろう

- この話しは 嘘だろう(이 이야기는 거짓말이겠지)
- 日本のラーメンは おいしいだろう(일본 라면은 맛있겠지)

- お母さんはヒルトンホテルに泊まってるだろう。

  (엄마는 힐튼호텔에 머무르고 있을 것이다)

名, い形, 動詞 + ~か どうか わからない : ~할지 어떨지 모른다

- 幽霊か どうか 知りません(유령인지 아닌지 모르겠습니다)
- この 映画は 面白いか どうか 聞いてみよう

  (이 영화는 재미있을지 어떤지 알아보자)
- 友達が 来るか どうか よく 分かりません。

  (친구가 올지 어떨지 잘 모릅니다)

名の ~な形, ~い形, 動詞 + わけ(~한 이유)

- その訳(그 이유), 簡単なわけ(간단한 이유), 安いわけ(싼 이유),

  来るわけ(오는 이유)

뒤에 결과로서 당연한(이유) 것이 올 경우 : ________~________, わけです

- キムさんが 10年間 日本に 住んだから 日本語が上手なわけです。

  (김상이 10년간 일본에서 살았기 때문에 일본어가 당연히 능숙하다)

  * 住む(살다)

~것(~일) : 名 + のこと ____________________

~な形, ~い形, 動詞 + こと ____________________

- 結婚のことを 相談しています。(결혼에 대해서 상담하고 있습니다)
- これは 大切なことだ。(이것은 대단한 것이다)

- 何かいいことがないか。(뭔가 좋은 일이 없는가)
- インドネシアで 地震が あったことを 知っている。
  (인도네시아에서 지진이 일어난 것을 알고 있다)

動詞 + のは ＿＿~＿＿ です : ~하는 것은 ~이다(뒤의 사실을 말함)

- 明日 私が 会うのは 女の人です。(내일 제가 만나는 사람은 여자입니다)
- 毎朝、食べるのは パンとコーヒーです。
  (매일 아침 먹는 것은 빵과 커피입니다)
- ソウルに 行くのは 明日です。(서울 가는 날은 내일입니다)

名, ~な, ~い形, 動詞 + と ＿＿＿＿ (조건으로 뒤에 당연한 결과가 올 경우)

- お酒を 飲むと 顔が 赤くなる(술을 마시면 얼굴이 빨개진다)
- 10に 10を足すと 20になる(10에 10을 더하면 20이 된다)
- 道路の 事情が 良くないと 誰も行かない
  (도로의 사정이 좋지 않으면 아무도 안 간다)

＿＿＿＿＿ + ので ＿＿＿＿＿ (~이기 때문에 당연히 ~하다)

- 病気なので 会社へ 行きません。(아프기 때문에 회사에 안 갑니다)
- お酒が 弱いのですぐ 酔っぱらいます。(술이 약하기 때문에 바로 취한다)
- 台風が 来るので 外出しません。(태풍이 오기 때문에 외출하지 않습니다)

* 酔っぱらう(술 취하다)

動詞 (ます形) + やすい : ~하기 쉽다
+ にくい : ~하기 어렵다

• 見やすい(보기 쉽다), 飲みやすい(마시기 쉽다), 習いやすい(배우기 쉽다)

• 見にくい(보기 어렵다), 飲みにくい(마시기 어렵다)
習いにくい(배우기 어렵다)

な形, い形, 動詞(ます形) + すぎ : ~ 너무 지나치다

• 元気すぎ(원기 왕성하다) ＊ 元気な(건강한)

• 大きすぎ(너무 크다) ＊ 大きい(큰)

• 飲みすぎ(과음) ＊ 飲む(마시다)

• 食べすぎ(과식) ＊ 食べる(먹다)

動詞 + ところ ________ : 막 ~하려는 중이다

• 今から 朝ご飯を 食べるところです。(막 아침밥을 먹으려고 합니다)

• 今 朝ご飯を 食べているところです。
(지금 막 아침밥을 먹고 있는 참이다 : 현재진행)

• たった今 朝ご飯を 食べたところです。(방금 아침밥을 먹었습니다 : 완료)

動詞 + ばかり : 막 ~했다

• 私は ホテルに到着したばかりです。(저는 막 호텔에 도착했습니다)

• ラーメンを 食べたばかりです。
(라면을 막 먹었습니다 : 방금 라면을 먹었다는 뜻)

현재의 상태(진행형) : ~해 있다

_____ が自動詞 + ている :

- 開く(~이 열리다) : ドアが 開いている(문이 열리고 있다)
- 冷える(~이 차가워지다) 水が 冷えている(물이 차가워지고 있다)
- 止る(~가 멈추다) : 車が 止っている(차가 멈추고 있다)

_____ が他動詞 + てある :

- 開ける(~을 열다) : ドアが 開けてある(문이 열려 있다)
- 冷やす(~을 차게 하다) : 水が冷やしてある(물이 차갑게 되어 있다)
- 止める(~을 세우다) : 車が 止めてある(차가 세워져 있다)

副詞 活用〔頻度(빈도), 態度(태도) 등을 나타내는 表現〕

- いつも(언제나) / 始終(시종) : 언제나, 끊임없이, しょっちゅう(시종, 끊임없이 : 좋은 의미로 사용하지 않을 경우), 絶えず(계속해서, 끊임없이), 常に(항상 : 문어체에 사용), 年中(연중), しきりに(끊임없이, 계속) しばしば(자주, 여러 번 = 度々), たまに(가끔), 時々(가끔 : 度々보다는 적은 정도), よく(아주 잘, 자주)
- さっそく(곧, 즉시), ただちに(곧, 즉각, 바로), たちまち(곧, 금세), そのうち(가까운 시일 안에), 間もなく(곧), もう(벌써), もうすぐ(얼마 안 있어), やがて(얼마 안 있어, 지체 없이, 그대로), かつて(일찍이, 예전부터), 大いに(크게, 많이, 매우), 極めて(지극히), 実に(실은), かなり(꽤), 相当(상당, なかなか(좀처럼), 余程=よっぽど(적당한 모양, 꽤, 자칫하면), ますます(점점), 余計(여분, 쓸데없음, 더욱, 부질없음), かえって(오히려), むしろ(오히려, 차라리), 全て(모두, 전부, 일체), そっくり(똑같이 닮은), たっぷり(듬뿍), わずか(조금, 불과), 単に(단순히), たった(불과, 단지, 단, 겨우), さっぱり(조금도, 남김없이, 전혀 ~않다), しっかり(꼭, 똑똑히, 튼튼하다, 두둑이), ちゃんと(제대로, 똑바로), はっきり(확실히), どっしり(듬직이, 듬직한, 묵직한), ぎりぎり(아슬아슬함, 빠듯함), ふらふら(비틀비틀, 어질어질), ぼんやり(멍하니), 生き生き(씩씩하게), ぐっすり(푹), じっと(가만히) ずっと(쭉, 계속), ばりばり(척척), のろのろ(느리게), 一緒に(함께), 一斉に(일제

히), 共に(함께), それぞれ(각각), ペラペラ(줄줄), ぼそぼそ(소곤소곤), せっかく(모처럼), ついでに(~하는 김에), とにかく(어쨌든), なるべく(되도록), わざわざ(일부러), ぶらぶら(어슬렁, 할 일 없이), 一生懸命(열심히), すらすら(줄줄/막힘없이), 次第に(차츰), ゆっくり(천천히), ばらばら(뿔뿔이, 각자 따로따로), ちょうど(딱, 알맞게, 정확히), ゆらゆら(흔들흔들), ピカピカ(빤짝빤짝), 絶対(절대로), なかなか(좀처럼 ~않다), あまり(그다지), とても(아주, 대단히, 너무도), 別に(별로, 그다지), 少しも(조금도 ~않다), 決して(결코~않다), まさか(설마), 全然(전혀), 対して(~에 대해서), あいにく(공교롭게도), 一応(일단)

제 2 편

실용(実用) 일본어(日本語) 회화(会話)

제1장 航空編(항공편)

1. 航空チケット予約(항공예약)

A：ありがとうございます。〇〇航空でございます。

감사합니다. 〇〇항공사입니다.

B：あの、インチョン空港から大阪行の飛行機を予約したいんですが。

저기, 인천공항에서 오사카행 비행기를 예약하고 싶은데요.

A：ご出発はいつがよろしいですか。

출발은 언제가 좋으신지요?

B：10月 1 日土曜日なんですが、午前10時の飛行機は席がありますか。

10월 1일 토요일인데 오전 10시 비행기 좌석이 있나요.

A：片道ですか。往復ですか。

편도입니까? 왕복입니까?

B：往復です。

왕복입니다.

A：少々お待ちいただけますか。

잠시만 기다려주시겠습니까?

申し訳ございません。10月 1 日10時の飛行機は全て満席でございます。

죄송합니다만, 10월 1일 10시 비행기는 모두 만석입니다.

B：じゃあ、何時の便が残ってますか。

그럼 몇 시 비행기 편이 남아 있나요?

A：只今、午後1時と午後5時の飛行機に空席がございます。

지금 오후 1시와 오후 5시 비행기에 비어 있는 좌석이 있습니다.

B：じゃあ、午後1時の飛行機で一席お願いします。

그럼 오후 1시 비행기로 한 자리 부탁드립니다.

A：お名前とご連絡先をお願いします。

성함과 연락처를 부탁드립니다.

B：名前は田中宣政です。連絡先はC10-4224-5615です。

제 이름은 타나카 노부마사입니다. 연락처는 010-4224-5615입니다.

A：お戻りはいつがよろしいですか。

돌아오는 날짜는 언제가 좋으신지요?

B：帰りはまだ未定です。

돌아오는 날짜는 아직 미정입니다.

A：では、お戻りの日はオープンチケットをお取りしておきます。
그럼 돌아오는 날짜를 오픈티켓으로 해놓겠습니다.

10月 1日午後1時の飛行機でご予約名は田中宣政様でご予約承りました。
10월 1일 오후 1시 비행기 예약자 다나까 노부마사 이름으로 예약되었습니다.

飛行機搭乗の2時間前に空港にご お越しになり、◯◯航空のチェックインカウンターで チケットをお受け取りください。
비행기 탑승 2시간 전에 공항에 도착하셔서 ○○항공 체크인카운트에서 티켓을 발급받으시기 바랍니다.

B：ありがとうございます。
감사합니다.

단어풀이

よろしい：よい(좋다)의 격식 차린 말, 待つ(기다리다) + いただく：(받다 もらう의 공손한 말：받들다), ~ なんです：なのです(~인 것입니다)보다 화자의 의지를 확실하게 표현, 残る(남다), 連絡先(거래처)：とりひきさき〔取引先〕(거래처), 戻る(돌아오다), 承る：(聞く의 겸양어)(삼가 듣다), 承諾(しょうだく)する(겸양어)(삼가 승낙하다), 越す(넘다, 건너다), 受け取る(받다)

2. 飛行機予約サービス(항공기 예약서비스)

\- 事前座席指定 -

\- (사전 좌석 배정) -

航空券をご購入の際に、飛行機ご出発の360日前から48時間前までご希望の座席をホームページ、またはスマートフォンのアプリケーション及びサービスセンターを通して指定することができます。

항공권을 구매하신 경우에 항공기 출발 360일 전부터 48시간 전까지 희망하는 좌석을 홈페이지, 또한 스마트폰의 애플리케이션 및 서비스 센터를 통해 지정할 수 있습니다.

단어풀이

際に(즈음에), エコノミークラス(economic class), ファーストクラス(first class), 通す(통하게 하다), 通る(통하다)

3. 飛行機の座席がない場合(비행기 좌석이 없을 경우)

B：今日の大阪行の飛行機に空席がありますか。

오늘 오사카행 항공기에 남아 있는 빈 좌석이 있나요.

A：申し訳ございません。本日の大阪行のエコノミークラスとファーストクラスは全座席に空席はございません。

죄송합니다만 금일 오사카행 일반석과 일등석 전 좌석이 빈자리가 없습니다.

B：ひょっとして、待っていたら空席がでますか?

혹시라도 기다리면 자리가 나올까요?

A：それでは、お客様をキャンセル待ち名簿にお載せいたします。

그럼 고객님을 대기자 명단에 올려놓아 드리겠습니다.

お名前とご連絡先をお願いします。

성함과 연락처를 말씀해 주세요.

B：名前は朝日武で、連絡先は010-3028-2456です。

이름이 아사히 다케시고, 연락번호는 010-3028-2456입니다.

단어풀이

キャンセル(cancel：취소), 載せる(위에 놓다) + いたす(する의 겸어)

4. 都心空港の利用方法(도심공항 이용방법)

B：空港に直接行かなくても、市内で航空券の搭乗手続きができると聞いたんですが、どの航空会社なのか詳しく教えてもらえませんか。

공항에 직접 가지 않고서도 시내에서 항공권 탑승수속을 할 수 있다고 들었는데, 어느 항공사인지 좀 자세히 알려주시겠습니까?

A：はい、サムソン洞とソウル駅、それからKTXグァンミョン駅の地下1階の三カ所でご搭乗手続きが可能でございます。

예, 삼성동과 서울역, 그리고 KTX 광명역 지하 1층, 3곳에서 탑승수속을 할 수 있습니다.

但し、当日の◯◯航空の飛行機が運行するインチョン空港国際線のご予約が確定されたお客様と◯◯航空の便名をお持ちの乗客に限り手荷物お預かりを含め、搭乗手続きと出国審査が可能でございます。

다만, 당일 ○○항공 항공기가 운항하는 인천공항 국제선 예약이 확정된 고객과 ○○항공 편명을 소지하신 승객에 한해서 수화물 위탁을 포함해서, 탑승수속과 출국심사가 가능합니다.

搭乗手続きの締め切りは飛行機ご出発3時間20分前まで必ずしなければなりません。

탑승수속 마감은 항공기 출발 3시간 20분 전까지 꼭 하셔야 합니다.

ご移動は、すぐに都心空港から出国審査後、KTXリムジンにお乗りになるとインチョン空港に到着します。

이동은 바로 도심공항에서 출국심사 후 KTX 리무진에 탑승해서 인천공항에 도착합니다.

都心空港出国審査者専用出国審査台を経て、その航空券の搭乗口に移動します。

도심공항 출국심사자 전용 출국심사대를 거쳐서 해당 항공편 탑승 대기장소로 이동합니다.

단어풀이

聞く(듣다) : 聞いた(들었다), 聞いたの(들었던 것입니다), 聞いたんです(이유를 확실하게 표현함), 限る(한하다), 経る(거치다)

5. 国際線出発の手順(국제선 출발절차)

チェックイン(搭乗手続き)→保安チェック→出国手続き→搭乗ゲートへ移動
체크인(탑승수속) → 보안체크 → 출국수속 → 탑승게이트로 이동

6. 空港からチェックイン時(搭乗手続きの手順)〔공항에서 체크인 시(탑승수속 절차)〕

A：こんにちは。
안녕하세요.

B：はい。予約をしたんですが。
예, 예약했는데요.

A：お先に、チケットとパスポートをお願いします。
먼저 티켓과 여권을 주시겠습니까.

B：はい、これです。
여기 있습니다.

A：12時20分、大阪行の飛行機でご予約されています。
12시 20분 오사카행 비행기 편으로 예약되어 있습니다.

お座席はどちらになさいますか。
좌석을 어느 쪽으로 배정해 드릴까요.

B：できるなら窓側(まどがわ)の席(せき)をお願(ねが)いします。

될 수 있는 대로 창가 쪽 자리로 부탁드립니다.

A：お預(あず)けのお荷物(にもつ)はございますか。

비행기에 부칠 짐이 있습니까?

B：はい、ここの大(おお)きいトランクは預(あず)けて、小(ち)さい鞄(かばん)は（私(わたし)が）機内(きない)に持(も)って乗(の)ります。

네, 여기 큰 트렁크 가방 한 개는 부치고 작은 가방은 제가 기내에 가지고 탈 겁니다.

A：トランクの中(なか)に壊(こわ)れ物(もの)はございませんか。

트렁크 안에 파손될 만한 물건은 없습니까?

B：はい、特(とく)にありません。

예, 특별히 없습니다.

A：お預(あず)けのトランクをこちらの台(だい)の上(うえ)にお載(の)せください。

부칠 트렁크를 여기 선반 위에 올려놓아 주시기 바랍니다.

お一人様(ひとりさま)最大(さいだい)23キロまで可能(かのう)でございます。

1인 최대 23kg까지 가능합니다.

搭乗券(とうじょうけん)と手荷物(てにもつ)お預(あず)かり証(しょう)がこちらにございます。

탑승권과 수화물 보관증이 여기 있습니다.

こちらのご出発時間と搭乗ゲートをよくご確認のうえ、飛行機搭乗時間30分前までに11番搭乗口へお越し下さい。

여기 출발시각과 탑승게이트를 잘 확인하시고, 항공기 탑승 시작 30분 전까지 11번 탑승구로 가시기 바랍니다.

よろしいですよ。ありがとうございました。

다 됐습니다. 감사합니다.

B：ありがとうございます。

감사합니다.

단어풀이

お預け：〔(물건을) 맡김〕, 預ける(맡기다), 壊れる(~이 깨지다)：壊す(~을 부수다), うえ(위)：~ のうえ(~한 다음에)

7. 保安検査台(보안검사대)

パスポートと搭乗券をお願いします。

여권과 탑승권을 보여주세요.

保安検査のため、かばんとポケットの中の所持品を全て出してこのかごにお入れください。

보안 검색을 위해 가방과 주머니 안의 개인 소지품을 모두 꺼내어 이 바구니에 넣어주세요.

両腕を広げてください。

양팔을 벌려주세요.

金属探知機を通過してください。

금속탐지기를 통과하시기 바랍니다.

단어풀이

ポケット(pocket), 出す(내다), 入れる(넣다), 広げる(넓히다)

8. 空港の免税店で(공항 면세점에서)

B：免税店がどこにありますか。

　　면세점이 어디에 있나요?

A：まっすぐ行かれますと、右側にございます。

　　똑바로 가셔서 오른쪽에 있습니다.

B：化粧品コーナー / 洋酒コーナーはどこにありますか。

　　화장품코너 / 양주코너는 어디에 있나요?

A：あちらの右側にございます。

　　저기 오른쪽에 있습니다.

*****

A：いらっしゃいませ。
　　어서 오십시오.

　　何(なに)をお探(さが)しですか。
　　어떤 것을 찾으세요.

B：ええ、一度(いちど)、回(まわ)って見(み)て必要(ひつよう)なら呼(よ)びます。
　　예, 한번 둘러보고 도움이 필요하면 부를게요.

　　あの、20代(だい)の女性(じょせい)なんですが、口紅(くちべに)は何色(なにいろ)がいいですか。
　　저기, 20대 여성인데 립스틱 색깔은 어떤 것이 좋아요.

A：主(おも)に若(わか)い女性達(じょせいたち)にはピンクがよく好(この)まれていますね。
　　주로 젊은 여성들에게는 핑크색을 많이 선호하는 편입니다.

B：じゃあ、シャネルの香水一(こうすいひと)つと、ピンクの口紅二(くちべにふた)つ、それからコンパクトファンデーション二(ふた)つ下(くだ)さい。全部(ぜんぶ)でいくらですか。
　　여기 샤넬 향수 1병하고, 핑크색 립스틱 2개, 그리고 콤팩트 파운데이션 2개 주세요. 전부 얼마죠?

A：お支払(しはらい)はどのようになさいますか。
　　계산은 어떤 것으로 하시겠습니까?

B：円(えん)でいくらですか。
　　엔화로 얼마죠?

A：全部で12,000円でございます。

전부 12,000엔입니다.

B：じゃあ、カードで。

그럼 카드로.

A：領収書でございます。ありがとうございました。

영수증 여기 있습니다. 감사합니다.

B：はい、どうも。

예, 고마워요.

단어풀이

探す(찾다), 回る(돌다) : 回す(돌리다), 呼ぶ(부르다), 好む(~을 좋아하다) : 好まれる(~이 선호되다), 支払(지급) : しはら(支払)う(지급하다)

9. 搭乗手続きの案内放送(탑승수속 안내방송)

○○航空大阪行747便の飛行機にご搭乗のお客様は只今手続きカウンターまでお越しください。

○○항공 오사카행 747편 항공기에 탑승하실 승객께서는 지금 즉시 수속 카운터로 가시기 바랍니다.

10. 搭乗遅延の案内放送(탑승지연 안내방송)

御乗客の皆様にお知らせいたします。

승객 여러분께 알려드리겠습니다.

午前11時に大阪を出発予定の○○航空747便は機体整備のため約10分間遅れる予定です。

오전 11시에 오사카로 출발 예정인 ○○항공 747편은 기체 정비로 인해 약 10분간 지연될 예정입니다.

皆様には大変ご迷惑をおかけしておりますが今しばらくお待ちください。

승객 여러분께 대단히 불편을 끼쳐드리고 있습니다만, 잠시만 기다려주십시오.

○○航空大阪行747便は悪天候のため運行が遅れる予定です。どうぞご理解のほどよろしくお願いいたします。

○○항공 오사카행 747편 항공기는 날씨 관계로 인하여 운항이 지연될 예정입니다. 부디 이 점 널리 양해해 주시기 바랍니다.

단어풀이

知らせる〔알리다(= 知らす)〕, お知らせ〔알림(안내지시문)〕, ほど(한계, 정도)

せいび〔整備〕(정비), 迷惑をかける(폐를 끼치다)

11. 機内(きない)へ搭乗(とうじょう)(기내에 탑승)

A : こんにちは。/ いらっしゃいませ。ご搭乗(とうじょう)ありがとうございます。
안녕하십니까. / 어서 오십시오. 탑승해 주셔서 감사합니다.

B : こんにちは。
안녕하세요.

A : 搭乗券(とうじょうけん)をお願(ねが)いします。
탑승권을 부탁드립니다.

B : はい、これです。
네, 여기요.

A : お座席番号(ざせきばんごう)が16のAでございます。お座席(ざせき)へご案内(あんない)いたします。
좌석번호가 16A입니다. 자리로 안내해 드리겠습니다.

こちらへどうぞ。
이쪽으로 오십시오.

右側(みぎがわ)の通路(つうろ)を行(い)かれると、中央(ちゅうおう)にございます。
우측 통로로 가시면, 가운데 쪽입니다

すぐ前方(ぜんぽう)にございます。
바로 전방에 있습니다.

あちらの後方(こうほう)にございます。
저기 뒤쪽입니다.

こんにちは。お荷物をお持ちいたします。くつろいだ空の旅をお楽しみください。

안녕하세요. 짐을 도와드리겠습니다. 편안한 비행기 여행을 즐기시기 바랍니다.

離着陸の際はお座席のベルトをしっかりとお締めください。

이착륙 시에 좌석벨트를 단단히 매주시기 바랍니다.

離着陸の際や地上滞在中はお手持ちの携帯電話や電子機器の電源をもうしばらくお切りください。

이착륙 시나 지상 체재 중에는 소지하고 계시는 휴대 전화기나 전자기기를 잠시 동안 꺼주시기 바랍니다.

非常口は機体の前方、中央、後方と客室の二階にございます。

비상구는 기체의 앞쪽, 가운데, 뒤쪽과 객실 2층에 있습니다.

ご搭乗の皆様、快適な空の旅をお楽しみください。

승객 여러분 쾌적한 비행기 여행하시기 바랍니다.

단어풀이

行く(가다), 行かれる(가시다), くつろぐ〔편안히 지내다(쉬다), 느릿느릿 행동하다〕, 楽しむ(즐기다), 締める(메다), 切る(끊다)

12. 離陸前の機内アナウンス(이륙 전 기내 안내방송)

ご搭乗の皆様、まもなく離陸いたします。

승객 여러분 곧 이륙하겠습니다.

シートベルトをもう一度ご確認ください。

좌석벨트(seat belt)를 다시 한번 확인해 주시기 바랍니다.

座席のリクライニングとテーブルは元の位置にお戻しください。

좌석 등받이와 테이블은 원래의 위치로 놓아주시기 바랍니다.

단어풀이

リクライニング(reclining : 뒤로 젖히는 등받이), 戻す(돌리다) : 戻る(되돌아가다)

13. 機内サービスのアナウンス(기내서비스 안내방송)

ご搭乗の皆様、わたくしは乗務員の〇〇でございます。本日、皆様の安全で快適な空の旅をお楽しみいただくために私ども客室には13名の乗務員が搭乗しております。ご用の際はお気軽に乗務員にお声をおかけ下さい。

승객 여러분, 저는 승무원 ○○○입니다. 오늘 여러분의 안전하고 쾌적한 비행기 여행을 위해 저희 객실에는 13명의 승무원이 탑승하고 있습니다. 도움이 필요하시면, 언제든지 담당 승무원을 불러주시기 바랍니다.

皆様に機内サービスにつきましてご案内いたします。
승객 여러분께 기내서비스에 대해 안내 말씀드리겠습니다.

まもなく、ご昼食をお持ちいたします。お食事の後には免税品の販売がございます。続いて、映画の上映もございます。また、ご到着前にカクテルを含めた簡単なお飲み物をお出しする予定となっております。
잠시 후에 점심식사를 드시겠습니다. 식사 후에는 면세품을 판매하겠으며, 이어서 영화를 상영하겠습니다. 그리고 도착 전에 칵테일을 포함한 간단한 음료를 제공해 드릴 예정입니다.

より詳しい内容はお座席前のシートポケットにある機内誌をご参考ください。楽しい快適な空の旅になりますよう私ども乗務員がお手伝いさせていただきます。ありがとうございました。
보다 자세한 내용은 좌석 주머니 앞에 있는 기내지를 참고하시기 바랍니다. 즐겁고 쾌적한 비행기 여행이 되도록 저희 승무원은 모두가 도움을 드리겠습니다. 감사합니다.

단어풀이

私ども(저희들 : 복수), 気軽に(가볍게, 부담 없이), おる(いる의 다소 文語적인 표현), 用(용무), 気軽に(부담 없이, 가볍게), 声をかける(말을 걸다), つきましては : ついては〔(그 일에 관해서, 그런고로)의 공손한 말〕, ~につきましては(~에 대해서는), 持ちいたす(가져오다) : 持つ(들다) + いたす(가져오다), 続く(계속되다, 잇따르다), 含める(포함시키다) : 含む(포함하다), 出す(내다), 手伝う(돕다)

14. 機内(きない)サービスの順序(じゅんじょ)(기내서비스 순서)

食事(しょくじ)と飲(の)み物(もの) → 機内販売(きないはんばい) → 映画観覧(えいがかんらん) → 飲(の)み物(もの)サービス

식사와 음료 = 기내판매 = 영화관람 = 음료 서비스

15. 機内(きない)飲(の)み物(もの)サービス(기내 음료수 제공 서비스)

A：お客様(きゃくさま)、お飲(の)み物(もの)はいかがでしょうか。

승객님, 마실 것 좀 드시겠습니까?

B：何(なに)がありますか。

어떤 것들이 있죠?

A：はい、お水(みず)、コーラ、オレンジジュース、それからビール、ワインがございます。

예, 생수, 콜라, 오렌지 주스, 그리고 맥주, 와인이 있습니다.

B：ビールは何(なに)がありますか。

맥주가 어떤 거죠?

A：はい、韓国(かんこく)のハイトと日本(にほん)のアサヒビールがございます。

네, 한국 하이트와 일본 아사히 맥주가 준비되어 있습니다.

B1: アサヒビールをください。

아사히 맥주로 주세요.

B2: 私(わたし)はコーヒーください。(となりの座席(ざせき)の乗客(じょうきゃく))

전 커피 주세요.(옆 좌석 승객)

そのままブラックでアメリカンにしてください。

그냥 블랙으로 연하게(아메리칸) 타주세요.

A：もう少々(しょうしょう)お待(ま)ちいただけますか。

잠시만 기다려주시겠습니까?

はい、どうぞ。

네, 여기 있습니다.

熱(あつ)いのでお気(き)を付(つ)けください。

뜨거우니까 조심하십시오.

B：ありがとう。

고마워요.

A：他(ほか)に必要(ひつよう)なものがございましたら、おっしゃってください。

다른 필요하신 것 있으시면 말씀하십시오.

B：結構(けっこう)です。ありがとう。

됐습니다. 고마워요.

단어풀이

飲(の)み物(もの)(마실 것), ビール(beer), ~ので~(앞엣것이 원인이 되어 뒤엣것이 발생 : ~ 하기 때문에), 気(き)を付(つ)ける(조심하다, 주의하다), おっしゃる(= 言われる)(말씀하시다) : 言う(말하다)의 높임말

16. 機内食(きないしょく)(기내식사)

A： お食事(しょくじ)をお持(も)ちしました。

식사 가지고 왔습니다.

B： 何(なに)がありますか。

어떤 것이 나와요?

A： 韓国料理(かんこくりょうり)と洋食(ようしょく)の二種類(にしゅるい)がございます。

한식과 양식 두 가지가 준비되어 있습니다.

B： 韓国料理(かんこくりょうり)は何(なん)ですか。

한식은 어떤 것이 나와요?

A： ビビンバをご用意(ようい)しております。

비빔밥으로 준비되어 있습니다.

B： ビビンバいいですね。それを下(くだ)さい。

비빔밥 좋아요. 그걸로 주세요.

A： お飲(の)み物(もの)は何(なに)になさいますか。

음료수는 어떤 것으로 하시겠습니까?

B： ホットコーヒー下(くだ)さい。砂糖(さとう)とクリープはいりません。

따뜻한 커피 한 잔 주세요. 설탕과 프림은 필요 없어요.

ブラックで下(くだ)さい。

그냥 블랙으로 주세요.

お水(みず)を一本(いっぽん)下(くだ)さい。

그냥 생수 한 병 주세요.

ワイン一杯(いっぱい)くれますか。

와인 한 잔 주시겠어요.

A：レッドワインとホワイトどちらがよろしいですか。
레드와인과 화이트 어떤 것으로 하시겠습니까.

B：レッドを下(くだ)さい。
레드로 주세요.

A：はい、どうぞ。
네, 여기 있습니다.

단어풀이

ホットコーヒ(hot coffee), クリープ(Cream : 분말성 크림)

17. 伝統韓国料理(でんとうかんこくりょうり)を始(はじ)め様々(さまざま)な機内食(きないしょく)サービス(전통 한식을 비롯한 다양한 기내식사 서비스)

私(わたくし)ども○○航空(こうくう)では季節毎(きせつごと)に旬(しゅん)の食材(しょくざい)を用(もち)いた多彩(たさい)なメニューを提供(ていきょう)しております。
저희 ○○항공은 계절마다 제철 식재료를 사용한 다양한 메뉴의 식사를 제공하고 있습니다.

韓国料理ではビビンバ、ナクチ(たこ)丼、コンドゥレナムルご飯、きのこご飯など多彩に用意し提供しております。また、洋食、和食、中華などもご一緒に提供しております。

한식으로는 비빔밥, 낙지덮밥, 곤드레밥, 버섯밥 등을 다채롭게 준비해서 제공하고 있습니다. 또한 양식, 일식, 중식 등도 함께 제공하그 있습니다.

단어풀이

用いる(사용하다), コンドゥレナムルご飯(곤드레나물밥), 用意する(준비하다)

18. 機内免税品の購入(기내 면세품 구입)

B：すみませんが、機内で免税品を買えますか。

미안하지만 기내에서 면세상품을 살 수 있나요?

A：お座席の前のポケットに免税品のパンフレットがございます。

좌석 앞주머니에 면세상품의 pamphlet이 비치되어 있습니다.

ご覧くださり、必要なものがございましたら、乗務員におしゃってください。

보시고 필요하신 품목이 있으면 저희 승무원에게 말씀해 주시면 됩니다.

まもなく乗務員が販売カートを押して来ますので、その時ご注文なさってください。

잠시 후 저희 승무원이 판매 카트를 끌고 다니면 그때 바로 주문하시면 됩니다.

B：バレンタインの21年もの一本とタバコ１カートン下さい。

발레인타인 21년산 1병하고, 담배 1보루 주세요.

支払は円で払います。

계산은 엔화로 지급할게요.

A：領収書とお返しでございます。

영수증과 잔돈 여기 있습니다.

B：カードも使えますか。

카드로도 되나요?

A：はい、可能でございます。

네, 가능합니다.

B：じゃあ、カードで計算して下さい。

그럼 카드로 계산해 주세요.

A：ありがとうございます。

감사합니다.

B：はい、どうも。

네, 고마워요.

*****

入国カードと税関申告書の用紙が必要なお客様は乗務員におっしゃってください。

입국카드와 세관신고서 용지가 필요하신 승객께서는 승무원에게 말씀해 주시기 바랍니다.

入国カードと税関申告書をまだお書きでないお客様はお早めにお書きください。
입국카드와 세관신고서를 작성하지 않으신 승객께서는 미리 작성하시기 바랍니다.

- 視聴覚サービス -
- (시청각 서비스) -

モニターで映画と音楽、ゲームをお好きなだけご利用いただけます。
모니터로 영화와 음악, 게임을 마음대로 이용할 수 있습니다.

- ウェイクアップサービス -
- (Wake up 서비스) -

お客様がお望みの時間に起こして差し上げます。
승객께서 요청하신 시간에 깨워드립니다.

- 携帯用アメニティサービス -
- (휴대용 편의용품 서비스) -

旅行に必要な歯ブラシセットを旅行用パウチケースに入れて提供しております。
여행에 필요한 칫솔세트를 여행용 파우치 케이스에 넣어 제공하고 있습니다.

단어풀이

買う(사다) : 買える(살 수 있다), ご覧(보심), 押す〔(뒤에서) 밀다, 누르다〕, カートン(carton, 보루), 返し(되돌려줌, 거스름돈 = おつり : つりせん의 공손어), 使う(사용하다): 使える(사용할 수 있다), 望み(소망) : 望む(바라다), 起こす(일으키다), 起きる(일어나다), アメニティ(amenity : 무료로 준비해 놓은 각종 소모품), 入れる(넣다)

19. 着陸前の機内アナウンス(착륙 전 기내 안내방송)

この飛行機はまもなく20分後にインチョン空港に到着予定でございます。
이 비행기는 잠시 후 20분 후에 인천공항에 도착 예정입니다.

お客様はシートベルトをしっかりとお締めください。
승객 여러분께서는 안전벨트를 꼭 매주시기 바랍니다.

これより化粧室のご利用をお控えください。
이후의 화장실 사용은 삼가시기 바랍니다.

携帯電話と全ての電子機器の電源をお切りください。
휴대전화기와 모든 전자기기의 전원은 꺼주시기 바랍니다.

お座席のリクライニングとテーブルは元の位置にお戻しください。
좌석 등받이와 테이블은 원래의 위치로 되돌려주시기 바랍니다.

只今インチョン空港の天候はくもり、気温は15度でございます。
현재 이곳 인천공항의 날씨는 약간 흐리고 기온은 15도입니다.

20. 着陸後の機内アナウンス(착륙 후 기내 안내방송)

ご搭乗の皆様、大阪関西空港に着陸いたしました。
승객 여러분, 오사카 간사이공항에 착륙하였습니다.

機体が完全に停止するまでお席で座ってお待ちください。
기체가 완전히 정지할 때까지 자리에 앉아서 기다려주시기 바랍니다.

只今こちらの時刻は12月20日午後2時10分でございます。外の天候は少し曇っており、気温は16度でございます。
현재 이곳 시간은 12월 20일 오후 2시 10분입니다. 바깥 기상 날씨는 약간 흐리며 기온은 16도입니다.

21. 機体停止後のアナウンス(기체 정지 후 안내방송)

(ご搭乗の) 皆様、私どもの飛行機は大阪関西空港に到着いたしました。お客様の安全のため飛行機が完全に止ってから乗務員が案内するまでお待ちください。
승객 여러분, 저희 비행기는 오사카 칸사이 공항에 도착했습니다. 손님 여러분의 안전을 위해 비행기가 완전히 멈춘 후 저희 승무원이 안내해 드릴 때까지 기다려주시기 바랍니다.

あわせまして、上の棚をお開けになる際はお荷物が落ちないようご注意くださり、お降り際は機内にお忘れ物がございませんようご確認ください。
아울러 선반을 여실 때는 물건이 떨어지지 않도록 주의해 주시고, 내리실 때, 기내에 두고 내리는 물건이 없는지 확인해 주시기 바랍니다.

(ご搭乗の) 皆様、本日も○○航空をご利用いただきありがとうございました。より安全で快適な空の旅をお約束いたします。ありがとうございました。どうぞ、お気をつけて。
승객 여러분, 오늘도 저희 ○○항공을 이용해 주셔서 감사드리며, 더욱 안전하고 편안하게 모실 것을 약속드립니다. 감사합니다. 안녕히 가십시오.

단어풀이

アナウンス(announce), 控える(삼가다, 잡아끌다, 대기하다), 切る(끊다), リクライニング(reclining : 뒤로 젖히는 등받이), 待つ(기다리다), 止る(멈추다), あわせる(모으다, 합치다), 降りる(내리다), ~ように(~하도록)

22 入国審査(입국심사)

A：パスポートをお願いします。
　여권을 주세요.

B：これです。
　여기 있습니다.

A：訪問の目的は何ですか。
　방문 목적은 무엇인가요?

B：観光で来ました。
　관광차 /　　　왔습니다.
　出張で
　출장차 /
　留学で
　유학차 /

A：どのくらい滞在する予定ですか。
　얼마간 체류할 예정입니까?

B：十日間、泊る予定です。

10일간 머무를 예정입니다.

A：どこに滞在しますか。

어디서 체류하실 겁니까?

しりあい〔知(り)合い〕がいますか。

아는 사람이 있습니까?

滞在先の住所と連絡先をお書きください。 ＊書く 쓰다

체류할 주소와 연락처를 적어주시기 바랍니다.

B：ソウルのミョンドンセジョンホテルです。

서울 명동 세종호텔입니다.

23. 税関審査台通過時(세관심사대 통과 시)

A：税関申告書とパスポートを見せてください。

세관신고서와 여권을 보여주십시오.

かばんをテーブルの上に置いて下さい。

가방을 테이블 위에 올려놓으시기 바랍니다.

お荷物はトランク一つですか。

짐은 트렁크 하나입니까?

B：はい、トランク一つと手に持っている小さい手提げかばんです。

네, 트렁크 하나와 손에 든 작은 손가방입니다.

A：このかばんの中に何が入っていますか。

이 가방 안에 무엇이 들어 있나요?

かばんを開けて見せてください。

가방을 한번 열어보세요.

B：服と洗面道具、それから何冊かの本で全部です。

옷하고 세면도구, 그리고 몇 권인가의 책이 전부입니다.

A：申告する物がありますか。

신고하실 물건이 있나요?

B：ありません。

없습니다.

A：わかりました。そのまま通過していいですよ。楽しい旅行を！

됐습니다. 그냥 통과하셔도 됩니다. 즐거운 여행 되십시오.

단어풀이

見せる(보이다)：見る(보다), 置く(놓다), 手提げ(손에 들고 다니게 만든 물건), 入る(들어가다), 名(の), 動詞 과거형(~た) + まま(~ 한 채로), しりあい〔知(り)合い〕(아는 사람, 친지)

24. 問(と)い合(あ)わせ(문의사항)

B : アシアナ航空(こうくう)のチェックインはどこでするんですか。

아시아나항공 체크인은 어디서 하나요?

A : エスカレーターをお乗(の)りになり2階(かい)に行(い)って下(くだ)さい。

에스컬레이터를 타고 2층으로 올라가시면 됩니다.

B : 10番(ばん)ゲードが探(さが)せないんですが。どこに行(い)ったらいいですか。

10번 게이트를 못 찾겠어요. 어디로 가야 하나요?

A : あちらの向(む)かい側(がわ)で左(ひだり)に30メートルほど行(い)かれますとございます。

저기 맞은편에서 왼쪽으로 30m 더 가시면 됩니다.

B : 搭乗(とうじょう)はいつからですか。

탑승은 언제부터 합니까?

A : 出発(しゅっぱつ)の30分前(ぷんまえ)から開始(かいし)いたします。

출발 30분 전부터 시작합니다.

B : あの、すみませんが、○○航空(こうくう)の空港(くうこう)カウンターはどこにありますか。

죄송하지만 ○○항공 공항 카운터가 어디에 있나요?

A : 4階(かい)の国際線出発(こくさいせんしゅっぱつ)ロビーにございます。

4층 국제선 출발 로비에 공항 카운터가 있습니다.

B : 出国審査(しゅっこくしんさ)はどこでするんですか。

출국심사는 어디서 하나요?

A：あちらの外国人の列にお並びください。

저쪽 외국인의 줄에 서시면 됩니다.

단어풀이

乗る(타다)：お + 乗りになる(타시다), 探す(찾다)：探せる〔(가능형) 찾을 수 있다〕, するのです = するんです(하는 것입니다)：ないんです(動詞, い形 + んです: (화자의 강한 의지 표현), 行く(가다)：行かれる(가시다)

25. 国際線乗り換え(국제선 환송)

B：国際線乗り換えはどうしたらいいですか。

국제선 환송은 어떻게 합니까?

A：○○航空の乗り換え手続きカウンターでお乗継ぎの搭乗手続きをなさってください。

○○항공 환송수속 카운터에서 연결편 탑승수속을 하시면 됩니다.

出発地からお乗継ぎ搭乗券をお受け取りの際は、乗り換えエリアを通って搭乗口へお進みください。

출발지에서 연결편 탑승권을 받으신 경우 환승구역을 거쳐 탑승구로 이동하시면 됩니다.

搭乗券をお持ちであれば、移動乗り換え搭乗が可能になります。

탑승권이 있어야 이동 환승 탑승이 가능합니다.

단어풀이

乗り換え(갈아탐) : 乗り換える = 乗継ぐ(갈아타다), なさる(하시다), 受け取る(받다), エリア(area), 通る(통과하다), 進む(나아가다) : お + ~ ます形 + ください[(~ 하십시오(존경형)]

26. 国際線到着後インチョン経由で国内線飛行機に乗り換え

(국제선 도착 후 인천 경유 국내선 항공으로 환승)

B : 到着後、釜山行の飛行機の乗り換えはどこでしたらいいですか。

도착 후 부산행 비행기 환승은 어디서 하나요?

A : こちらの乗り換え通路を通って乗り換え表示に従ってまっすぐお進みください。

이곳 환승통로를 통해 Transfer(환승 표지)를 따라 곧장 이동하십시오.

乗継ぎ券をお持ちになり乗り換え区域で保安検査台を通過しなければなりません。

환승권을 지참하시고 환승구역에서 보안검색대를 통과하셔야 합니다.

それから3階の出国ゲート釜山行の搭乗口へお進みください。

그리고 3층 출국장 부산행 탑승구로 이동하시면 됩니다.

단어풀이

~ 1그룹 動(い, っ, ん), 2그룹, 3그룹(ます形) + たらいいです(~하면 좋습니다), 従う(따르다), ~動詞의 ない形 な : ~なければならない(~하지 않으면 안 된다)

27. 空港到着後空港ターミナル移動の仕方(공항 도착 후 공항 터미널 이동방법)

鉄道利用時

(철도교통 이용 시)

飛行機到着後、入国審査を終えて手荷物を受け取った後、税関を通過して

항공기 도착 후 입국심사를 거쳐 수화물을 찾은 후 세관을 통과하고서

- スカイライナー(モノレール) 利用 -

- Sky liner(모노레일) 이용 -

4階に位置するモノレール（スカイライナー）乗り場でご搭乗ください。

4층에 위치한 모노레일(sky liner) 승강장에서 탑승하시면 됩니다.

第１ターミナルでお降りになり列車をご利用ください。

제1터미널에 내리셔서 전철을 이용하시기 바랍니다.

- 空港シャトルバス利用-

- 공항 shuttle bus 이용 -

国際線第２ターミナル到着後、建物の外へ出られて空港シャトルバス停留所からお乗りになり第1ターミナルでお降りください。そちらから列車をご利用いただけます。

국제선 제2터미널 도착 후 건물 밖으로 나오셔서 공항 셔틀버스 정류장에서 탑승하고서 제1터미널에서 내리세요. 거기서 전철을 이용하시면 됩니다.

단어풀이

終(お)える(마치다), 出(で)る(나오다) : 出(で)られる(나오시다), 降(お)りる(내리다)

28. 空港(くうこう)からホテルまでの交通(こうつう)アクセス問(と)い合(あ)わせ(공항에서 호텔까지 교통편 문의)

B : ここからロッテホテルに行(い)くにはどうしたらいいですか。

여기서 롯데호텔을 가려면 어떻게 하나요?

タクシー代(だい)はいくらぐらいになりますか。

택시요금이 얼마 정도 나올까요?

A : こちらからホテルまでタクシーをご利用(りよう)になりますと料金(りょうきん)はかなりかかると思(おも)います。

여기서 호텔까지 택시를 이용하시면 요금이 꽤 나올 겁니다.

交通状況(こうつうじょうきょう)によって55,000ウォンから60,000ウォンぐらいになると思(おも)います。

교통상황에 따라 55,000원에서 60,000원 정도 나올 겁니다.

かえって、空港(くうこう)リムジンバスをご利用(りよう)されますと、ロッテホテルまでお安(やす)い料金(りょうきん)でゆったりと行(い)けます。

차라리 공항 리무진 버스를 이용하시면 롯데호텔까지 저렴한 요금으로 편하게 갈 수 있습니다.

空港(くうこう)ビルの外(そと)にKALのリムジンバスの乗(の)り場(ば)がございます。第1旅客(りょきゃく)ターミナルの1階(かい)3B, 3Aの乗(の)り場(ば)からご乗車(じょうしゃ)ください。

공항건물 밖에 KAL 리무진 버스 탑승장이 있는데, 제1여객 터미널 1층 3B, 3A 승차장에서 승차하시면 됩니다.

いくつかのバス路線がございますが、インチョン空港からロッテホテルまで行くリムジンバスは6701番にお乗りください。多分料金は16,000ウォンかかると思います。ここ第２旅客ターミナル1階の大韓航空サービスカウンターの横の切符売り場でチケットをご購入されるか、でなければバス乗り場に行かれますと共同切符売り場がございます。

몇 개의 버스 노선이 있습니다만, 인천공항에서 롯데호텔까지 가는 리무진 노선버스는 6701번으로 타시면 됩니다. 아마도 요금은 16,000원 할 겁니다. 여기 제2여객터미널 1층 대한항공 서비스 카운터 옆 매표소에서 티켓을 구매하시거나 아니면 승차장에 가시면 공동매표소가 있습니다.

B：ありがとうございます。
감사합니다.

단어풀이

アクセス(access：교통접근), かかる〔(시간, 돈이) 걸리다, 들다〕, する(하다)：される(하시다)

29. ソウル駅切符売り場で(서울역 매표소에서)

B：午前10時発の釜山行KTXの切符を1枚ください。
오전 10시발 부산행 KTX 열차표를 1장 주세요.

A：申し訳ございませんが、全てのお座席が売り切れでございます。

미안합니다만, 전 좌석 모두 매진되었습니다.

B：それなら、次(つぎ)の列車(れっしゃ)は何時(なんじ)にありますか。

그러면 다음 열차는 몇 시에 있나요?

A：11時(じ)30分(ぷん)にございます。

11시 30분에 좌석이 있습니다.

B：じゃあ、11時(じ)30分(ぷん)の切符(きっぷ)1枚(まい)ください。

11시 30분 열차표 1장 주세요.

A：料金(りょうきん)は59,800ウォンでございます。

요금은 59,800원입니다.

B：乗車券(じょうしゃけん)でございます。

승차권 여기 있습니다.

11時(じ)30分(ぷん)釜山行(ぷさんゆき)時間(じかん)が合(あ)っているかご確認(かくにん)ください。

11시 30분 부산행 시간이 맞는지 확인해 주시기 바랍니다.

단어풀이

売(う)り切(き)る(전부 팔아버리다), 合(あ)う(맞다)

제2장 ホテルサービス(호텔 서비스)

제1절 ドアマン(도어맨)

1. 駐車サービス(주차 서비스)

ドアマン: いらっしゃいませ。お客様、ヴァレーパーキングサービスをご利用になられますか?
도어맨: 어서 오십시오. 고객님 발렛주차(바레-빠-킹구 사-비스) 서비스를 원하십니까?

お客様: 料金は一日いくらですか。
고객: 요금이 하루에 얼마입니까?

ドアマン: 料金は一日 15,000ウォンです。
도어맨: 요금은 하루에 15,000원입니다.

お客様: それじゃあ、お願いします。
고객: 예, 그렇게 해주세요.

ドアマン: それでは、わたくしが駐車してまいります。ここに駐車確認証がございます。
도어맨: 그러면, 저희가 고객님을 대신해 주차해 드리겠습니다. 여기에 주차확인증이 있습니다.

お客様: ありがとう。トランクにアタッシュケースと小さい鞄があります。
고객: 고마워요. 차량 트렁크에 서류용 가방과 작은 가방이 있어요.

ドアマン: はい、かしこまりました。ベルボーイが鞄をお持ちいたします。
도어맨: 예, 잘 알겠습니다. 벨맨이 가방을 잘 가져다줄 겁니다.

お客様: ありがとう。
고객: 고마워요.

2. タクシー手配サービス(콜택시 서비스)

お客様: 夕食を食べに市内に行こうと思うんですが。
고객: 저녁을 먹으러 마을에 가려고 합니다.

ドアマン: タクシーをご利用になられますか。
도어맨: 택시를 이용하시겠습니까?

お客様: ええ、呼んでもらえますか。市内までどのぐらいかかりますか。
고객: 예, 저를 위해 택시를 불러주세요. 마을까지 얼마나 걸리나요?

ドアマン: 約5分ほどかかります。
도어맨: 약 5분 정도 걸립니다.

お客様: それから、タクシー代はいくらですか。
고객: 그리고 택시요금은 얼마입니까?

ドアマン: 6,000ウォンです。タクシーを手配しますと深夜以降は基本料金に追加料金が加算されます。
도어맨: 6,000원입니다. 콜택시가 심야 이후에는 택시요금에 추가요금이 붙습니다.

お客様: あ、そうですか。いいですよ。
고객: 아, 그래요, 좋습니다.

단어풀이

手配(수배), 利用する(이용하다) : ご利用になられる(이용하시다) / 駐車してあげる(주차해 주다) : 駐車してまいる(주차해 드리다) / 加算する(가산하다) : 加算される(가산되다), アタッシュ・ケース(attaché case, 서류용 가방)

3. 緊急時のタクシー手配サービス(긴급 콜택시 서비스)

お客様: 急用ができてソウルに行かなければならないんですが、
タクシーを呼んでもらえますか。
ここからソウルまでいくらですか。
고객: 어떤 급한 일이 생겨서 제가 서울을 가야만 해요.
택시를 불러주세요.
여기서 서울까지가 택시요금이 얼마죠?

ベルボーイ: ただいま運転手に確認いたします。費用は200,000ウォンです。

벨맨: 즉시 기사에게 물어보겠습니다. 비용이 200,000만 원입니다.

お客様: 料金が妥当だとは思えないんですが。

고객: 요금이 적당하다고는 생각이 안 되는군요.

ベルボーイ: 少しお高いとお考えですか。ですが、この地域のすべてのタクシーが同じ料金を請求されると思います。

벨맨: 요금이 (다소) 비싸다고 생각이 되십니까? 그렇지마는 이 지역의 모든 기사가 똑같은 요금을 지급하도록 요구할 겁니다.

お客様: 私は150,000ウォンなら妥当だと思ったんですが、う～ん、それなら仕方がないですね。

고객: 저는 150,000원이면 적당한 저시일 것이라고 생각하고 있었는데 음-, 저로서는 어쩔 수 없네요.

ベルボーイ: では、タクシーを手配いたします。こちらで少々お待ちください。

벨맨: 당신을 위해서 택시를 불러드릴게요. (여기서) 잠시만 기다려주시겠어요.

- タクシーが到着する -

- (택시가 도착한다) -

ベルボーイ: どちらまで行かれますか。

어디까지 가십니까?

わたくしがタクシー会社こ行き先をお伝えしましょうか。

제가 택시운전사에게 행선지를 전해드릴까요?

お客様: 漢南洞(ハンナムドン)のヒルトンホテルです。すぐ行ってくれるように頼んでください。

고객: 한남동 힐튼호텔입니다. 곧장 힐튼호텔로 가도록 운전사에게 부탁하세요.

ベルボーイ: 途中でお手洗をご利用されたければ、高速道路の休憩所に止めてほしいと頼むこともできますよ。
目的地まで安全にお客様をお連れするよう運転手にお願いしましたので。

벨맨: 도중에 화장실을 이용하시고 싶으시면, 고속도로 휴게소에 세워달라고 부탁할 수 있어요.
목적지까지 안전하게 고객님을 모셔다드리라고 택시기사에게 부탁했습니다.

お客様: ありがとう。

고객: 감사해요.

ベルボーイ: いいえ、とんでもございません。

벨맨: 아닙니다.

단어풀이

手配(수배), 行く(5단 : 가다): 行かれる(가시다), 呼ぶ(5단 : 부르다) : 呼んでもらう(불러받다), 確認する(확인하다) : 確認いたす(확인해 드리다), 思える(생각되다), 考える(생각하다) : お考えです(생각하시다), 思えないのです(생각되지 않습니다. 자신의 의지를 말할 때는 思えないんです), 伝える(전하다) : お伝えする(전해드리다), ご利用される(이용하시다), 止める(세우다) + ほしい(원하다) : 止めてほしい, 連れる(데리고 가다) : お連れする(모시고 가다)

4. レンタカーサービス(렌터카 서비스)

お客様: 車はどこで借りれますか。調べてもらえますか。

고객: 차량을 어디서 빌리죠? 알아봐줄 수 있나요?

ベルボーイ: (私が)お調べいたします。こちらの地域には二つのレンタカー会社がございます。

벨맨: 제가 알아봐드리겠습니다. 이 지역에 2개의 렌터카 회사가 있습니다.

お客様: レンタカーの費用はいくらぐらいですか。

고객: 렌터카의 비용은 얼마 정도입니까?

車をレンタルする費用はいくら位を見積もってたらいいですか。

차 렌트하는 비용은 얼마 정도를 지급하면 좋습니까?

ベルボーイ: 車種は、小型車、普通車、大型車、それからレジャー用ワゴン車、どれをご希望ですか。

벨맨: 차종 중에 소형차, 중형차, 대형차 그리고 레저용 차량 어떤 차종을 원하십니까?

お客様: RVを借りたいんですが、一日いくらですか。

고객: RV로 빌리고 싶은데 하루 요금이 얼마지요?

ベルボーイ: 費用は一日30,000ウォンです。

벨맨: 비용은 하루에 30,000원입니다.

そちらでは100,000ウォンの預り金と国際運転免許証と身分証明書のコピーが必要です。また、契約約款を読まれた後，車両利用約款に同意が必要です。

그들은 100,000의 예치금과 국제운전면허증과 신분증 복사를 요구할 것입니다. 계약약관을 읽은 후에 차량 이용약관에 동의할 것을 요구할 겁니다.

お客様: (私が)レンタカー会社と契約をするにはどうしたらいいですか。

고객: 제가 렌터카 회사와 계약을 하려면 어떻게 하면 돼요?

ベルボーイ: 書類とお車を準備してレンタカー会社の職員が訪ねてくると思います。

벨맨: 서류와 차량을 가지고 렌터카 회사 직원이 당신을 방문할 겁니다.

단어풀이

借りる(빌리다) : 借りれる(빌릴 수 있다), 調べる(조사하다) +もらう(받다) : もらえる(받을 수 있다), 調べ + あげる(알아봐 + 주다) : 調べてあげる

5. シャトルバス(셔틀버스)

お客様: 市内までどうやって行ったらいいですか。

고객: 시내까지 어떻게 갑니까?

ドアマン: 無料シャトルバスがございます。シャトルバスは30分毎に運行しております。

도어맨: 무료셔틀버스가 있습니다. 셔틀버스는 30분마다 운행합니다.

お客様:	それじゃあ、どこでバスに乗れますか。
고객:	그러면, 어디서 버스를 탈 수 있나요?
ドアマン:	この正門を出て、まっすぐ行かれてから道路を渡ってください。そうしましたら、バス乗り場の掲示板が見えてまいります。英語で書いてあります。
도어맨:	이 정문을 나가셔서 쭉 내려가서 길을 건너세요. 그렇게 하시면, 버스정류장의 표지판이 보일 겁니다. 영어로 쓰여 있어요.
お客様:	ここまでどうやってバスで戻れますか。
고객:	이곳까지 어떻게 버스로 돌아오나요?
ドアマン:	お客様が降りられた所の道の反対側でお乗りになれます。(バス亭の反対側にある)
도어맨:	고객님이 내리려는 곳의 길 반대편에서 타실 수 있습니다. (버스승강장 반대편에 있는)
お客様:	あ、わかりました。詳しいシャトルバスの時刻表をもらえますか。
고객:	아! 알겠어요. 자세한 셔틀버스 시간표를 구할 수 있나요?
ドアマン:	ホテルのロビーにベルデスクがございます。ベルボーイからバスの時刻表をお受け取りください。
도어맨:	호텔 로비에 벨 데스크가 있습니다. 벨맨에게 버스시간표를 받으시기 바랍니다.
お客様:	わかりました。ありがとう。
고객:	알겠어요. 고마워요.

단어풀이

て + 行く(해서 + 가다), ~毎(~마다), 行く : 行かれる(가시다), 渡る(건너다), ~てから(~하면서부터), 見る(보다)(見える : 보이다), 기본형 + と思う(~한다고 생각한다), 동사 변형 + てある(~해 있다) / 書いて + ある(쓰 + 있다), 명사 + で〔~로, ~에서(수단, 도구, 장소)〕, 戻る〔돌아오다(戻れる : 가능형)〕, 降りる(내리다) : 降りられる(존경형), 乗る(타다) : お + 乗りになる(~하시다), なる〔되다(なれる : 가능형)〕, もらう(얻다) : もらえる(가능형), ~に(놓인 장소 : ~에)

6. ホテルのロビー案内(호텔 로비 안내)

ドアマン: いらっしゃいませ。かばん(お荷物) をお持ちいたしましょうか。
= かばん(お荷物) を中にお運びいたしましょうか。

도어맨: 어서 오십시오. 가방(짐)을 들어드릴까요?(= 가방을 안으로 옮길까요?)

お客様: はい、お願いします。私の旅行かばんはトランクの中にあります。忘れないでください。

고객: 예, 부탁합니다. 제 여행용 가방이 트렁크 안에 있어요. 잊지 말아주세요.

ドアマン: お客様。ご心配なさらないでください。すべて私が処理いたします。

도어맨: 고객님! 염려 안 하셔도 됩니다. 모두 다 제가 잘 처리하겠습니다.
回転ドアにご注意ください。両側のドアは自動です。
회전문을 조심하십시오. 안쪽 문은 자동입니다.

お客様: ありがとう。どこで 受付しますか?
고객: 고마워요. 어디서 접수합니까?

ドアマン: あちらのすぐ左側のフロントでチェックインできます。
도어맨: 저기 바로 왼쪽 프런트에서 등록할 수 있습니다.

お客様: あ、そうですか。ありがとう。
고객: 아, 그래요. 고마워요.

단어풀이

持つ(들다) : お+ 持ち + する(いたす)〔제가 들겠다(들어드리다 : 겸양어)〕, 運ぶ(나르다) : お運びする(나르시다), 願う(원하다)　お + 願い + する(부탁하다), 忘れる(잊다), 心配する(염려하다) : ご + 心配なさる(염려하시다), 処理する(처리하다), 受け付け(접수)

7. チェックアウト(체크아웃)

ドアマン: おはようございます。お客様! 今日、ご出発なさいますか?
도어맨: 안녕하십니까, 고객님! 오늘 출발하십니까?

お客様: ええ、1時の飛行機に乗ろうと思ってます。
고객: 예, 1시 비행기를 타려고 합니다.

ドアマン: そうですか? それでしたら急がれたほうがよろしいかと思います。
空港にお着きになるのは(たいだい) 11時ごろでございます。

도어맨: 그러세요? 그러면 서두르는 것이 나을 것 같습니다.
공항에 도착하려면 거의 11시입니다.

お客様: 私の車を持って来てもらえますか?

고객: 제 차를 불러주시겠어요?

ドアマン: はい、かしこまりました。お車のナンバーは何番でしょうか?

도어맨: 예, 잘 알겠습니다. 차량의 번호가 어떻게 되세요?

お客様: 27-3894番です。

고객: 27-3894번인데요.

ドアマン: 少々お待ちくださいませ。すぐにお持ちいたします。(間もなく)
こちらに参ります。

도어맨: 잠시만 기다려주십시오. 즉시 불러드리겠습니다. (잠시 후) 여기 옵니다.

お客様: ベルデスクの前に黒いかばんがもう一つあるんですが、持って
きてもらえませんか?

고객: 벨 데스크 앞에 검은 가방이 하나 더 있는데요. 저에게 가져다주시겠어요?

ドアマン: はい、かしこまりました。お客様のお車にかばんをお積みします。

도어맨: 예, 잘 알겠습니다. 고객님 차에다 가방을 넣어 놓겠습니다.

お客様: ありがとう。

고객: 고마워요.

단어풀이

出発する : ご + 出発なさる(출발하시다), 乗る(타다) : 乗ろう + と 思う(타려 + 고 + 생각하다), 急ぐ(서두르다) : 急がれる(서두르시다), 동사(~ます 形) た + ほうが いい (~하는 편이 좋다), 持つ(가지다) + 来る(오다) +もらう(받다) : 持って来てもらう(가져와서 받다). 持つ(가지다) : 겸양어 お − 持ち + する(가져오겠다), ある(있다) : ある + の です = あるんです(있는 것입니다 : 이유 / ~ん은 자신의 의지를 더욱 강하게 말할 때), 持って + きて + もらえる(가져 + 와서 + 받을 수 있다), 積む(쌓다) : お積みする (겸양어)

제2절 ベルボーイ(Bell boy : 벨보이)

1. 客室への案内(객실로 안내)

ベルボーイ: 全部でお荷物は何個ですか? こちらが全てお客様のお荷物でしょうか?
벨맨: 모두 가방이 몇 개입니까? 이것들이 모두 고객님의 수화물입니까?

お客様: ええ、かばん二つ、これで全部です。
고객: 예, 가방 2개 이것이 전부입니다.

お客様: エレベーターはどこにありますか?
고객: 엘리베이터가 어디에 있나요?

ベルボーイ: あちらにございます。あちらの角でございます。こちらへどうぞ。(私が)お部屋までご案内いたします。

벨맨: 저기 있습니다, 저쪽 모퉁이입니다. 이쪽으로 부탁드립니다. (오십시오) 제가 객실까지 안내해 드리겠습니다.

お客様: ありがとうございます。

고객: 감사합니다.

단어풀이

~で(가격), 案内する(안내하다) : ご + 案内 + いたす(안내해 드리다)

2. ペットルーム(Pet room 애완동물 룸)

ベルボーイ: 申し訳ございませんが、当ホテルではペットを客室に同伴することは全てのお客様にお断りして おります。

当ホテルでご宿泊の間は、ペット同伴のお客様はペットルームをご利用いただけます。

벨맨: 죄송하지만 저희 호텔에서는 애완동물을 객실에 동반하는 것을 모든 고객에게 허용하지 않습니다.

저희 호텔에서 투숙하는 동안 애완동물 주인은 애완 룸을 이용할 수 있습니다.

お客様: あ、じゃあ仕方ないですね。ペットルームはどこにありますか?

고객: 아, 그럼 할 수 없군요. 페트 룸이 어디 있죠?

ベルボーイ: こちらのベルデスクで、お帰りまで安全にペットをお預かりいたします。
벨맨: 저희가 벨 데스크에서 퇴실하실 때까지 안전하게 애완동물을 돌봐드릴 겁니다.

お客様: 料金は支払わなければなりませんか?
고객: 요금을 지급해야 하나요?

ベルボーイ: ホテルのお客様は料金がかかりません。
벨맨: 호텔 고객에게는 요금이 부과되지 않습니다.

お客様: ありがとう。ペットの餌はどうしたらいいですか?
고객: 고마워요. 애완견 사료는 제가 어떻게 해야 하나요?

ベルボーイ: ペットの餌と水はこちらで無料で提供しております。
벨맨: 애완견 사료와 물을 저희가 무료로 제공하고 있습니다.

お客様: いいですね。ありがとう。
고객: 좋군요. 고마워요.

단어풀이

断る(거절하다) : 겸양어 お + 断り +して +おる(거절 + 하고 + 있다), 飼う(기르다), ご + 利用 + いただく(이용해서 받으시다) いただける(받을 수 있다), 帰る(돌아가다) : お帰り(돌아가심), 預かる(맡기다) : お + 預かり + する, 支払う(지급하다) : 支払わない + ければならない(~하지 않으면 안 된다)

3. 新聞配達サービス(신문 배달 서비스)

お客様: 明日の朝、こちらに朝刊を配達してもらえますか?
고객: 내일 아침 저에게 조간신문을 배달해 주시겠습니까?

ベルボーイ: はい、かしこまりました。どちらの新聞がよろしいですか? コリアヘラルドとタイムズがございます。
벨맨: 예, 어떤 신문을 원하십니까? 코리아 헤럴드와 타임스지가 있습니다.

お客様: どれでもいいです。
고객: 어느 것이든 좋습니다.

ベルボーイ: かしこまりました。明日の朝7時にお部屋へお届けいたします。
벨맨: 좋습니다, 고객님. 내일 아침 7시 그때 방으로 저희가 가져다드리겠습니다.

お客様: ありがとう。
고객: 고마워요.

단어풀이

配達して + もらう(배달해서 + 받다), もらえる(받을 수 있다), 届ける(보내주다, 도달하다)

4. スマートフォン充電(じゅうでん)サービス(스마트폰 충전 서비스)

ベルボーイ: 何(なに)かお困(こま)りですか?
벨맨: 무엇을 도와드릴까요?

お客様(きゃくさま): ええ、スマートフォンのバッテリーがなくなってしまって、充電(じゅうでん)したいんですが。
고객: 예, 제 스마트폰이 배터리가 다 소모되어 충전하고 싶습니다만.

ベルボーイ: かしこまりました。では、こちらにお預(あず)けください。バッテリーを充電(じゅうでん)して差(さ)し上(あ)げます。
벨맨: 예, 저희에게 맡겨놓고 가세요. 저희가 고객님의 배터리를 충전해 드리겠습니다.

お客様(きゃくさま): 充電(じゅうでん)するのにどれぐらいかかりますか?
고객: 충전하는데 얼마나 걸리나요?

ベルボーイ: 1時間後(じかんご)でしたらいつでもお持(も)ち帰(かえ)りいただけます。
벨맨: 1시간 이후에 와서 아무 때나 찾아가실 수 있습니다.
保管証(ほかんしょう)を差(さ)し上(あ)げますので、お越(こ)しの際(さい)にそちらをお見(み)せください。
보관증을 드릴 테니까 방문하실 때 그것(보관증)을 보여주세요.

お客様(きゃくさま): ありがとう。
고객: 고마워요.

단어풀이

困る(곤란하다) : お + 困りです(곤란하시다), なくなる(없어지다), 동사 1그룹(~る) ~って + しまう : (~하고 말다). なくなって + しまう(없어지고 말다). ます形 + たい(~하고 싶다) : 充電したい ⇨ ~したいん은 화자의 더욱 강한 희망을 표현할 때 사용. ~してやる(해주다) ~して あげる ⇨ ~して 差し上げる(해 드리다), 기본형 + のに〔~하는 것에는(이유)〕, かかる(걸리다), お + 持ち + 帰り + いただく : (가지고서 + 돌아가 + 시다), いただける(가능형), 来る(오다) : お越し(오심), 見せる(보이다) : お見せください(존중형)

5. 無料Wi-Fiご利用(무료 와이파이 이용)

お客様: このホテルの客室にはパソコンがありますか?
고객: 이 호텔 객실에서 저희가 쓸 수 있는 컴퓨터가 있나요?

ベルボーイ: 全ての客室にパソコンがございません。
벨맨: 모든 객실에는 컴퓨터가 없습니다.

ですが、ご希望でしたらノートブックをお貸しできます。
全客室でインターネットに接続できます。
그러나 원하시면 노트북을 빌릴 수 있습니다. 모든 객실에서 인터넷에 접속이 가능합니다.

お客様: このホテルにはワイファイが設置されていますか?
고객: 이 호텔에는 와이파이망이 설치되어 있습니까?

ベルボーイ: はい、お客様(きゃくさま)のお部屋(へや)1210号室(ごうしつ)と全館(ぜんかん)で無料(むりょう)ワイファイがご利用(りよう)頂(いただ)けます。

벨맨: 예, 고객님의 객실 1210호와 모든 호텔 내에서 무료 와이파이를 쓸 수 있습니다.

단어풀이

貸(か)す(빌리다) : お+貸(か)し + する(빌려드리다), 名詞 + する(~하다) : ~される(~되다), パソコン(personal computer : PC의 줄인 말)

6. 手荷物(てにもつ)お預(あず)かり(수하물 보관)

ベルボーイ: ベルデスクでございます。

벨맨: 벨 데스크입니다.

お客様(きゃくさま): いま、チェックアウトしようと思(おも)うんですが。(私(わたし)の)荷物(にもつ)を取(と)りに来(き)てもらえますか?

고객: 곧 체크아웃하려는데요. 제 짐을 가지러 오시겠어요?

ベルボーイ: はい、かしこまりました。お部屋(へや)の番号(ばんごう)をお願(ねが)いします。

벨맨: 예, 고객님. 객실번호를 말씀해 주시겠습니까?

お客様(きゃくさま): はい、708号室(ごうしつ)です。

고객: 예. 708호입니다.

ベルボーイ:　708号室(ごうしつ)でございますね。お部屋(へや)にすぐベルボーイをお送(おく)りいたします。お待(ま)ちいただけますか?

벨맨:　객실 708호이시군요. 객실로 즉시 벨맨을 보내드리겠습니다. 기다려주시겠습니까?

ベルボーイ:　おはようございます。お客様(きゃくさま)のお荷物(にもつ)を取(と)りに参(まい)りました。

벨맨:　안녕하세요. 고객님의 가방 때문에 저는 왔습니다.

お客様(きゃくさま):　ありがとうございます。この二(ふた)つのアタッシュケースを運(はこ)んでもらえますか?

私(わたし)はショルダーバッグを直接(ちょくせつ)持(も)って行(い)きます。

고객:　감사합니다. 이 2개의 서류용 가방을 옮겨주시겠어요?
저는 어깨가방을 제가 직접 가지고 갈게요.

ベルボーイ:　はい、かしこまりました。アタッシュケースお二(ふた)つですね。

벨맨:　예, 알겠습니다. 서류용 가방 2개입니까?

お客様(きゃくさま):　そうです。

고객:　그래요.

ベルボーイ:　かばんの中(なか)に貴重品(きちょうひん)や壊(こわ)れ物(もの)はございませんか?

벨맨:　가방 안에 귀중품이나 파손품이 어떤 것들이 있나요?

お客様(きゃくさま):　いいえ。

고객:　아니요.

ベルボーイ:　こちらが手荷物(てにもつ)確認証(かくにんしょう)です。ベルデスクでかばんをお預(あず)かりいたします。

벨맨:　여기 수화물 확인증입니다. 저희가 벨 데스크에서 가방을 보관해 드리겠습니다.

そちらにお客様が取りに来られますか?
그곳에서 고객님께서 찾아가시겠습니까?

お客様: いいですよ。
고객: 좋아요.

ベルボーイ: ありがとうございます。
벨맨: 감사합니다.

단어풀이

~ます形 + に 来る(~하러 오다) : 取りに来る(가지러 오다), もらう(얻다, 받다) : もらえる(얻을 수 있다), アタッシュケース〔아탓슈케이스(프랑스어 : 서류용 가방)〕, 取る(집다, 취하다), 参る : 来る의 겸양어, 預かる(보관하다), 来られる : 来る의 존칭어(오시다)

7. 手荷物受取り(가방 찾아가기)

お客様: かばんを運んでもらうように頼んだんですが、部屋から持って来ましたか?
運んでないんですが。すでにチェックアウトしました。
고객: 가방을 옮겨주도록 요청했는데 제 방에서 가방들을 가지고 왔나요?
옮기지 않았는데, 벌써 체크아웃했어요?

ベルボーイ: かしこまりました。お名前とお部屋番号をお願いします。
벨맨: 알겠습니다. 성함과 객실번호를 말씀해 주시겠습니까?

お客様: 名前はGarry Couperで、客室番号は708号室です。
고객: 제 이름은 Garry Couper이고, 객실번호는 708호입니다.

ベルボーイ: ありがとうございます。ベルボーイがお持ちします。少々お待ちくださいませ。
벨맨: 감사합니다. 벨맨이 가져올 겁니다. 잠시만 기다리십시오.

단어풀이

運ぶ(옮기다), 頼む(부탁하다), 頼む + の です〔(이유) 부탁한 것인데〕= 頼んだんです, すでに(이미, 벌써, 거의), 持つ(가지다) : お + 持ち + する(겸양 표현), 待つ(기다리다)

8. 地元の飲食店お勧め(지역식당 추천)

お客様: リゾートの近くで夕食を食べたいんですが、いい所を勧めてもらえませんか。
고객: 리조트 근처에 저녁 먹을 좋은 곳을 추천해 주시겠어요?

ベルボーイ: どのようなお料理がお召し上がりになりたいですか?
벨맨: 어떤 음식을 드시고 싶습니까?

お客様: この地域ではどんな食べ物が有名ですか?
고객: 이 지역에서 어떤 음식이 유명한가요?

ベルボーイ: この町は韓牛で有名です。
벨맨: 이 마을은 한우고기로 유명합니다.

サンゴル韓牛村がございますが、タクシーでわずか5分の距離です。

산골 한우마을이 있는데 택시로 불과 5분 거리입니다.

夕食の時間帯はお席がいっぱいになりますので、ご予約が必要です。

저녁시간대에는 식당이 자리가 다 차기 때문에 예약이 필요합니다.

お客様: 午後6時に四人テーブルを予約してもらえませんか?
고객: 저희 대신에 오후 6시에 4인 테이블을 예약 좀 해주시겠습니까?

ベルボーイ: はい、かしこまりました。
벨맨: 예, 알겠습니다.

단어풀이

勧める(추천하다) : 勧めて+ もらう(추천해서 받다), もらえる(받을 수 있다), 食べる(먹다 : 召し上がる(드시다), お + 召し上がり + になる(존경형), ~ます形 + たい(~하고 싶다), ~ で〔수단, 도구(タクシーで(~택시로)〕, ~ので〔~때문에(이유)〕, (~ます形) して+ もらう(~해서 받다)

제3절 フロントデスク(프런트 데스크)

1. チェックイン(체크인)

フロントクラーク: いらっしゃいませ。当リゾートにお越しいただきありがとうございます。
프런트 클락: 어서 오십시오. (저희 리조트에) 와주셔서 감사합니다.

お客様: 素敵なところですね。
고객: 멋진 곳이군요.

フロントクラーク: ありがとうございます。
프런트 클락: 감사합니다.

お客様: スカイコンドはここでチェックインできますか?
고객: 스카이콘도는 (여기에서) 체크인할 수 있습니까?

フロントクラーク: はい、可能でござます。ご予約なさいましたか?
프런트 클락: 예, 가능합니다. 예약하셨습니까?

お客様: ええ、しました。
고객: 예, 했습니다.

フロントクラーク: お客様のお名前とご予約番号をお願いします。
프런트 클락: 당신의 이름과 예약번호를 저에게 주시겠습니까?

お客様: 私の名前はキムチョルスで、それから予約番号は#7345です。

고객: 제 이름은 김철수이고 그리고 예약번호는 #7345번입니다.

フロントクラーク: ご予約されております。お客様は30坪のお部屋お一つを(二泊で)、ご予約なさっております。

お間違いございませんか?

프런트 클락: 예약되어 있습니다. 고객님께서는 30평의 객실 하나를 (2박으로), 예약하셨군요. 틀림없으신지요?

お客様: スカイコンドにはどんなタイプの客室がありますか?

고객: 스카이콘도에는 어떤 타입의 객실이 있습니까?

フロントクラーク: こちらには、30坪のお部屋がございます。30坪は4人部屋で、それから40坪と50坪のお部屋は6人部屋でございます。

프런트 클락: 저희는 30평 객실이 있습니다. 30평은 4명을(객실당) 수용할 수 있고 그리고 40평과 50평 객실은 6인용입니다.

お客様: 利用料金はどうなりますか?

고객: 이용요금은 어떻게 됩니까?

フロントクラーク: ご会員の方は30坪のお部屋は一泊60,000ウォンで、ご会員ではない方は300,000ウォンでございます。

프런트 클락: 회원분은 30평 객실이 (1박에) 60,000원이고, 회원이 아니신 분은 300,000원입니다.

お客様: 料金が少し高いですね。

고객: 요금이 (다소) 비싸군요.

フロントクラーク: ご登録カードにご記入いただけますか?お願いいたします。

프런트 클락: 등록카드에 작성해 주시겠습니까? 부탁드립니다.

お客様: (私が)ここにサインするんですか?

고객: 제가 여기에 서명하는 것입니까?

フロントクラーク: いいえ、(どうぞ、ご記入もれがございませんよう) お客様のお名前、ご住所、お電話番号それからお車のナンバーをご記入ください。

프런트 클락: 아닙니다, (부디, 기재를 빠짐이 없으시도록) 고객님의 성함, 주소, 전화번호 그리고 차량번호를 기재하십시오,

お部屋には何名様がお泊りになられますか?

객실에 몇 분이 투숙하실 겁니까?

お客様: 全部合わせて7人です。

고객: 모두 합쳐서 7명입니다.

フロントクラーク: 一部屋の定員を越えたご利用は認められておりません。

프런트 클락: 한 객실에 정원을 초과한 이용은 인정되어 있지 않습니다.

お客様: 大人4人それから子供3人います。そちら(ホテルの方)で(少し)融通を利かせてもらえませんか?

고객: 어른 4명 그리고 어린이 3명이 있습니다. 그쪽(호텔 측)에서 (조금) 융통성 있게 해줄 수 없습니까?

フロントクラーク: 規定を守っていただけますと、ありがたいのですが。

프런트 클락: 규정을 준수해 주신다면, 고맙겠습니다만.

お客様: はい、わかりました。部屋をスキー場側にしてもらえませんか?

고객: 예, 알겠습니다. 객실을 (옆쪽) 스키장 쪽으로 배정해 주시겠어요.

フロントクラーク: はい, 少々お待ちいただけますか?こちらが鍵でございます。
スロープ側のお部屋ですが、見晴らしの素晴らしいスロープを
ご覧いただけます。

프런트 클락: 예, (잠시만) 기다려주시겠습니까? 여기 Key가 있습니다. (슬로프 쪽으로) 객실인데, 전망이 멋진 슬로프를 보실 수 있을 겁니다.

お客様: ありがとうございます。

고객: 감사합니다.

フロントクラーク: 少々お待ちくださいませ。駐車券を発券して差し上げます。

프런트 클락: 잠시만 기다려주세요. 주차증을 발급해 드리겠습니다.

お客様: 駐車券が必要ですか?

고객: 주차증이 필요합니까?

フロントクラーク: はい、スカイコンドは駐車場スペースが限られております。
ですから、客室一つ当り一台の駐車券を差し上げております。

프런트 클락: 예, 스카이 콘도는 주차공간이 제한되어 있습니다. 그래서 (객실 1실당) 1대의 주차증을 발급해 드리고 있습니다.

お客様: 私たちは何台か車があります。

고객: 저희는 여러 대의 차가 있습니다.

フロントクラーク: お客様は他の車をバレーコンドの建物の地下駐車場に駐車できます。
でなければ、ホテルの前に駐車してリゾート内のシャトルバス

にお乗りください。

프런트 클락: 고객님께서는 여분의 차를 Valley 콘도 건물 지하실 주차장에 주차할 수 있습니다. 아니면 호텔 앞에 주차하고 나서 리조트 구내 셔틀버스를 타세요.

こちらでは楽しい休息空間を確保するために（この政策を）施行しております。お客様にご理解頂ければ有難いです。

저희는 (즐거운 휴식공간을) 확보하기 위해서 (이 정책을) 시행하고 있습니다. 고객님께서 양해해 주시면 고맙겠습니다.

お客様: ところで、A棟 2101号の建物にどうやって行きますか?

고객: 그런데, 저는 A동 2101호 건물로 어떻게 해서 갑니까?

フロントクラーク: この建物の前から道沿いに運転なさってください。

それから一つ目の角を左にお曲がりください。

まっすぐ行って下さい。そうしますと、スカイコンド区域に出ます。それから、棟の番号が見えてきます。

はっきり表示されていますので、探しやすいと思います。

프런트 클락: 이 건물 앞에서 도로를 따라서 운전하세요. 그리고서 첫 번째 모퉁이에서 왼쪽으로 도세요. 곧장 가십시오. 그렇게 하시면 Sky 콘도 구역이 나옵니다. 그러면 동 번호가 보일 겁니다. (명확하게) 표시되어 있어서, 찾기 쉬울 겁니다.

お客様: ありがとうございます。ところで、チェックアウトは何時ですか?

고객: 감사합니다. 그런데 체크아웃은 몇 시입니까?

フロントクラーク: 午前11時でございます。その前にお部屋を出られる場合は4番か685番にお電話ください。

それから点検をお頼みください。担当の者が点検に伺います。

そして点検後に点検完了の表を渡してくれますので、点検表と鍵をお持ちになりますとチェックアウトができます。

프런트 클락: 오전 11시입니다. 그전에 방을 나오시면 4번이나 685번으로 전화 주세요. 그리고서 점검을 요청하세요. 담당 직원이 점검하러 올 겁니다. 그러면 점검 후에 점검 완료한 표를 건네주면, 점검표와 키를 가지고 퇴실하실 수 있습니다.

お客様: チェックアウトするのに、もし遅れた場合はどうなりますか?

고객: 체크아웃하는 데 있어서 만약 고객이 (조금) 늦으면 어떻게 됩니까?

フロントクラーク: 午後2時まで50%の追加料金がございます。そして2時以降は一泊の料金が加算されます。

프런트 클락: 오후 2시까지 50% 추가요금이 있을 겁니다, 그리고 2시 이후에는 하루 요금이 부과됩니다.

フロントクラーク: お客様は貴重品をお持ちですか?

프런트 클락: 고객님께서는 귀중품을 가지고 계십니까?

お客様: いいえ、特にありません。

고객: 아니요, 특별히 없습니다.

フロントクラーク: もし、何か貴重品をお持ちでしたら、フロントへお預けください。こちらでは他の紛失物や物品に対しては責任を負いかねます。

프런트 클락: 만약 어떤 귀중품을 가지고 있으시면 프런트에 맡기세요. 저희는 그 외에 분실물이나 품목에 대해서는 책임지지 않습니다.

フロントクラーク: 楽しい時間をお過ごしください。
프런트 클락: 즐겁게 지내시기 바랍니다.

お客様: ありがとうございます。
고객: 고맙습니다.

단어풀이

越す(넘다, 건너다) : お + 越し + いただく(존경형), 予約する(예약하다) : ご予約なさる(예약하시다), 間違う(잘못되다, 틀리다). 記入する(기입하다) : ご + 記入 + いただく(작성해서 받다), いただける(받을 수 있다), サインするのです : の => ん(서명하는 것입니다), 漏(も)れ(누락, 빠짐), 泊る(머무르다) : お + 泊りに + なられる(머무르시다), 越える〔넘(어가)다〕, 認める(인정하다) : 認められる(인정되다, 인정받다, 가능형), 融通を利かせる(융통성 있게 하다) : 融通が利く(융통성이 있다), して+ もらう(해서 + 받다) : もらえる(받을 수 있다), 限られる(제한되다) : 限る(제한하다, 한정하다), バスに乗る(버스를 타다) : お乗りくださる(타시다), 道沿い(길을 따라 있는 곳, 길가), 曲がる(돌다, 구부러지다), ~が見(み)える(~이 보이다) : ~を見る(~을 보다), ~ので(~때문에, ~므로), ~ます形 + やすい(~하기 쉽다) : ~ます形 + にくい(~하기 어렵다), 食べにくい(먹기 어렵다), 出る(나오다) : 出られる(나오시다), 伺う(방문하다, 묻다 겸양어), 動詞 + と~〔(~하면 ~ 하다) 어떤 상황에 이어 다른 상황이 나타남〕, 遅れる(늦다), 預ける(맡기다), 責任を負う(책임을 지다) : 負い + かねる(겸하다), 過ごす(보내다)

2. 対話(たいわ) 1

キャプテン: いらっしゃいませ。
캡틴: 어서 오세요.

お客様(きゃくさま): (今(いま)) 2101号室(ごうしつ)のチェックアウトをしようと思(おも)うんですが。
고객: (지금) 2101호에서 Check out하려고 해요.

キャプテン: お部屋(へや)の鍵(かぎ)と点検表(てんけんひょう)を一緒(いっしょ)にお持(も)ちですか。
캡틴: 객실 key와 점검표를 함께 가지고 있습니까?

お客様(きゃくさま): はい、ここにあります。
고객: 예, 여기에 있습니다.

キャプテン: お客様(きゃくさま)は ○○○様(さま) 2101号室(ごうしつ)に お泊(と)まりですね。
캡틴: 고객님은 ○○○씨 2101호 투숙객이시군요.

お客様(きゃくさま): はい、そうです。
고객: 예, 맞습니다.

キャプテン: お支払(しはらい)は現金(げんきん)でなさいますか。カードでなさいますか。
캡틴: 계산은 현금으로 하시겠습니까? 카드로 하시겠습니까?

お客様(きゃくさま): 現金(げんきん)でお願(ねが)いします。(カードでお願(ねが)いします。)
고객: 현금으로 원합니다.(카드로 하겠습니다.)

キャプテン: 計算書(けいさんしょ)をお出(だ)ししますので、お待(ま)ちいただけますか。
캡틴: 계산서를 뽑는 동안에 기다려주시겠습니까?

キャプテン: 計算書でございます。お間違いがないか、ご確認ください。

캡틴: 계산서 여기 있습니다. 틀림이 없는지, 확인하십시오.

キャプテン: こちらのカードはご使用中止になっております。お手持ちに他のクレジットカードがございますか。

캡틴: 이 카드 지급은 사용 중지되었습니다. 수중에 다른 신용카드는 없으신지요?

お客様: (カードを提示して) ここにあります。

고객: (카드를 제시하고서) 여기 있습니다.

お客様: (計算書を見てから) この項目は何なのか説明してもらえますか。190,000ウォンと計算されているんですが。

고객: (계산서를 검토하고서) 이 항목은 뭔지 설명해 주시겠어요? 190,000원이라고 계산되어 있는데.

キャプテン: そちらは昨夜お客様が韓国料理店でお召し上がりになったお食事代でございます。

캡틴: 그건 어젯밤에 손님께서 한식당에서 드셨던 식사대금입니다.

お客様: そうですか。高いですね。ですが、全て間違いありません。

고객: 그렇습니까. 비싸군요. 그런데 모두 다 틀림이 없군요.

キャプテン: 楽しくお過ごしになられましたか。何か問題がございましたか。(何かご不便な点がございましたか。)

캡틴: 즐겁게 지내셨습니까? 어떤 문제가 있으셨나요?
(불편하신 점 없으십니까?)

お客様: いいえ。私は(本当に)従業員の親切なサービスに感銘を受けました。

고객: 아니요, 저는 (정말로) 종업원의 친절한 서비스에 감명받았습니다.

キャプテン: ありがとうございます。どうぞ楽しいご旅行を。

캡틴: 감사합니다. 즐거운 여행 되십시오.

단어풀이

願う(원하다) : お + 願い + する, 召し上がる(드시다)

3. 対話 2

キャプテン: お支払方法はどうなさいますか。ご一括になさいますか。分割になさいますか。

캡틴: 지급을 어떻게 하시겠습니까. 일시금으로 아니면 할부로 결제해 드릴까요?

何回払いになさいますか。

몇 개월 할부로 하시겠습니까?

お客様: 一括でお願いします。

고객: 일시금으로 지급할게요.

キャプテン: サインをお願い致します。

캡틴: 서명 부탁드립니다.

4. 対話(たいわ) 3

キャプテン: おはようございます。お客様(きゃくさま)!

캡틴: 안녕하십니까, 고객님!

お客様(きゃくさま): はい、お会計(かいけい)お願(ねが)いします。

고객: 예, 계산서 부탁합니다.

キャプテン: はい、かしこまりました。全(すべ)ての計算書(けいさんしょ)を一(ひと)つにお作(つく)りいたしますか。

캡틴: 예, 알겠습니다. 모든 계산서를 하나로 작성해 드릴까요?

お客様(きゃくさま): はい、そうしてください。

고객: 예, 그렇게 해주세요.

キャプテン: 合計(ごうけい)で390,000ウォンでございます。

캡틴: 총금액이 390,000원입니다.

お客様(きゃくさま): 400,000ウォン　あります。

고객: 400,000원 여기 있어요.

キャプテン: ありがとうございます。400,000ウォンお預(あず)かりいたします。

캡틴: 감사합니다. 400,000원 받았습니다.

10,000ウォンのお返(かえ)しと領収書(りょうしゅうしょ)になります。またのお越(こ)しをお待(ま)ちしております。お気(き)をつけて。

10,000원 거스름돈과 영수증 여기 있습니다. 또 오십시오. 안녕히 가십시오.

단어풀이

作る(만들다) : お + 作り + いたす(드리다), 預かる(맡다), 〔(남의 것을) 보관하다〕 : お + 預かり + いたす(もらう(= 받다), 食べる(= 먹다)

5. 対話 4

キャプテン: おはようございます。お客様!

캡틴: 안녕하십니까? 고객님.

お客様: はい、今チェックアウトしようと思います。

고객: 예, 지금 퇴실하려고요.

キャプテン: ルームナンバーを教えて頂けますか。

캡틴: 객실번호를 알려주시겠습니까?

お客様: 213号室です。

고객: 213호실요.

キャプテン: ロバート様でいらっしゃいますか。恐れ入りますが、昨夜と今朝、ミニバーで何か召し上がりましたか。

캡틴: 로버트 씨입니까? 죄송합니다만 지난밤이나 오늘 아침에 미니바 냉장고에서 무엇을 드셨습니까?

お客様: ええ、ビール二つとコーラ一つ飲みました。

고객: 예, 맥주 둘, 콜라 하나 마셨어요.

キャプテン: 誠(まこと)にありがとうございます。合計(ごうけい)で595,000ウォンでございます。
캡틴: 대단히 고맙습니다. 총합계가 595,000원입니다.

お客様(きゃくさま): ここに600,000ウォンあります。
고객: 여기 600,000원 있어요.

キャプテン: ありがとうございます。5,000ウォンのお返(かえ)しと領収書(りょうしゅうしょ)でございます。
캡틴: 고객님 고맙습니다. 5,000원 거스름돈과 영수증 여기 있습니다.
こちらでは楽(たの)しくお過(す)ごしになられましたか。ありがとうございました。
저희 호텔에서 즐겁게 지내셨습니까? 감사합니다.

단어풀이

教(おし)える(가르쳐주다), 頂(いただ)く もらう〔(받다)의 공손한 말씨〕: 頂(いただ)ける(가능형)

6. 対話(たいわ) 5

キャプテン: おはようございます。奥様(おくさま)。
캡틴: 안녕하십니까? 사모님.

お客様(きゃくさま): おはようございます。部屋番号(へやばんごう)が708号室(ごうしつ)なんですが、お支払(しはら)いします。
고객: 안녕하세요, 제 방 번호가 708호인데 지급할게요.

キャプテン: はい、かしこまりました。トーマス様。恐れ入りますが、チェックアウトの時間が12時ですので、追加料金をお支払頂かなければなりませんが。

캡틴: 예, Thomas님. 죄송합니다만 체크아웃 시간이 12시라서 추가요금을 지급하셔야만 합니다만.

お客様: いいですよ。いくらですか。

고객: 좋아요, 얼마지요?

キャプテン: 334,000ウォンでございます。

캡틴: 334,000원입니다.

お客様: VISAカードでお願いします。

고객: VISA 카드로 계산할게요.

キャプテン: ありがとうございます。サインをお願い致します。

캡틴: 감사합니다. 서명 부탁드리겠습니다.

お客様のカードと領収書でございます。楽しい旅行になりますように。またのお越しをお待ちしております。

고객님의 카드와 영수증 여기 있습니다. 편안한 여행 되십시오. 또 오시기를 기대하고 있겠습니다.

단어풀이

~なければならない(~하지 않으면 안 된다) : 頂かなければならない(頂かない 받지 않다), お越し(가심, 오심) : お越しになる '来る'의 존경어, またお越し下さいませ(또 오세요), ようこそ、お越しくださいました(〔인사말〕 어서 오십시오, 환영합니다.)

7. 対話(たいわ) 6

お客様(きゃくさま): お会計(かいけい)お願(ねが)いします。

고객: 계산 부탁합니다.

キャプテン: はい、かしこまりました。お名前(なまえ)とルームナンバーをお願(ねが)いいたします。

캡틴: 예, 성함과 객실번호를 말씀해 주시겠습니까?

お客様(きゃくさま): 224号室(ごうしつ)のロボットジェームスです。

고객: 224호실의, 로봇 제임스인데요.

キャプテン: 合計(ごうけい)で542,450ウォンでございます。

캡틴: 전체요금이 542,450원입니다.

お客様(きゃくさま): 今日(きょう)のレートはどうなっていますか。

고객: 오늘의 환율(rate)이 어떻게 돼요?

キャプテン: 本日(ほんじつ)のレートは1ドル1,200ウォンでございます。従(したが)いまして、合計(ごうけい)452ドルでございます。

캡틴: 금일 환율은 1달러에 1,200원입니다. 따라서 총금액이 452달러입니다.

お客様(きゃくさま): 500ドルここにあります。

고객: 500달러 여기 있어요.

キャプテン: 恐(おそ)れ入(い)りますが、こちらではドルをご用意(ようい)しておりませんので、ウォンでお返(かえ)ししてもよろしいでしょうか。

캡틴: 죄송합니다만 저희가 달러를 전혀 가지고 있지 않습니다만 제가 원화로 드려도 괜찮겠습니까?

お客様(きゃくさま): もちろん構(かま)いません。
고객: 물론 상관없습니다.

キャプテン: ありがとうございます。お客様(きゃくさま)。お返(かえ)しと領収書(りょうしゅうしょ)でございます。楽(たの)しい旅行(りょこう)になりますように。
캡틴: 감사합니다, 고객님. 거스름돈과 영수증 여기 있습니다. 즐거운 여행하시길 바랍니다.

단어풀이

従(したが)う(따르다), 用意(ようい)する(준비하다), 返(かえ)す(돌려주다), ~ても(~~ます~~ 形) + いい〔(~해도 좋다(よろしい : いい의 격식 차린 말)〕, 構(かま)う(상관있다)

8. 対話(たいわ) 7

キャプテン: おはようございます。お客様(きゃくさま)!
캡틴: 안녕하십니까, 고객님!

お客様(きゃくさま): はい、お会計(かいけい)お願(ねが)いします。
고객: 예, 계산서를 지급할게요.

キャプテン: はい、かしこまりました。お部屋(へや)の鍵(かぎ)はお持(も)ちですか。

캡틴: 예, 고객님. 고객님의 객실 키 가지고 계십니까?

お客様(きゃくさま): ええ、ここにあります。

고객: 예, 여기 있어요.

キャプテン: 少々(しょうしょう)お待(ま)ちくださいませ。計算書(けいさんしょ)をお作(つく)り致(いた)します。(しばらくして)

캡틴: 잠시만 기다려주시겠습니까? 계산서를 작성해 드리겠습니다.(잠시 후)

お待(ま)たせいたしました。合計(ごうけい)で589,690ウォンでございます。

기다려 주셔서 감사합니다. 총합계가 589,690원입니다.

お客様(きゃくさま): そんなに高(たか)いんですか。ちょっと見(み)せてもらってもいいですか。

고객: 그렇게나 많아요! 제가 그것을 좀 보아도 괜찮겠습니까?

キャプテン: はい、お客様(きゃくさま)、こちらでございます。

캡틴: 예, 고객님. 여기 있습니다.

お客様(きゃくさま): ありがとう。う～ん。合(あ)ってますね。 ドルだといくらですか。

고객: 고마워요. 음. 정확하군요. 그것이 달러로는 얼마지요?

キャプテン: 少々(しょうしょう)お待(ま)ちくださいませ。ドルで計算(けいさん)いたします。本日(ほんじつ)のレートで合計(ごうけい)491ドル41セントでございます。

캡틴: 잠시만 기다리십시오, 달러로 산정해 보겠습니다. 오늘의 환율로 총금액이 491달러 41센트입니다.

お客様(きゃくさま): そうですか。わかりました。

고객: 그래요, 좋아요.

キャプテン: お支払(しはらい)はどうなさいますか。
캡틴: 지급을 어떻게 하시겠습니까?

お客様(きゃくさま): 現金(げんきん)でお願(ねが)いします。ここにあります。
고객: 현금으로 부탁해요. 여기 있어요.

キャプテン: ありがとうございます。お返(かえ)しはこちらでございます。
캡틴: 감사합니다, 고객님. 거스름돈 여기 있습니다.
ご確認(かくにん)ください。当(とう)ホテルをご利用(りよう)頂(いただ)きありがとうございました。楽(たの)しい時間(じかん)を過(す)ごされましたか。
확인해 보시겠습니까? 저희 호텔을 이용해 주셔서 감사합니다. 즐겁게 지내셨습니까?

お客様(きゃくさま): とても良(よ)かったです。ありがとう。
고객: 매우 좋았어요. 고마워요.

キャプテン: またのお越(こ)しをお待(ま)ちしております。
캡틴: 또다시 찾아주시기를 기대하고 있겠습니다.

단어풀이

見(み)せる(보이다) + もらう(받다), 合(あ)う(맞다)

9. 対話 8

キャプテン: お支払はどうなさいますか。
캡틴: 지급을 어떻게 해드릴까요?

お客様: 会社負担で費用処理してもらえますか。
고객: 회사 부담으로 비용처리해 주세요.

キャプテン: 会社名を教えて頂けますか。
캡틴: 회사 이름을 말씀해 주시겠습니까?

お客様: はい、アメリカのG.N. Electrics会社です。
고객: 예, 미국 G.N. Electrics회사입니다.

キャプテン: 名刺2枚 ございましたら、お願い致します。
캡틴: 명함 2장 있으시면 부탁드립니다.

お客様: なぜですか。
고객: 왜요?

キャプテン: 一枚は書類の処理で、もう一枚は指定の取引先の計算用に必要でございます。
캡틴: 하나는 서류철 해놓고 하나 더는 지정 거래처 계산용으로 필요합니다.

お客様: そうですか。ここにあります。
고객: 그래요, 여기 있습니다.

キャプテン: 少々(しょうしょう)お待(ま)ちくださいませ。お待(ま)たせいたしました。ここにサインをお願(ねが)いいたします。

캡틴: 잠시만 기다려주시겠습니까? 오래 기다리셨습니다. 여기에 서명 부탁드립니다.

ありがとうございます。またのお越(こ)しをお待(ま)ちしております。

감사합니다. 다시 방문해 주시를 기대하고 있겠습니다.

10. 対話(たいわ) 9

お客様(きゃくさま): おはようございます。お会計(かいけい)しようと思(おも)うんですが、504号室(ごうしつ)のスミスです。

고객: 안녕하세요. 계산하려고 합니다. 504호실 스미스인데요.

従業員(じゅうぎょういん): おはようございます。チェックアウトなさいますか。

종업원: 안녕하세요? 체크아웃하십니까?

お客様(きゃくさま): はい、今出発(いましゅっぱつ)しようと思(おも)います。鍵(かぎ)ここにあります。

고객: 예, 지금 출발하려고요. 키 여기 있어요.

従業員(じゅうぎょういん): はい、かしこまりました。合計(ごうけい)で325,000ウォンでございます。

종업원: 예, 고객님. 여기 있습니다. 모드 합계 325,000원입니다.

お客様(きゃくさま): ここに330,000ウォンあります。

고객: 여기 330,000원입니다.

従業員(じゅうぎょういん): ありがとうございます。お返(かえ)しはこちらでございます。スミス様(さま)にお仕(つか)えできて楽(たの)しかったです。

また、韓国にお越しの際はこちらにご連絡ください。また、お客様にお仕えしたいです。

종업원: 감사합니다. 거스름돈 여기 있습니다. Smith씨를 모시게 되어 즐거웠습니다. 다시 한국에 오시면 저희에게 연락 주십시오. 다시 고객님을 모시고 싶습니다.

お客様: ありがとう。ここに泊れて楽しかったです。

고객: 고마워요. 여기 투숙하면서 즐거웠어요.

従業員: お気をつけて。

종업원: 안녕히 가십시오.

단어풀이

仕える(섬기다), 楽しい〔즐거운(~い形)〕, お越し(왕림, 오심), 際(즈음), ~ます形 + たい(~하고 싶다). 泊る(머무르다) : 泊れる(가능형), 楽しかった : 楽しい의 과거형

11. 対話 10

従業員: こんにちは。いらっしゃいませ。お客様。どうなさいましたか。

종업원: 안녕하세요, 고객님. 무엇을 도와드릴까요?

お客様: 今、チェックアウトしようと思います。お会計お願いします。ルームカードキーはここにあります。

고객: (지금) 체크아웃하려고요. 계산서 부탁해요. 객실 카드키는 여기 있습니다.

従業員: はい、かしこまりました。少々お待ちくださいませ。すぐに計算書をお作り致します。

종업원: 예, 고객님. 잠시만 기다려주십시오. 바로 계산서를 작성해 드리겠습니다.

計算書でございます。

계산서 여기 있습니다.

お客様: 全部でいくらですか。

고객: 전부 얼마 나왔죠?

従業員: 合計で 538,460ウォンでございます。

종업원: 합계금액이 538,460원입니다.

お客様: そんなにたくさん出ましたか。

고객: 그렇게나 많이 나왔어요!

従業員: 昨夜、お客様がルームサービスをご利用なさいました。

종업원: 어제저녁에 고객께서 룸서비스 이용을 하셨습니다.

お客様: あ、そうです。それから歯ブラシ二つと歯磨き粉一つ、ミニバーからさっき缶ビールを二つ利用しました。

고객: 아, 맞아요. 그리고 칫솔 2개랑 치약 1개 미니바에서 조금 전에 캔맥주 2개 이용했어요.

クレジットカードで全部計算してください。

제 신용카드로 전부 계산해 주세요.

従業員: カードを頂けますか。

종업원: 카드를 주시겠습니까?

お客様: はい、ここにあります。
고객: 그래요. 여기 있어요.

従業員: (ミニバーの追加料金精算後)… クレジットカードの領収書にサインをお願い致します。
종업원: (미니바 추가요금을 산정 후)… 신용카드 영수증에 (여기) 서명 부탁드립니다.

お客様: わかりました。
고객: 그래요.

従業員: カードと領収書をお受け取りください。当ホテルにお泊まり頂きありがとうございました。
종업원: 카드와 영수증을 받으십시오. 저희 호텔에 투숙해 주셔서 감사합니다.

お客様: 楽しかったです。では、お元気で。
고객: 즐거웠습니다. 자, 잘 있어요.

従業員: お気おつけて。楽しい旅行になりますように。
종업원: 안녕히 가십시오. 즐거운 여행 되십시오.

단어풀이

する : なさる(하시다), 受け取る(받다)

12. 対話 11(外国為替 Foreign Exchange : 환전)

従業員: こんにちは。いらっしゃいませ。お客様。どうなさいましたか。

종업원: 안녕하세요, 고객님. 무엇을 도와드릴까요?

お客様: 今日のドルの為替相場はいくらですか。

고객: 오늘 달러 환율 시세는 얼마죠?

従業員: 本日のレートは1ドル1,170ウォンでございます。

本日のドル-ウォン貨率に表示板のこちらに掲示されております。

종업원: 금일 환율은 1달러 1,170원과 같습니다.

오늘의 달러-원화율은 표시판 여기에 게시되어 있습니다.

お客様: あ、これは少しレートが下がりましたね。

고객: 아, 이런 환율이 조금 내렸군요.

従業員: はい、レートは毎日少しずつ変わります。

종업원: 예, 환율은 매일 (조금씩) 변경됩니다.

お客様: それなら、ここで両替できますか。500ドルをウォンに替えてください。

고객: 그러면, 여기서 환전을 취급하죠? 500달러를 원화로 교환해 주세요.

従業員: 当ホテルにお泊まりですか。

종업원: 저희 호텔에 투숙하고 계신가요?

お客様: ええ、709号室に泊っています。

고객: 예, 709호에 투숙하고 있어요.

従業員: こちらの様式にお名前と国籍、旅券番号をご記入して下されば結構です。

종업원: 이 양식에다 성함과 국적, 여권번호를 작성하시면 됩니다.

お客様: はい、わかりました。

고객: 네, 알겠습니다.

従業員: ありがとうございます。合計が585,000ウォンになります。

종업원: 감사합니다. 합계가 585,000원 됩니다.

こちらが585,000ウォンと領収書でございます。それから必ず領収書をお持ちください。楽しいご夕食を。

여기 585,000원과 영수증입니다. 그리고 꼭 영수증을 꼭 챙기시고 즐거운 저녁 식사 되십시오.

お客様: そうします。ありがとう。

고객: 그러지요, 고마워요.

단어풀이

下がる(내리다) : 上がる(오르다), 変わる(변하다), 結構だ(충분하다), きっと(必ず)~する〔꼭(반드시) ~ 하다〕, カップル(couple) : 夫婦(부부) / 二人(두 사람), 計算する=(算定する)(계산하다, 산정하다), …のよう(…와 같은), 若干(약간)

제4절 その他の状況(기타 상황)

1. 予約ミス(예약 실수)

フロントクラーク: こちらはスカイコンドのフロントでございます。どうなさいましたか。
프런트 클락: 이곳은 스카이콘도 프런트입니다. 도와드릴까요?

お客様: 私の名前はパクインスですが、チェックインしようと思います。2泊で予約しました。
고객: 제 이름은 박인수인데 저는 입실하려고 합니다. 저는 2박으로 예약을 했습니다.

フロントクラーク: 少々お待ちくださいませ。ご予約を確認いたします。申し訳ございません。
프런트 클락: 잠시만 기다려주십시오. 제가 예약을 확인해 보겠습니다. 죄송합니다.
お客様のご予約がパソコン上にございません。いつご予約なさいましたか。
당신의 예약이 컴퓨터상에 나타나지 않습니다. 언제 예약을 하셨습니까?

お客様: 私の代りに秘書が約一ヶ月前に予約をしたと思います。(間違いありません)確かだと思います。
고객: 저 대신에 비서가 약 1개월 전에 예약을 하였을 겁니다. (틀림이 없습니다.) 확실하다고 생각합니다.

フロントクラーク：もう一度確認いたします。こちらの予約上にはございません。どのぐらいお泊まりの予定ですか。

프런트 클락: 제가 한 번 더 확인하겠습니다. 여기 예약상에는 없습니다. 얼마나 머무르실 예정입니까?

ただいま、シーズンでして空いているお部屋がございません。

현재, 성수기에다 비어 있는 객실이 없습니다.

お客様: 私はどうしたらいいですか。そちらで別の地域の宿泊施設の情報を教えてもらえませんか。

고객: 저는 어떻게 하면 좋아요? 그쪽에서 다른 지역의 숙박시설 정보를 가르쳐주시겠습니까?

フロントクラーク：もし 仮にキャンセルがございましたら、こちらでお客様にお部屋をお取りいたします。

프런트 클락: 혹 만약에 취소가 있으면 저희가 고객님께 객실을 얻을 수 있게 해드리겠습니다.

あまりご心配なさらないでください。ホテルと別のコンドミニアムも私が確認いたします。

너무 걱정하지 마세요. 호텔과 다른 콘도도 제가 확인해 보겠습니다.

ホテルには（同じでして）空室がございません。私がそちらにお客様のお名前をお伝えいたします。

호텔에는 (마찬가지로) 빈방이 없습니다. 제가 그쪽에 고객님의 이름을 전해드리겠습니다.

ホテルのフロントに行かれて、お手伝いしてもらってください。

호텔 프런트로 가셔서 도움을 받으시기 바랍니다.

次回お客様が当施設をご利用になる機会がございましたら、お客様があらかじめ必ず予約をご確認ください。

다음번에 고객님이 저희의 시설물을 이용하실 기회가 있으시면, 고객님께서 사전에 꼭 예약을 확인하시기 바랍니다.

단어풀이

確かに(확실히), 間違い(名詞)(틀림, 실수) : 間違う(틀리다), 空く(비다), 教える(가르치다) + もらう(받다), 取る(잡다) : お(상대방에 대한 부드러운 표현) + 取り + いたす(する의 겸양어), 手伝う(돕다), あらかじめ(미리, 사전에)

2. 客室の割り当て(객실 배정)

お客様: 部屋をスキー場側にしてもらえますか。

고객: 방을 스키장 쪽으로 주시겠습니까?

フロントクラーク: 申し訳ございませんが、全てのお客様がご希望されるお部屋がスロープ側でございます。

ですが、(そちら側の)全てのお部屋はすでに満室でございます。

(空いておりません。)

お部屋をスカイコンド側にお取りしましょうか。

프런트 클락: 죄송합니다만, 모든 고객이 원하시는 방이 슬로프 쪽입니다. 그래서, (그쪽으로) 모든 방은 완전히 만실입니다. (비어 있지 않습니다.)

객실을 Sky콘도 쪽으로 잡아드릴까요?

お客様: 仕方がないですね。ええ、部屋をそちらの方にしてもらいたいです。
고객: 어쩔 수 없네요. 음, 방을 그쪽으로 해서 받고 싶습니다.

フロントクラーク: ご理解頂きありがとうございます。
프런트 클락: 양해해 주셔서 감사합니다.
お客様はペットをお連れですか。
고객님은 애완동물을 동반하셨습니까?

お客様: いいえ、どうしてですか。(どうしてそんなこと聞くんですか。)
고객: 아니요, 왜요? (왜 그런 것을 묻는 것입니까.)

フロントクラーク: 当リゾートではお客様のお部屋にペットは持ち込めません。
프런트 클락: (저희 리조트에서는) 고객의 객실에 애완동물은 반입할 수 없습니다.
いたずら電話をする人は客室から出ていかなければなりません。
장난 전화하는 사람은 객실에서 나가셔야 합니다.

お客様: よくわかりました。
고객: 잘 알겠습니다.

フロントクラーク: ありがとうございます。
프런트 클락: 감사합니다.

단어풀이

仕方がない(어쩔 수 없다), 連れる(데리고 오다), 持ち込む(가지고 데려오다) : 持ち込める(가능형), (あ段) ~なければならない(~하지 않으면 안 된다), 出る(나가다) + いく(가다) : 出ていく(나가서 가다)

3. 紛失物(분실물)

お客様: お疲れ様です。私が今朝11時ごろ部屋を出たんですが、私が思うには何か部屋の中に置いて来てしまいました。

고객: 수고하십니다. 제가 오늘 아침 11시경에 퇴실을 했는데 제 생각으로는 무언가를 객실 안에 놓고 왔어요.

フロントクラーク: お客様のルームナンバーをお願いいたします。

프런트 클락: 고객님의 객실번호가 어떻거 되시죠?

お客様: A棟の 2101号室です。

고객: A동 2101호입니다.

フロントクラーク: 少々お待ち頂けますか。確認いたします。

お客様はパクチョルスというお名前でご宿泊なさいましたか。

프런트 클락: (잠시만) 기다려주시겠습니까? 확인해 드리겠습니다.

고객님은 박철수라는 이름으로 투숙하셨습니까?

お客様: そうです。

고객: 맞습니다.

フロントクラーク: お部屋にお客様が置いて来られたのはどんな物ですか。

프런트 클락: 방안에 고객님이 놓고 오신 것이 어떤 물건입니까?

お客様: デジタルカメラです。私にはとても大切な物なんです。

고객: 디지털카메라입니다. 저에게는 (매우) 중요한 것입니다.

フロントクラーク: その品物を詳しく説明して頂けませんか。

프런트 클락: 이 물건을 자세하게 당신은 설명해 주시겠습니까?

お客様: 最新型のデジタルカメラなんですが、黒いケースです。

고객: 최신형 디지털카메라인데 검은 케이스입니다.

フロントクラーク: 私がハウスキーパーに確認いたします。お電話を切らずにお待ちください。

프런트 클락: 제가 하우스키핑으로 확인해 보겠습니다. 전화를 끊지 마십시오.

紛失物が確認できました。ハウスキーパーが保管しております。

분실물이 확인되었습니다. 하우스키핑에서 보관하고 있습니다.

お客様: それはどこにありますか。

고객: 그곳이 어디에 위치하고 있나요?

フロントクラーク: D棟の建物にございます。お客様がルームナンバーと登録なさったお客様のお名前をそちらに言ってくだされば、紛失物を返してくれると思います。

프런트 클락: D동 건물에 있습니다. 만약 고객께서 객실번호와 등록하신 고객님 이름을 그들에게 말씀해 주시면 분실물을 되돌려줄 것으로 생각합니다.

お客様: ありがとうございます。

고객: 감사합니다.

お客様: すみませんが、私の部屋に鍵がかかっているんですが。(外から) スペアキーを貸してもらえますか。

고객: 실례합니다만, 제 방이 잠겨 있어요. (밖에서) 제가 여분의 키를 빌릴 수 있나요?

フロントクラーク: もちろんです。お客様のルームナンバーとお名前を頂けますか。
프런트 클락: 물론입니다, 고객님의 방 번호와 이름을 가질 수 있나요?

お客様: 名前はパクインスで、それから部屋の番号は2101号です。
고객: 이름은 박인수이고 그리고 방 번호는 2101호입니다.

フロントクラーク: 今パソコンで確認いたします。お間違いございません。こちらの記録と一致しております。
こちらですぐにベルボーイを伺わせます。それからベルボーイにドアを開けさせます。
프런트 클락: 제가 컴퓨터상에서 확인해 보겠습니다. 틀림이 없군요. 저희 기록과 일치합니다. 저희가 벨맨을 보내겠습니다. 그리고 벨맨에게 문을 열도록 시키겠습니다.

단어풀이

置く(놓다), ~てしまう(~ 하고 말다) : 来る(오다) + しまう(끝마치다) → 来てしまう(오고 말다), 切る(끊다) : ~ない形 切らない(끊지 않다) = 切らずに(끊지 않고), 返す(돌려주다), 鍵がかかる〔열쇠가 걸리다(잠기다)〕, 貸す(빌리다), もらう(받다) : もらえる(받을 수 있다), 伺う(방문하다, 묻다의 겸양어) : 伺わせる(사역동사)

4. 電話を掛ける(전화 걸기)

お客様: 部屋から922号室へ直接電話を掛けようと思うのですが、つながりません。
고객: 제 방에서 922호로 (직접) 전화를 걸려고 하는데 그러나 연결이 안 돼요.

フロントクラーク: 客室同士の通話はまず81番を押してから通話したいお部屋番号にお掛けください。

프런트 클락: 객실과 객실 간의 통화일 경우 먼저 81번을 돌리고 그리고서 당신이 통화하기를 원하는 곳에 객실번호를 누르세요.

お客様: あっ、ありがとうございます。

고객: 아, 고마워요!

フロントクラーク: お客様は市外電話もお使い頂けます。一番簡単な方法は9番を押してからお掛けになりたい番号を押してください。

0番を押してから追加で市外局番と電話番号を押してください。

프런트 클락: 고객님께서는 시외전화도 사용할 수 있습니다. 가장 간단한 방법은 9번을 누르고부터 거시고 싶은 번호를 눌러주세요.

0번을 누르고서 추가로 지역번호와 전화번호를 눌러주세요.

フロントクラーク: 交換は9番にお掛けください。英語の交換手にすぐつながります。

프런트 클락: 교환은 9번으로 걸어주세요. 영어하는 교환에게 (곧바로) 연결됩니다.

お客様: 電話代の支払いはどうしたらいいですか。

고객: 전화요금 지급은 어떻게 하면 좋습니까.

フロントクラーク: 電話代はお部屋の代金と一緒にご請求させて頂きます。

프런트 클락: 전화요금은 객실요금과 함께 청구시켜 받습니다.

お客様: モーニングコールサービスはどうしたらいいですか。

고객: 모닝콜 서비스를 어떻게 하면 좋습니까?

フロントクラーク: 17番を押してからお客様が起きたい時間をご入力ください。
または9番を押してから交換手にお時間をおっしゃって頂いてもよろしいです。

프런트 클락: 17번을 누르시고 고객님이 일어나고 싶은 시간을 입력하세요. (또한) 9번을 누르고서 교환에게 시간을 말씀하셔도 좋습니다.

お客様: ありがとうございます。

고객: 고마워요!

단어풀이

掛ける(걸다), 思う+ のです〔생각하는 것이다(이유)〕, つながる(연결되다) : つなぐ(연결하다), 同士(~끼리), 押す(누르다), し(ます形)たい(~하고 싶다), 使う(사용하다), おっしゃる(말씀하시다) : 言う(= '말하다'의 높임말)

5. 追加寝具の要請(추가침구 요청)

お客様: お疲れ様です。ここは2101号室ですが。追加でベッドを頼みたいんですが。

고객: 수고하십니다. 여기는 2101호입니다. 저는 추가로 침대를 신청하고 싶은데요.

フロントクラーク: お客様、671番か7番のハウスキーパーにお電話して頂けますか。

프런트 클락: 고객님, 671번이나 7번 하우스키핑으로 전화해 주시겠습니까?

お客様: 寝具の追加料金はいくらですか。
고객: 침구의 추가요금은 얼마입니까?

フロントクラーク: 一泊につき21,100ウォンです。
프런트 클락: 1박에 21,100원입니다.

お客様: ありがとうございます。
고객: 고마워요!

단어풀이

頼む(부탁하다), 頂く(받으시다 もらう(=받다)'의 공손한 말씨) : 頂ける(가능형)
お疲れ様(수고하십니다) = ごくろうさま〔御苦労様〕, ~につき〔付き〕(~에 관하여)

6. 電源(전원)

お客様: ここはA棟の2101号室です。部屋の電気がつかないんですが。
고객: 여기가 A동 2101호입니다. 방의 전기가 켜지질 않아요.

フロントクラーク: お客様、キーボックスの中にカードキーを差し込みましたか。出入り口のドアの横にあります。
프런트 클락: 고객님, key 박스 안에 카드키를 꽂으셨습니까? 출입문 옆에 있습니다.

お客様: あっ、私がキーボックスにキーを入れるのを忘れてました。すみません。

고객: 아, 제가 key 박스에 키 넣는 것을 깜빡 잊었습니다. 죄송합니다.

ええ、でも電源(でんげん)が入(はい)りません。

예, 그래도 전원이 들어오질 않습니다.

フロントクラーク: かしこまりました。お電話(でんわ)をお切(き)りになって少々(しょうしょう)お待(ま)ち頂(いただ)けますか担当(たんとう)の者(もの)を伺(うかが)わせます。

프런트 클락: 알겠습니다. 전화를 끊으시고 나서 잠시 기다려주시겠습니까? 담당자를 방문시키겠습니다.

お客様(きゃくさま): そうしてもらえますか。できるだけ早(はや)く。

고객: 그렇게 해주시겠어요? 가능하면 빨리.

フロントクラーク: はい、かしこまりました。ありがとうございます。

프런트 클락: 예, 알겠습니다. 감사합니다.

단어풀이

入(い)れる(넣다), 忘(わす)れる(잊어버리다), 入(はい)る(들어오다), つく(켜지다), 差(さ)し込(こ)む(꽂다), 伺う(방문하다의 겸양) : 伺(うかが)わせる(방문시키다)

7. 宿泊客(しゅくはくきゃく)の照会(しょうかい)(투숙객 조회)

お客様(きゃくさま): ここがスカイコンドのフロントですか。

고객: 여기가 Sky콘도 프런트입니까?

フロントクラーク: はい、さようでございます。

프런트 클락: 예, 그렇습니다.

お客様: 宿泊客（人)を探してもらいたいのですが。すみませんが、メモを持ってくるのを忘れてしまいました。客室番号がそこに書いてあります。名前はホン ギルドンなんですが。

고객: 투숙객(사람)을 찾고 싶습니다만, 죄송하게도, 메모지를 가져오는 걸 잊어버렸어요. 객실번호가 거기에 적혀 있어요. 이름이 홍길동인데요.

フロントクラーク: 少々お待ちくださいませ。ホンギルドン様はお客様の名簿にございません。
他にご一緒の方はいらっしゃいませんか。でなければ、お相手方の会員登録番号がお分かりですか。

프런트 클락: 잠시만 기다리세요. 홍길동 씨는 고객명부에 없습니다. 다른 일행분은 없으십니까? 그렇지 않으면, 상대방의 회원등록번호를 아십니까?

お客様: 会員名は○○○で、会員番号はMS0000番です。

고객: 회원명이 ○○○이고 회원번호는 MS0000번입니다.

フロントクラーク: 確認いたします。ご一行がA棟の2101号室にいらっしゃいます。

프런트 클락: 확인하겠습니다. 일행이 A동 2101호실에 계십니다.

お客様: コンビニがどこにあるか教えてもらえませんか。

고객: 편의점이 어디에 있는지 알려주시겠습니까?

フロントクラーク: エレベーターにお乗りになり1階に行かれますと、左側にございます。

프런트 클락: 엘리베이터를 타시고 1층으로 가시면 왼쪽에 있을 겁니다.

コンビニではお土産品など様々な商品を取りそろえております。
편의점에서 토산품 등 다양한 물건을 모두 갖추고 있습니다.

お客様: 何時まで営業してますか。
고객: 몇 시까지 영업합니까?

フロントクラーク: コンビニは24時間営業でございます。
프런트 클락: 편의점은 24시간 영업합니다

お客様: ありがとうございます。
고객: 감사합니다.

フロントクラーク: とんでもございません。
프런트 클락: 천만에요.

단어풀이

書く(쓰다) + ある(있다) : 書いてある(쓰여 있다), エレベーターに乗る(엘리베이터를 타다) : お + 乗り + になる(타시다), 取りそろえる(골고루 갖추다),
コンビニ(コンビニエンス・ストア)의 줄인 말(convenience store)

8. ファックスサービス(팩스 서비스)

お客様: この書類をソウルにファックスで送りたいんですが。
고객: 이 서류를 서울로 팩스를 보내고 싶습니다.

フロントクラーク: 奥様、ファックス番号をおっしゃって頂けますか。
프런트 클락: 사모님, 팩스번호를 말씀해 주시겠습니까?
お客様: 番号は02-557-7791です。
고객: 번호는 02-557-7791입니다.

フロントクラーク: はい、かしこまりました。こちらに書類をいただければ、お送りいたします。
프런트 클락: 예, 알겠습니다. 저에게 서류를 주시면, 그러면 전송해 드리겠습니다.
はい、少々お待ちくださいませ。書類がファックスで送られました。
예, 잠시만 기다리십시오. 서류가 팩스로 전송되었습니다.

단어풀이

送る(보내다) : 送られる(보내지다), いただく〔もらう(받다)〕: いただける(가능형)

제3장 ハウスキーピング(하우스키핑)

1. 対話 1 ハウスキーピングに問い合わせ(하우스키핑에 문의)

ハウスキーパー: ハウスキーピングです。どうなさいましたか。
하우스키퍼: 하우스키핑입니다. 무엇을 도와드릴까요?

お客様: ええ、110ボルト用のコンバーターが必要なんですが。ちょっと、持って来てもらえませんか。
고객: 예, 저는 110볼트용 컨버터가 필요한데. 저에게 좀 갖다주시겠어요?

ハウスキーパー: い、コンバーターはお部屋に設置されております。
하우스키퍼: 예, 컨버터는 객실 안에 비치되어 있습니다.

お客様: どこにありますか。
고객: 어디에 있어요?

ハウスキーパー: ベッドの横のテーブルの引き出しの中に2つ穴のコンセントがございます。
하우스키퍼: 침대 옆 테이블 서랍 안에 2구 콘센트가 있습니다.

お客様(きゃくさま): あ、わかりました。ありました。ありがとう。
고객: 아, 알겠어요. 있습니다. 고마워요.

ハウスキーパー: その他(ほか)に必要(ひつよう)な物(もの)はございませんか。
하우스키퍼: 그 밖에 필요하신 것은 없으십니까?

お客様(きゃくさま): トイレットペーパー、スキンローション、くし、ティッシュ、石鹸(せっけん)をお願(ねが)いします。
고객: 화장지, 스킨로션, 빗, 티슈, 비누 부탁드립니다.

ハウスキーパー: はい、かしこまりました。すぐにお持(も)ちいたします。
하우스키퍼: 예, 고객님. 곧 가지고 오겠습니다.

단어풀이

穴(あな)(구멍), 設置(せっち)される(설치되다) + いる(있다), コンバーター(컨버터), 変換器(へんかんき)(변환기), 転換(てんかん)させること(전환시키는 것), コンセント(電気器具(でんききぐ)からプラグなどを)差(さ)し込(こ)む場所(ばしょ)：〔콘센트(전기기구에서 플러그 등을) 꽂는 곳〕, (電球(でんきゅう))ソケット〔(전구)소켓〕

2. 対話(たいわ) 2 客室掃除(きゃくしつそうじ)(객실 청소)

ハウスキーパー: (ドアをノックして) ハウスキーパーです。
하우스키퍼: (문을 노크하고서) 하우스키핑!

お客様(きゃくさま): はい、何(なん)ですか。＝ 誰(だれ)ですか。＝ 何(なに)か用(よう)ですか。
고객: 예! 무슨 일인가요? = 누구요? = 무슨 일인데요?

ハウスキーパー: お部屋をお掃除しようと思うんですが、入ってもよろしいでしょうか。

하우스키퍼: 방을 청소하려고 하는데요. 들어가도 되겠습니까?

お客様: ええ、どうぞ。

고객: 예, 들어오세요.

今起きたところなので、一時間後にまた来てください。

(방금 막) 일어났는데요. 한 시간쯤 후에 다시 와주세요.

30分以内に外出しようと思います。

30분 안에 외출하려고 합니다.

シャワー中なんですが。

제가 샤워 중인데요.

今、ちょっと手がはなせないんですが。

지금, 좀 바쁜데요.

30分後にまた来てください。

30분 안으로 (여기에) 좀 오시겠어요?

ハウスキーパー: お邪魔して申し訳ございません。

하우스키퍼: 방해되어서 죄송합니다,

단어풀이

~てもいい(~해도 좋다), 동사형 ~た + ところ(막 ~한 참이다) : 会う(만나다) ⇨ 会ったところ(방금 막 만났던 참이다), 名 + なので〔~때문에(動, ~い形 + ので)〕, 手がはなせない〔일손을 놓을 수가 없다(바쁘다)〕

3. 対話 3 部屋の掃除依頼(방청소 의뢰)

お客様: 私の部屋にルームメイ゛を送ってください。

고객: 예, 제 방으로 룸 메이드를 보내주세요.

ベッドシートを取り替えてほしいんですが。タオルも交換して、ゴミ箱のゴミを捨ててください。

残っている食べ物を全部テーブルからきれいに片ずけてください。

저는 침대 시트를 갈아주기를 원합니다. 타월도 교체해 주시고 휴지통의 쓰레기를 비워주세요.

남아 있는 음식물 모두를 테이블에서 깨끗이 치워주세요.

ハウスキーパー: はい、かしこまりました。お客様。こちらからメイドがすぐにお伺いします。

하우스키퍼: 예, 잘 알겠습니다. 여기서 데이드가 곧 방문할 것입니다.

단어풀이

送る(보내다), 取り替える(교체하다), ほしい(하고 싶다) : ~て ほしい(요망하다), 捨てる(버리다), 残る(남다), 片ずける(정리하다)

4. 対話 4

お客様: 私がドアの外に -「客室清掃依頼」- のサインを電子掲示板で

-「掃除拒否依頼」-

たのんだのですが、部屋がまだ掃除されていません。

誰かがベルを押しました。

고객: 제가 문 바깥쪽에 - "객실정비 요청" - 사인을 전자표시판에다

- "청소 거부요청" -

부탁했는데, 방이 아직까지도 정비되지 않았어요.

누군가가 초인종을 눌렀어요.

ハウスキーパー: 申し訳ございません。今すぐお客様のお部屋にメイドを伺わせます。ご迷惑をお掛けして申し訳ございません。

하우스키퍼: 죄송합니다. 고객님 지금 즉시 고객님의 객실로 메이드를 보내드리겠습니다. 방해가 되어서 죄송합니다.

단어풀이

押す(누르다), 伺う(방문하다) : 伺わせる(방문하도록 시키다), 迷惑を掛ける(폐를 끼치다), 頼(たの)む(부탁하다) : たのんだのです〔이유를 설명(부탁했던 것인데)〕

5. 対話 5

ハウスキーパー: ハウスキーピングです。どうなさいましたか。
하우스키퍼: 하우스키핑입니다. 무엇을 도와드릴까요?

お客様: 天井から聞えるファンの騒音が我慢できないんですが。
고객: 천장에서 나는 팬 소음 때문에 참을 수가 없어요.
隣の部屋がうるさくて
옆방이 시끄러워서
便器が詰まりました。
변기가 막혔어요.
浴室の排水溝があふれました。
욕실 배수구가 넘쳐요.
浴室の洗面台の排水栓(コック)が壊れました。
욕실 세면대의 배수 마개(콕)가 망가졌어요.

ハウスキーパー: 申し訳ございません。騒音でご迷惑をおかけして申し訳ございません。
하우스키퍼: 죄송합니다. 소음에 대해서 불편을 끼쳐드려 죄송합니다.
申し訳ございません。私がすぐに担当の者を伺わせます。
죄송합니다. 제가 즉시 담당자를 보내드리겠습니다.
こちらでそれを詳しく確認いたします。
저희가 그것을 자세히 확인해 보겠습니다.
担当の者が点検いたします。
담당자가 점검할 것입니다.
お部屋を点検してもよろしいでしょうか。
객실을 점검해도 되겠습니까?

お客様: ここに早く来るようにしてください。
고객: 여기에 빨리 오도록 하십시오.

단어풀이

我慢する(참다), うるさい(시끄럽다), 詰まる(막히다), あふれる(넘치다), 壊れる(부서지다), 詳しい(상세한)

6. 対話 6 客室の暖房問題(객실의 난방문제)

お客様: ハウスキーピングですか。
고객: 하우스키핑이에요?

従業員: はい、さようでございます。お客様。どうされましたか。
종업원: 예, 그렇습니다. 고객님, 무엇을 도와드릴까요?

お客様: 私の部屋が暑すぎて息ぐるしいんですが。
고객: 제 방이 너무 더워서 숨을 쉴 수가 없어요.

従業員: 壁側に暖房の調節機がございます。適当に調節されてますか。
종업원: 벽면에 난방 조절기가 있습니다. (적당하게) 조절되어 있나요?

お客様: 壁側の上の調節機を作動する方法はわかってます。温度が20度になっていますが、今もなお暑いです。
고객: 벽면 위의 조절기를 작동하는 방법을 알아요. 비록 온도가 20도를 가리키고 있지만, 여전히 더워요.

従業員: それは何かおかしいと思われます。お部屋番号は何番でしょうか。
종업원: 그것에 뭔가 잘못된 것 같아요. 객실번호가 어떻게 됩니까?
すぐに施設部に電話して修理させるようにいたします。そちらからすぐに伺わせます。
(바로) 시설부에 전화해서 수리가 되도록 해드리겠습니다. 그곳으로 즉시 방문하도록 하겠습니다.

단어풀이

~い形すぎ, ~ます形すぎ(도가 지나침) : 暑い(暑すぎ : 너무 더움), 食べます(食べすぎ 과식), 息ぐるしい(숨이 막히는), なお(여전히), おかしい(이상한, 우스운), 思う(생각하다) : 思われる(생각되다), 修理する(수리하다) : 修理させる(수리시키다)

7. 対話 7

ハウスキーパー: ハウスキーピングです。どうなさいましたか。
하우스키퍼: 하우스키핑입니다. 무엇을 도와드릴까요?

お客様: ミニバーの中にお水(ミネラルウォーター) がありません。
고객: 미니바 안에 물(생수)이 없어요.
こちらにお水を2本持って来てもらえませんか。それから氷が少しほしいんですが。
저에게 생수 2병을 좀 갖다주세요. 그리고 얼음이 조금 필요한데요.

ハウスキーパー: はい、かしこまりました。こちらですぐにお水をお持ちします。
하우스키퍼: 예, 알겠습니다. 저희가 즉시 생수를 갖다드리겠습니다.
ですが、氷はセルフサービスでございます。氷の製氷器をお使いください。
그러나 얼음은 셀프서비스입니다. 부디 얼음 제빙기를 이용하십시오.

ハウスキーパー: 廊下の端に全フロアーごとに設置されております。それから氷は一日24時間ご利用可能でございます。
하우스키퍼: 복도 끝에 모든 층마다 설치되어 있습니다. 그리고 얼음은 (또한) 하루 24시간 이용이 가능합니다.

お客様: わかりました。ありがとう。
고객: 알았어요, 고마워요.

단어풀이

使う(사용하다) : お + 使い +くださる(사용하시다), ミネラルウォーター(mineral water)

8. 対話 8

ハウスキーパー: ハウスキービングです。
하우스키퍼: 하우스키핑입니다.

お客様: はい、私が部屋の金庫の暗証番号を忘れてしまいました。それで、金庫が開けられません。

すみませんが、誰が部屋に来てもらえませんか。

고객: 예, 제가 객실금고의 비밀번호를 잊어버렸어요. 그래서 금고를 열 수가 없어요. 미안하지만, 누군가를 제 방으로 보내주지 않겠습니까.

ハウスキーパー: 登録された当時のお客様ご本人のお名前に限り開けて差し上げることができます。まず、ご本人確認の手続きが必要となります。スタッフがお部屋に伺いますから、お客様の身分証明書をお見せください。

하우스키퍼: 등록된 당시의 고객 본인의 이름에 한해서 열어드릴 수가 있습니다. 우선 본인 확인절차가 필요합니다. 직원이 객실을 방문할 테니, 고객님 신분증을 제시하여 주십시오.

お客様: もちろんです。

고객: 물론이지요.

ハウスキーパー: こちらからすぐにお部屋へハウスマンを伺わせます。

하우스키퍼: 저희가 즉시 객실로 하우스맨을 방문하도록 하겠습니다.

단어풀이

(動詞)~て しまう(~하고 말다), 忘れてしまう(잊고 말다) : 忘れる(잊다), 開ける(열다) : 開けられる(열 수 있다), 限る(한하다), 見せる(보이다) : 見る(보다), 伺う(묻다, 방문하다의 겸양어) : 伺わせる(사역동사 : ~하도록 시키다)

9. 対話 9

お客様: 私が少し前にチェックインしたところなんですが、ベッドのシーツの上に髪の毛があります。

それから部屋の中も所々に埃が見えます。

고객: 제가 조금 전에 (막) 체크인했는데, 침대 시트 위에 머리카락이 있어요. 그리고 또한 방안 여기저기에 먼지가 보여요.

部屋がきれいじゃないです。不潔に見えます。

방이 깨끗하지 않아요. 불결하게 보여요.

私の部屋が何だか掃除されてないように見えます。部屋が気に入りません。

제 방이 뭔가 정비되어 있지 않은 것 같아 보여요. 방이 마음에 들지 않아요.

ハウスキーパー: 申し訳ございません。別のお部屋にお取り替えいたします。

하우스키퍼: 죄송합니다. 저희가 다른 방으로 바꿔드리겠습니다.

ベルボーイがお客様のお部屋に伺って別のお部屋の鍵をお持ちします。

벨맨이 고객님의 객실에 방문해서 다른 객실 키를 가져갈 것입니다.

少々お待ちいただけますと、ベルボーイが別のお部屋の鍵をお持ちします。

잠시만 기다려주시면 벨맨이 다른 객실 키를 가지고 갈 겁니다.

お客様: ええ、そうしてください。部屋で待ってます。それから荷物を運ぶのも手伝ってください。

고객: 예, 그렇게 해주세요. 방에서 기다릴게요. 그리고 짐 옮기는 것(도) 도와주세요.

단어풀이

~した +ところ : (방금 ~한 참이다), ~なんです = ~なのです〔~인 것입니다(이유)〕, きれいな(깨끗한) (~な形), 気に入る(마음에 들다), 持つ(들다) : お + 持ち +する(겸양어), 待つ(기다리다), 運ぶ(옮기다), 手伝う(돕다)

10. お客様の電話対応(処理)〔고객의 전화 응대(처리)〕

お客様: もしもし、ここは217号室ですが、机の上のランプをつける時に異常があるんですが。

고객: 여보세요, 여기 217호실 호텔인데 책상 위의 램프 전등에 불을 켤 때 이상이 있어요.

ハウスキーパー: 担当の者をすぐに伺わせます。

하우스키퍼: 담당자를 즉시 보내드리겠습니다.

お客様: すみませんが、声がよく聞こえません。

고객: 죄송하지만 소리가 잘 들리지 않습니다.

ハウスキーパー: 少々お待ちください。担当の者と代わります。彼は修繕担当者です。
(担当者に代って差し上げます。)

하우스키퍼: 잠시만 기다리십시오. 담당자를 바꾸겠습니다. 그분은 수선 담당자입니다.
(* 담당자를 바꿔드리겠습니다)

ハウスキーパー: お部屋番号をもう一度おっしゃって頂けますか。

하우스키퍼: 객실번호를 다시 한번 말씀해 주시겠습니까?

こちらですぐに措置いたします。

저희가 즉시 조치해 드리겠습니다.

私が担当ではないのですが、連絡して担当の者と(それから)すぐスタッフに措置させます。

제가 담당하고 있는 것은 아니지만, 연락해서 담당 직원과 (그리고서) 즉시 직원에게 조치하도록 시키겠습니다,

ハウスキーパー: ここは機械室です。私が電気室部署へおつなぎします。

卓上ランプを見て差し上げます。

하우스키퍼: 이곳은 기계실입니다. 제가 전기실부서로 연결해 드리겠습니다. 책상 램프를 봐드리겠습니다.

お客様: テレビがつきません。

고객: TV를 켤 수 없어요.

テレビの画面がつきません。 ＝ テレビの画面が出ません。

TV 화면이 켜지질 않아요. = TV 화면이 나오질 않아요.

ナイトテーブルのスイッチが作動しません。

나이트 테이블의 스위치가 작동하지 않아요.

電話が故障したみたいなんですが。

전화가 고장인데요.

相手の電話が聞えないんですが。(*相手の声が聞こえません。)

상대방을 전화에서 들을 수가 없어요. (* 상대방 목소리가 안 들려요)

部屋の電気がつかないんですが。

방안의 전기가 안 켜지는데요.

コンセントから電気がつながらないんですが。

콘센트에서 전기가 연결이 안 되는데요.

電気が落ちたんですが。

전기가 나갔는데요.

お湯が出ません。

온수가 나오지 않습니다.

ハンガーとトイレットペーパー何個か持って来てください。

옷걸이와 욕실 화장지 (몇 개를) 갖다주십시오.

部屋がとても汚いです。掃除する人（＝女性の方）を送ってください。

방이 너무 지저분해요. 청소할 사람(= 여자분)을 보내주세요.

クローゼットの扉が閉まらないんですが。

장롱문(이불장 문)이 안 닫히는데요.

客室のドアが開けられないんですが。

객실의 출입문을 열 수가 없어요.

窓のガラスが割れたんですが。

창문 유리가 깨졌는데요.

便器の水がよく流れないんですが。

변기의 물이 잘 안 내려가요.

トイレの電気がつかないんですが。

화장실의 전등이 안 들어오는데요.

窓が開かないんですが。

창문이 잘 안 열리는데요.

シャワーの蛇口から水が漏れるんですが。

샤워 꼭지에서 물이 새어 나오고 있는데요.

電話機のボタンがよく押さらないんですが。

전화기 버튼이 잘 안 눌러지는데요.

国際電話が掛りにくいです。 = 国際電話が掛けられません。

국제전화를 걸기가 힘드네요. = 국제전화를 걸 수 없어요.

こちらにタオルを持って来てくれますか。= 新しいタオルを何枚かほしいです。

저에게 타월을 갖다주시겠어요? = 새 타월 (몇 장이) 필요합니다.

단어풀이

つける(켜다), あるのです = あるんです〔있는 것입니다(~ん은 이유를 강하게 말함)〕, 聞こえる(들리다) : 聞く(듣다), 代わる(대신하다), させる(시키다) : する(하다), つなぐ(연결하다) : お + つなぎ +する, つく(켜지다) : つける(켜다), 出る(나오다), 名詞〔作動, 故障〕 + する : (작동하다, 고장나다). ~みたい : (~인 것 같다) (名詞 + みたい), つながる(연결되다), 落ちる(떨어지다), 出る(나오다), 汚い〔더러운(~い形)〕, クローゼット(closet, 클로젯: 벽장), 閉まる(닫히다) : 閉める(닫다), 割れる(깨지다) : 割る(깨다), 流れる(흐르다) ; 流す〔흘리다(흐르게 하다)〕, 開く(열리다) : 開ける(열다), 漏れる(새다), 押す(누르다), 掛ける(걸다) : 掛る(걸리다), ~ます形 + にくい(~하기 어렵다) ≠ ~ます形 + やすい(~하기 쉽다) 掛ります +にくい(걸기 어렵다), 掛けられる(가능형), ほしい(원하다) : ~い形

11. 修繕サービスのための訪問(수선서비스를 위한 방문)

ハウスキーパー: こんにちは！テレビが故障したことをおっしゃいましたか。

하우스키퍼: 안녕하세요! TV가 고장난 것을 말씀하셨습니까?

お客様: はい。

고객: 네.

ハウスキーパー: 私が思うにはチューニングチャンネルの故障だと思われます。

하우스키퍼: 제가 생각하기로는 튜닝 채널 고장이라고 생각됩니다.

私が思うにはテレビのヒューズが切れたと思われます。

제가 생각하기로는 TV 퓨즈가 나간 것 같습니다.

理由はアンテナ線がコンセントから外れたためです。

이유는 안테나선이 콘센트에서 빠졌기 때문입니다.

理由は便器の配水管に異物が詰まりました。

이유는 변기 배수관이 이물질로 막혔습니다.

理由は電球が切れました。

이유는 전구가 나갔습니다.

電話機の故障です。私が新しいものに交換いたします。

전화기가 고장입니다. 제가 새로운 것으로 교체해 드리겠습니다.

すぐに部品がないため修理することができません。

こちらでお客様を別のお部屋に移して差し上げても構いませんか。

당장 부품이 없기 때문에 조치를 할 수가 없습니다.
저희가 고객님을 다른 방으로 옮겨드려도 상관이 없겠습니까?.

今、全ての修理が完了しました。

이제 모든 수리가 완료되었습니다.

他にはございませんか。(他にご不便なことはございませんか。)

다른 것은 없으십니까? (* 다른 불편한 사항은 없습니까?)

お客様: いいえ、大丈夫です。

고객: 아니요, 됐습니다.

ハウスキーパー: ごゆっくりお休みください。
하우스키퍼: 편히 쉬십시오.

お客様: 部屋の温度がとても低いです。部屋がとても寒いです。(冷えます。風が入って来ます。)
고객: 방 온도가 너무 낮아요. 방이 너무 추워요. (냉해요。바람 들어와요)

ハウスキーパー: さようでございますか。私が担当の者に修理させます。
하우스키퍼: 그렇습니까? 제가 담당자(저희 직원)에게 그것을 처리하도록 시키겠습니다.
何か他に問題はございますか。お電話とかテレビ、電気はどうですか。
어떤 다른 문제는 있습니까? 전화나, TV나, 전등은 어떻습니까?

お客様: はい、ありません。
고객: 네, 없습니다.

단어풀이

言う(말하다) : おっしゃる(말씀하시다), チューニングチャンネル : (tuning channel), 思う(생각하다) : 思われる(생각되다), 外れる(벗어나다), 名詞 + の ために(~때문에, ~을 위해서), きる(끊다) : 切れる(끊어지다), 詰まる(막히다), 移す(옮기다), 担当の者(담당자), 構う(상관하다, 관계하다) : 結構(けっこう)です(괜찮습니다)

12. チェックアウト(체크아웃)

ハウスキーパー: はい、ありがとうございます。スカイコンド　ハウスキーピングでございます。
하우스키퍼: 네, 감사합니다. 스카이 콘도 하우스키핑입니다.

お客様(きゃくさま): チェックアウトしようと思(おも)います。客室(きゃくしつ)の点検(てんけん)を受(う)けようと思(おも)います。
고객: 체크아웃하려고 합니다. 객실점검을 받으려고 합니다.
客室(きゃくしつ)の点検(てんけん)を受(う)ける準備(じゅんび)ができています。
객실점검을 받기 위해서 준티되어 있습니다.
客室(きゃくしつ)の点検(てんけん)をしに来(こ)られますか。
객실점검 하러 오시겠어요?

ハウスキーパー: はい、かしこまりました。点検員(てんけんいん)を伺(うかが)わせます。＝こちらから点検員(てんけんいん)がすぐにお伺(うかが)いいたします。
하우스키퍼: 예, 저희 점검원을 보내드리겠습니다. = 저희 점검원이 곧 갈 겁니다.
こんにちは。点検(てんけん)しに参(まい)りました。破損(はそん)したり紛失(ふんしつ)した品目(ひんもく)は何(なに)かございますか。
안녕하세요, 점검하러 왔습니다. 파손했거나 아니면 분실하신 품목이나 어떤 품목이 있습니까?

お客様(きゃくさま): ええ、ありません。
고객: 네, 없습니다.

ハウスキーパー: お客様(きゃくさま)がご不便(ふべん)に感(かん)じられたことや何(なに)か必要(ひつよう)と思(おも)われる改善(かいぜん)事項(じこう)がございましたら私(わたくし)どもにおっしゃってください。
하우스키퍼: 고객께서 불편함을 느꼈던 것이나 무언가 필요하다고 생각되는 개선사항이 있으시면, 저희에게 말씀해 주십시오.

お客様: 親切なスタッフたちのお陰で楽しく泊れました。（よく休めました。）ですが、私が思うには寝具が多少厚かったです。

고객: 친절한 직원들 덕분에 여기서 즐겁게 머물렀습니다. (잘 쉬었습니다.) 그러나 제가 생각하기에는 침구가 (다소) 두터웠습니다.

ハウスキーパー: ありがとうございます。私どもがその点を心得て (参考にして) 改善するよう努力いたします。

点検表にサインをいただけますか。

この用紙と鍵をお持ちになってフロントでチェックアウトをなさってください。お気をつけてお帰りください。

하우스키퍼: 감사합니다. 저희가 그 점을 마음속에 명심해서 (* 저희가 참고해서) 개선하도록 노력하겠습니다. 점검표에다 서명을 해주시겠습니까? 이 용지와 키를 가지고 프런트로 가셔서 체크아웃 절차를 밟으십시오. 안녕히 가십시오.

단어풀이

チェックアウト(체크아웃), 思う(생각하다), 受ける(받다), ~ ます 形 + 来る : しに来る(~하러 오다) / 会い~~ます~~ + に来る(만나러 오다), 来る(오다) → 来られる(올 수 있다), 来る(오다) = 参る(겸손형), ~たり(~하기도 하고) : 5단 うつる(~ったり), む・ぶ・ぬ(~んたり) 상・하단(~ ~~ます~~形 たり) = 飲んだり(마시기도 하고), 寝たり(자기도 하고), 感じる(느끼다) : 感じられる(느껴지다), 思う(생각하다) : 思われる(생각되다), 言う(말하다) : おっしゃる(말씀하시다), スタッフ(스태프), 泊る(머무르다) : 泊れる(머무를 수 있다), 休む(쉬다) : 休める(쉴 수 있다), 厚い (두꺼운), 持つ(가지다) : お持ちになる(가지시다), 帰る(돌아가다)

13. 電源(Electricity : 전원)

ハウスキーパー: はい、ありがとうございます。ハウスキーピングのホンギルドンでございます。

하우스키퍼: 네, 감사합니다. 하우스키핑 홍길동입니다.

お客様: こちらは1234号室ですが。電源がつかないんですが。

고객: 여기가 1234호실인데요. 전원이 켜지질 않아요.

ハウスキーパー: お間違いございませんか。(電源が入りませんか。)

キーボックスの中にキーカードを入れられましたか。

하우스키퍼: 확실합니까?(* 전원이 안 들어옵니까?) key box 안에 key card를 넣으셨습니까?

お客様: ええ、入れました。

고객: 네, 넣었습니다.

ハウスキーパー: 時々、こちらの漏電遮断機が落ちる場合がございます。スイッチをご確認いただけますか。

하우스키퍼: 간혹 저희 누전차단기가 다운되는 경우가 있습니다. 스위치를 확인해 주시겠습니까?

お客様: どこにそれがあるか教えてもらえますか。

고객: 어디에 그것이 있는지 가르쳐줄 수 있습니까.

ハウスキーパー: 配線板を探せると思います。玄関の下駄箱の奥のドアの横にあります。

配線機の扉を開けるとスイッチが下に下がっていると思いま

す。それをお上げください。

하우스키퍼: 배전반을 찾으실 겁니다. 현관에서 신발장 안쪽 출입문 옆에 있습니다. 배전기의 문을 여시면 스위치가 다운 위치의 상태로 되어 있을 겁니다. 그것을 올려 주십시오.

お客様: ええ、電源が今入りました。(전원이 들어올 경우)

고객: 예, 전원이 이제 들어옵니다.

電源が依然として入りません。(전원이 안 들어올 경우)

전원이 (여전히) 안 들어옵니다.

ハウスキーパー: 良かったです。ごゆっくりお休みください。

하우스키퍼: 좋습니다. 편히 쉬십시오.

申し訳ございません。こちらで検査いたします。それからすぐに措置いたします。(こちらですぐに確認し措置いたします。)

죄송합니다. 저희가 검사해 드리겠습니다. 그리고 즉시 조치해 드리겠습니다. (* 저희가 곧 확인해서 조치해 드리겠습니다)

*****

ハウスキーパー: ありがとうございます。ハウスキーピング、ホンギルドンでございます。

하우스키퍼: 감사합니다. 하우스키핑 홍길동입니다.

お客様: こちらは1257号室ですが、電気が突然切れました。

고객: 여기는 1257호인데요. 전기가 갑자기 나갔습니다.

ハウスキーパー: 今、何か電気製品を使っておられますか。

하우스키퍼: 지금 어떤 전기제품을 사용하시고 있습니까?

お客様: (ただ)コーヒーポットを使っていました。

고객: (단지) 커피포트를 사용 중이었습니다.

ハウスキーパー: さようでございますか。(お客様の)コーヒーポットのコードの中に水が入ったものと思われます。

でなければ、それ(ポット)をお使いになられていたか、こちらで修理中だったか、二つの内のどちらかだと思われます。それで、漏電が起きたのかも知れません。

하우스키퍼: 그렇습니까? 손님께서 커피포트 전선 안으로 물이 들어가게 한 것 같습니다. 아니면 그것(포트)을 사용하고 있었거나, 저희가 수리 중이었거나 둘 중 하나라고 여겨지는데, 그래서 누전이 일어났을지도 모릅니다.

コーヒーポットのコードを抜いてください。それから配線板のスイッチを上げてください。

そうされた後でも電源が入らなければこちらにお知らせください。こちらで検査して措置いたします。(*こちらで検査し措置して置きます。)

커피포트 플러그를 뽑아주십시오. 그리고 배전반 스위치를 올려주십시오. 그렇게 된 후에도 전원이 들어오지 않는다면 저희에게 알려주십시오. 저희들이 검사해서 조치해 드리겠습니다. (*저희가 검사해서 조치해 놓겠습니다.)

*****

ハウスキーパー: ありがとうございます。ハウスキーピングのホンギルドンでございます。

하우스키퍼: 감사합니다. 하우스키핑 홍길동입니다.

お客様: こちらは1012号室ですが、浴室の電球がつきません。
고객: 여기는 1012호실인데요. 욕실 전구가 켜지지 않습니다.

- 天上ランプ(천장 등)
- スタンドランプ(스탠드 전등)
- 流し台の上の電球(싱크대 위 전구)
- 壁灯(벽 등)

ハウスキーパー: スイッチが入っているかご確認なさいましたか?
하우스키퍼: 스위치가 들어와 있는지 확인하셨습니까?

お客様: はい
고객: 네.

ハウスキーパー: はい、かしこまりました。電球を交換いたします。
하우스키퍼: 네, 알겠습니다. 전구를 교체해 드리겠습니다.

*****

お客様: こちらはホテルの2015号室ですが。電気がつきません。
고객: 여기는 호텔 2015실인데. 객실에 전기가 들어오지 않네요.
ハウスキーパー: それはお客様がチェックインされた時からでしょうか。浴室の入り口の横にあるんですが、スイッチを入れてみましたか。
하우스키퍼: 그게 고객님께서 체크인했을 때부터였습니까? 욕실 입구 옆에 붙어 있는데 스위치를 켜보았습니까?

お客様: ええ。
고객: 예.

ハウスキーパー: 私がフロントに話をしてお部屋の電源をおつなぎします。
하우스키퍼: 제가 프런트 직원에게 이야기해서 그들에게 방안에서 전원을 연결시키도록 해 드리겠습니다.

お客様: ありがとう。
고객: 감사합니다.

ハウスキーパー: ありがとうございます。ごゆっくり、どうぞ。
하우스키퍼: 고맙습니다. 편히 쉬십시오.

단어풀이

つく(켜다), 間違う(틀리다), 入る(들어오다), 入れる(넣다), キーボックス(키박스), 入れる(넣다) : 入れられる(넣으시다), 落ちる(떨어지다), 教える(가르치다) + て + もらう(받다) / もらえる(받을 수 있다), 探す(찾다) : 探せる(찾을 수 있다), 奥(구석), 下がる(내려가다), 上げる(올리다), いい(좋다) = 良い, 使う(사용하다) + って + いる〔(있다 = おる), おられる(있으시다)〕, 起きる(일어나다), ~ たかも知れない(~할지도 모른다) : 起きたかも知れない(일어날지도 모른다), 抜く(벗다), ~ない形 + ければ(~하지 않으면) : 入らなければ(들어가지 않으면), やる(주다) => あげる => 差し上げる(드리다), する(하다) : される(되다), 入れる(넣다)

14. 暖房と温水のトラブルについて(난방과 온수 문제에 대해서)

ハウスキーパー: ありがとうございます。コンドのハウスキーパーでございます。
하우스키퍼: 감사합니다. 콘도 하우스키핑입니다.

お客様: 部屋が十分に暖かくないんですが。
고객: 방이 충분히 따뜻하지 않아요.

ハウスキーパー: 温度調節機を調節されましたか。
하우스키퍼: 온도 조절기를 조절해 보셨습니까?

お客様: それはどこにありますか。
고객: 그것이 어디에 있습니까?

ハウスキーパー: 小さなボックスが見つかると思います。居間の壁側にございます。お電話を切らずにお捜しください。
하우스키퍼: 조그마한 박스(온도조절기)를 찾을 수 있을 겁니다. 거실 벽면에 있습니다. 전화를 끊지 마시고 찾아보시겠습니까?

お客様: はい、見つけました。
고객: 예, 찾았습니다.

ハウスキーパー: 温度調節の針がどこにございますか。(*何度を指していますか?)
하우스키퍼: 온도조절 지침이 어디에 있습니까? (*몇 도에 맞추어져 있습니까?)

お客様: 18度を指しています。
고객: 18도에 맞추어져 있습니다.

ハウスキーパー: ボックスの下に温度調節のレバーがございます。レバーを回せば針を27度に調節することができます。40分後にお客様のご希望の設定温度になります。

하우스키퍼: 박스 아래에 온도조절 레버가 있습니다. 레버를 돌리면 그래서 바늘을 27도로 조절할 수 있습니다. 40분 후에 고객님의 희망 설정 온도가 됩니다.

お客様: わかりました。

고객: 알겠습니다.

ハウスキーパー: 40分経過しても(まだ)寒いとお感じでしたらお電話くださいませ。ごゆっくりどうぞ。

하우스키퍼: 40분 경과 후에도 (여전히) 추위를 느끼시면 전화를 주십시오. 편히 쉬십시오.

*****

ハウスキーパー: ありがとうございます。コンドのハウスキーピング　パクジュノでございます。

하우스키퍼: 감사합니다. 콘도 하우스키핑 박준호입니다.

お客様: お湯が出たり出なかったりするんですが。(お湯がでなくなりました。)

고객: 온수가 나오기도 하고 안 나오기도 합니다.(온수가 나오다가 안 나옵니다.)

ハウスキーパー: それはお客様がお湯を全て使いきったためです。20分間お待ち頂けますと、お湯がまた出ます。

하우스키퍼: 그건 손님께서 데워진 물을 다 사용하셨기 때문입니다. 20분간 기다리시면, 뜨거운 물이 다시 나옵니다.

お客様: お湯を(ずっと)出すにはどうすればいいですか。

고객: 온수를 (계속) 나오게 하려면 어떻게 하면 좋아요?

ハウスキーパー: 申し訳ございません。こちらのコンドは各お部屋ごとに単独ボイラーを設置しております。

お湯のタンク容量が決っておりますので、一度にたくさんのお湯をためることは不可能でございます. 大変申し訳ございませんが、ご不便でも水が暖まるまでお待ちください。

하우스키퍼: 죄송합니다. 저희 콘도는 객실마다 단독 보일러를 설치하고 있습니다. 온수 탱크 용량이 제한되어 있기 때문에 한꺼번에 많은 양의 온수를 가지는 것은 불가능합니다. 대단히 죄송합니다만, 불편하시더라도 물이 데워질 때까지 기다려 주십시오.

*****

ハウスキーパー: ありがとうございます。コンドのハウスキーピングでございます。

하우스키퍼: 감사합니다. 콘도 하우스키핑입니다.

お客様: お湯が出ません。水道のお湯が出ません。お湯の供給が止ってしまいました。

고객: 온수가 나오지 않습니다. 수돗물 온수가 안 나옵니다. 온수 공급이 끊어져 버렸습니다.

ハウスキーパー: お湯を全くお使いになられませんでしたか。

하우스키퍼: 온수를 전혀 사용하지 않았습니까?

お客様:　はい。

고객:　예.

ハウスキーパー:　お部屋の番号をお願い致します。こちらで確認しまして措置するようにいたします。

하우스키퍼:　저희에게 객실번호를 주시겠습니까? 저희가 그것을 확인하고서 조치가 취해지도록 해놓겠습니다.

タンクの水が暖まるまで20～30分程かかります。その後もお湯が出なければこちらにお知らせください。

탱크 안 물이 데워지는데 20~30분 정도 시간이 소요됩니다. 그 후에도 온수를 얻을 수 없다면 저희에게 알려주십시오.

*****

ハウスキーパー:　ありがとうございます。ハウスキーピングの○○○でございます。

하우스키퍼:　감사합니다. 하우스키핑 ○○○입니다.

お客様:　こちらは○○○号です。部屋がとても寒いです。部屋の温度を調節できません。

고객:　여기는 ○○○호실입니다. 방이 (굉장히) 춥습니다. 방 온도를 조절할 수가 없어요.

ハウスキーパー:　当ホテルでは中央機械室で温度を調節しておりますので、お部屋からは温度を調節することができません。

하우스키퍼:　저희가 중앙 기계실에서 온도를 조절하고 있어서 객실에서는 온도를 맞출 수가 없습니다.

단어풀이

切らない(끊지 않다) = 切らずに, 見つかる(발견되다), 見つける(찾아내다), 指す(가르치다), 感じる(느끼다), お湯(뜨거운 물), 使う(사용하다) + きる(끊다) : 使いきる(다 써버리다), 決る(정하다), ためる(모으다), 暖まる(따뜻해지다), 止る(멈추다) +しまう(끝나다) : 止っ + て + しまう(멈추고 말다), 死んでしまう(죽고 말다), かかる(걸리다), 知らせる(알리다)

15. ガスレンジの故障(가스레인지 고장)

ハウスキーパー: ありがとうございます。ハウスキーピングの○○○でございます。
하우스키퍼: 감사합니다. 하우스키핑 ○○○입니다.

お客様: 部屋のガスレンジが使えません。
고객: 객실에 가스레인지가 안 됩니다.

ハウスキーパー: 問題点をもう少し詳しく説明してくださいませんか。
하우스키퍼: 안 되는 문제점을 좀 자세히 설명해 주시겠습니까?

お客様: 点火のボタンが壊れていて、押せません。
고객: 점화버튼이 고장 나서 눌러지지 않아요.

ハウスキーパー: そのような場合は点火施錠装置レバーをお捜しください。つけたり消したりするボタンの下にございます。レバーを反対の方に押してみてください。

하우스키퍼: 그럴 경우에는 점화 잠금장치 레버를 찾으세요. 켜고 끄는 버튼 아래에 있습니다. 레버를 반대쪽으로 밀어보세요.

お客様: はい、火が今つきました。
고객: 예, 불이 이제 들어옵니다.

ハウスキーパー: ありがとうございます。ごゆっくりどうぞ。
하우스키퍼: 감사합니다. 편히 쉬십시오.

*****

ハウスキーパー: ありがとうございます。ハウスキーピングの○○○でございます。
하우스키퍼: 감사합니다. 하우스키핑 ○○○입니다.

お客様: ガスレンジの火種がつきません。
고객: 가스레인지가 불꽃이 튀지 않습니다.

ハウスキーパー: つけたり消したりするスイッチが押せるか一度試してみてください。
하우스키퍼: 켜고 끄는 스위치가 눌러지는지를 한번 시도해 보세요.

お客様: どちらも押せます。(* 両方とも押せます。)
고객: 어느 쪽이라도 다 누를 수 있습니다.(* 양쪽 다 눌러집니다.)

ハウスキーパー: 私が思いますには、充電用の乾電池が消耗したんだと思われます。少々お待ちいただけましたら、こちらから点検の者を送って乾電池の交換をさせるように致します。
하우스키퍼: 제 생각에는 충전용 건전지가 다 소모된 것 같습니다. 잠시만 기다리시면 저희가 점검하는 직원을 보내서 건전지를 교체하도록 시키겠습니다.

*****

ハウスキーパー: ありがとうございます。ハウスキーピングの○○○でございます。
하우스키퍼: 감사합니다. 하우스키핑 ○○○입니다.

お客様: ガスレンジの火がつかないんですが。
고객: 가스레인지 불꽃이 나오지 않습니다만.

ハウスキーパー: それでしたら、一度キッチンの横の壁にガス漏れ遮断機があるのでお捜し下さい。
すぐ見つかると思います。
하우스키퍼: 그러시면, 한번 주방 옆 벽면에 가스누설 차단기가 있는데 찾아보십시오. 바로 찾을 수 있을 겁니다.
その遮断機にon&offスイッチがございましたらスイッチを押してください。開いた状態でもう一度、ガスレンジをつけてみてください。
그 차단기에 on & off 스위치가 있으면 스위치를 눌러주세요. 열림(on) 상태로 한 번 더, 가스레인지를 켜보아 주십시오.

お客様: ええ、つきました。
고객: 예, 켰습니다.

ハウスキーパー: ありがとうございます。ごゆっくりどうぞ。
하우스키퍼: 감사합니다. 편히 쉬십시오.

*****

ハウスキーパー: ありがとうございます。ハウスキーピングの○○○でございます。
하우스키퍼: 감사합니다. 하우스키핑 ○○○입니다.

お客様: 電気レンジをどうやって使うのか説明してもらえませんか。
고객: 전기레인지를 어떻게 해서 사용하는지 설명해 주시겠습니까?

ハウスキーパー: 電気レンジが作動したら中央にあるランプに電気がついたことがわかります。高熱がよろしければダイヤルレバーを3番に合わせてください。ご使用にならない時は0にダイヤルを回すと中央のランプが消えます。天板でやけどをなさらぬようご注意ください。
하우스키퍼: 전기레인지가 작동되면 중앙에 있는 램프에 불이 들어오는 것을 알 수 있습니다. 높은 열을 원하실 때는 다이얼 레버를 3번으로 맞추세요. 그것을 사용하지 않으실 때는 0번에 다이얼을 돌리시고 그러면 중앙 램프가 불이 꺼집니다. 열판에 화상을 입지 않도록 주의하시기 바랍니다.

お客様: 気をつけます。
고객: 조심하겠습니다.

*****

ハウスキーパー: ありがとうございます。ハウスキーピングの○○○でございます。
하우스키퍼: 감사합니다. 하우스키핑 ○○○입니다.

お客様: ガス警報器がピーっと鳴っています。＝ガス警報器の音が聞こえます。
고객: 가스경보기가 삐 - 하고 소리가 나고 있습니다. = 가스경보기 소리가 들립니다.

ハウスキーパー: わかりました。漏電遮断機を抜かれたことはございますか。

하우스키퍼: 알겠습니다. 누전차단기를 (혹시) 빼신 적이 있습니까?

お客様: ええ、そう言えば、そうしたことがあります。私が炊飯器のコードだと思って抜いてしまって、また差し込みました。

고객: 네, 생각하기로는 그런 적이 있습니다. 제가 밥솥 코드인 줄 알고 뺐다 꽂았습니다.

ハウスキーパー: ガス警報はコードを抜いてまた差し込みますと1~2分間、自動的に鳴ります。ガスには何も以上がございませんので、ご安心ください。少々お待ち頂けますと、警報器が自動的に止ります。

하우스키퍼: 가스경보는 코드가 빠졌다가 다시 꽂으면 1~2분간 (자동으로) 울립니다. 가스에는 아무 이상이 없기 때문에 안심하십시오. (잠시만) 기다리시면, 경보기가 자동으로 꺼집니다.

お客様: わかりました。助けてくれて、ありがとうございます。

고객: 알겠습니다. 도와주셔서 감사합니다.

단어풀이

使う(사용하다) : 使える(사용할 수 있다), 壊れる(망가지다), 押す(누르다) : 押せる(누를 수 있다), 捜す(찾다), 差し込む(꽂다) : ~1그룹(~っ, ~ん), 2그룹(~たり : ~하기도 하고), ひがつく(불이 붙다), つける(켜다). 消す(끄다), 試す(시험하다), 思う(생각하다) : 思われる(생각되다), 鳴る(울리다), 聞こ える(들리다) = 聞く(듣다), 抜く(뽑다) : 抜かれる(뽑으시다), ~した+こと がある(~한 적이 있다), ~て + しまう(~하고 말다) = 抜いてしまう(빼버리고 말다), 止る(멈추다), 助ける(돕다)

16. ランドリーサービス(Laundry Service : 세탁물 서비스)

お客様(きゃくさま): こちらは客室(きゃくしつ)○○○号室(ごうしつ)です。ドライクリーニングがしたいんですが。

고객: 여기는 객실 ○○○호실입니다. 드라이클리닝을 하고 싶습니다.

ハウスキーパー: お洗濯物(せんたくもの)を取(と)りにすぐ係(かか)りの者(もの)を送(おく)ります。

하우스키퍼: 세탁물을 수거하러 (즉시) 직원을 보내드리겠습니다.

クリーニングピックアップサービス: おはようございます。クリーニングをご依頼(いらい)されましたか。

세탁물 픽업 서비스: 안녕하십니까. 세탁물을 의뢰하셨습니까?

お客様(きゃくさま): はい、そうです。

고객: 네, 그렇습니다.

クリーニングピックアップサービス: 品目(ひんもく)をクリーニングサービス用紙(ようし)に記入(きにゅう)して、一(ひと)つづつご確認(かくにん)して頂(いただ)いてよろしでしょうか。

靴下一足(くつしたいっそく)はクリーニング、それからスーツ一着(いっちゃく)はドライクリーニングで、カジュアルズボン一(ひと)つはアイロンがけで、こちらでお間違(まちが)いございませんか。

세탁물 픽업 서비스: 품목을 세탁물 서비스 용지에 기입하고서, 하나씩 확인해도 괜찮겠습니까? 양말 1켤레는 세탁, 그리고 양복 1벌은 드라이클리닝, 캐주얼 바지 1개는 다림질(만), 전부 맞습니까?

お客様(きゃくさま): はい。

고객: 예.

クリーニングピックアップサービス: いつまでに洗濯物をお持ちしたらよろしいでしょうか。当日サービス料金は価格リストに表示されたとおりでございます。二時間以内にお持ちするクリーニングサービスをご希望ですと、100%の追加料金がございます。4時間サービスをご希望されますと、50%の追加になります。アイロンがけだけをご希望の場合はドライクリーニングの50%になります。

세탁물 픽업 서비스: 언제까지 세탁물을 갖다드리면 되겠습니까? 당일 서비스 요금은 가격리스트에 표시된 대로입니다. 2시간 이내로 (갖다주는) 세탁물 서비스를 원하시면, 100% 추가요금이 있습니다. 4시간 서비스를 원하시면 50% 추가됩니다. 다리미질만 원하실 경우에 요금은 드라이클리닝의 50%입니다.

お客様: 当日サービスで お願いします。
- 二時間サービスで~
- アイロンだけ~

고객: 당일 서비스로 하고 싶습니다.
- 2시간 서비스로
- 다림질만

クリーニングピックアップサービス: かしこまりました。クリーニングが出来上がりましたら、すぐにお部屋にお持ち致します。

세탁물 픽업 서비스: 잘 알겠습니다. 세탁물이 완료되면 (즉시) 객실로 갖다드리겠습니다.

단어풀이

取る(집다), 送る(보내다), クリーニングサービス(cleaning service), カジュアルズボン(casual 즈봉 : 캐주얼 바지), アイロンをがける〔다림질(iron)을 하다〕

17. 追加寝具とタオル交換(추가침구와 타월 교환)

お客様: こちらはコンドの1312号ですが、
- 寝具を１セットを /
- 新しいタオルを / 追加してほしんですが。

고객: 여기는 콘도 1312호인데.
- 침구를 1set를 /
- 새 타월을 / 추가 주문하고 싶은데요.

ハウスキーパー: 追加寝具1セットにつき、1泊2,000ウォンで追加料金は12,100でございます。

하우스키퍼: 추가침구 1set당, 1박에 2,000원으로 추가요금은 12,100원입니다.

お客様: 布団1セット(タオル)だと料金がどうなりますか。

고객: 이불 1set(타월)는 요금이 어떻게 됩니까?

ハウスキーパー: オンドル部屋の場合は布団と1セットは含まれます。
それから寝具類と一緒に簡易ベッド一つです。
洋室の場合はタオル1セットが含まれます。
フェイスタオル4枚、バスタオル4枚、それから浴室床マット1枚です。

하우스키퍼: 한 실인 경우 이불과 요 1set가 포함됩니다. 그리고 침구류와 함께 간이침대 1개입니다. 양실의 경우에 타월 1set가 포함이 됩니다.
페이스 타월 4장, 베스타월 4장, 그리고 욕실바닥 매트 1장입니다.

お客様: それならこちらに オンドル用寝具を 2セット届けてください。
- タオルを
- 補助ベッドを

고객: 그럴 경우에는 저희에게 한실 침구류를 2세트를 보내주십시오.
- 타월을
- 보조침대를

ハウスキーパー: すぐにそれらをお届けいたします。= 只今(お客様のところに)お持ちします。

하우스키퍼: 즉시 그것들을 보내드리겠습니다. =지금 고객님에게 가져가겠습니다.

ハウスキーパー: 失礼します。寝具をお持ちしました。お客様から頼まれた寝具でございます。

寝具は何日間お使いになられますか。

하우스키퍼: 안녕하십니까? 침구를 가져왔습니다. 손님께서 요구하신 침구입니다.
침구를 며칠 동안 사용하시겠습니까?

お客様: 2泊です。

고객: 2박 동안입니다.

ハウスキーパー: 一日の料金は12,100ウォンでございます。ですから、二日間で合計24,200ウォンでございます。

領収書にサインをいただけますか。

하우스키퍼: 1박 요금이 12,100원입니다. 그러면, 2일간은 합계 24,200원으로 계산이 됩니다.
영수증에 서명 좀 해주시겠습니까?

お客様: わかりました。ありがとう。

고객: 알겠습니다. 고맙습니다.

단어풀이

ほしい(~갖고 싶다) : ほしいん(본인의 더욱 갖고 싶은 의지가 담긴 표현), 含む(포함하다) : 含まれる(포함되다), 届ける(보내주다, 신고하다)

18. 清掃前の客室に入室(청소가 안 되어 있는 객실로 입실)

お客様: こちらは1012号室ですが、たった今チェックインしたんですが部屋が(まだ)掃除されていないんですが。

すぐに掃除を（きれいに）してもらえますか。

고객: 여긴 1012호실인데. (지금 막) 체크인했는데 방이 (아직) 청소가 안 되어 있네요. 즉시 청소를 (깨끗하게) 해주시겠어요?

ハウスキーパー: 申し訳ございません。まだお部屋の準備ができていません。

なぜなら、チェックアウトの時間が11時です。

私がルームメイドに出来るだけ早くお部屋の準備をさせるようにします。

お客様はロビーでお待ちいただければ、その際にお部屋の準備をいたします。

貴重品はフロントにお預けください。

하우스키퍼: 죄송합니다. (아직) 방이 준비가 안 되어 있습니다. 왜냐하면 체크아웃 시간이 11시입니다.
제가 룸 메이드로 하여금 가능하면 빨리 방이 준비가 되도록 시키겠습니다.
고객님께서 로비에서 기다려주시면, 그 사이에 방을 준비토록 해놓겠습니다.
귀중품을 프런트에 맡겨주시기 바랍니다.

お客様: はい、よくわかりました。

고객: 예, 잘 알겠습니다.

ハウスキーパー: ありがとうございます。

하우스키퍼: 감사합니다.

19. 紛失物(분실물)

お客様: こんにちは。私がホテルに宿泊したんですが、それでチェックアウトをした際に所持品を 一つ忘れて来たようなんですが。

고객: 안녕하십니까. 제가 호텔에 투숙하였는데, 그런데 체크아웃했을 때 방안에 소지품 하나를 잊어버리고 왔던 것 같습니다.

ハウスキーパー: さようでございますか。それでは（お客様のチェックアウトされた）日にちと、お部屋の番号、それから紛失物の内容もおしゃっていただけませんか。

하우스키퍼: 그렇습니까? 그러면 (손님께서 체크아웃하신) 날짜와 객실번호 그리고 분실물 내용에 대해서 말씀해 주시겠습니까?

お客様: 部屋の番号は2156号で、それからチェックアウトの日にちは3月5日です。

紛失物は(私が客室に置いて来た物は)スーツです。

(Yシャツ・Tシャツ・ポロシャツ・財布・スキーウェア(ジャケット・ズボン)・ネックレス・眼鏡・靴下・スニーカー・鞄・ゴルフクラブ)

고객: 객실번호는 2156호실이며, 그리고 퇴실날짜는 3월 5일입니다.
분실물은 (제가 객실에 두고 온 물건은) 양복입니다.
(Y셔츠, T셔츠, 폴로셔츠, 지갑, 스키복(재킷, 바지), 목걸이, 안경, 양말, 운동화, 가방, 골프채)

ハウスキーパー: 少々お待ちくださいませ。担当の者に確認致します。お客様がお忘れになった物はこちらの事務所で保管しております。こちらの事務所までお忘れ物を取りに来られますか。
もしお客様が直接、お越しになることが難しければ、こちらから宅配でお送りいたします。

하우스키퍼: 잠시만 기다려주십시오. 담당자에게 확인하겠습니다. 손님께서 분실한 것은 우리 사무실에 보관되어 있습니다. 저희 사무실로 물건을 찾으러 오시겠습니까? 만약 고객님께서 직접 오시기가 어려우시면 저희가 택배 서비스로 보내드리겠습니다.

お客様: 私がホテルに3月十日頃の訪問を計画しています。訪問したときに寄ります。

고객: 제가 호텔방문을 3월 10일경어 계획하고 있습니다. 방문할 때 들리겠습니다.

ハウスキーパー: はい、お客様のご都合のいいようになさって下さい。
こちらでその時までお忘れ物を保管しておきます。

하우스키퍼: 예, 고객님 편리하신 대로 하십시오.
저희들이 그때까지 물건을 보관하고 있겠습니다.

お客様: お願いします。近いうちにお目にかかります。

고객: 부탁합니다. 조만간에 뵙겠습니다.

ハウスキーパー: かしこまりました。お忘れ物をきちんと保管しておきます。
하우스키퍼: 잘 알겠습니다. 분실물을 잘 보관해 놓겠습니다.

お客様: 私がホテルを訪問する計画がありません。宅配で送ってもらえたらありがたいです。
고객: 저는 (호텔을 방문할) 계획이 없습니다. 택배로 보내주실 수 있다면 고맙겠습니다.

ハウスキーパー: そうしましたら、こちらにご住所とお電話番号をいただけますか。
하우스키퍼: 그러시면 저희에게 주소와 전화번호를 주시겠습니까?

お客様: 私のケータイの電話番号は010-4071-2321です。それから住所はソウル カンナム サムソンドン ハンラアパート101棟1010号です。
고객: 제 핸드폰 번호는 010-4071-2321번입니다. 그리고 주소는 서울 강남 삼성동 한라아파트 101동 1010호입니다.

ハウスキーパー: それでは、宅配で2~3以内にお受け取りいただけると思います。
하우스키퍼: 그러면 택배로 2~3일 이내로 받으실 겁니다.

お客様: ありがとうございます。
고객: 감사합니다.

ハウスキーパー: 大変申し訳ございませんが、こちらにはお預かりの品物はございません。それらをどこに置かれたかもう一度、お考えいただけますか。
わたくしどもが点検して再びお客様にご連絡差し上げます。
하우스키퍼: 대단히 죄송합니다만 여기에 보관된 물건은 없습니다. 그것을 어디에 두셨는지 다시 한번 더 생각해 보시겠습니까?
저희들이 점검해서 재차 고객님께 연락드리겠습니다.

ハウスキーパー: こちらでその時、お客様のお部屋を担当したメイドにもう一度確認いたします。後程またご連絡差し上げます。お名前とお電話番号をお教えいただけますか。

하우스키퍼: 저희가 그 당시, 고객님의 객실을 담당했던 메이드에게 다시 확인하겠습니다. 그 후에 연락을 드리겠습니다. 성함과 전화번호를 알려주시겠습니까?

お客様: 名前がゲリージョンで、携帯の番号は010-0000-0000です。ありがとうございます。

고객: 이름이 게리 정이고, 핸드폰 번호는 010-0000-0000입니다. 감사합니다.

ハウスキーパー: こちらでルームメイドにもう一度確認してみましたが、お客様が別のところで品物をお忘れになられたかと思われます。

하우스키퍼: 저희가 룸 메이드에게 다시 확인해 보았습니다만, (제 생각으로는) 고객님께서 다른 곳에서 물건을 분실하신 것 같습니다.

お客様: ありがとうございました。

고객: 감사했습니다.

단어풀이

スーツ(suit), スニーカー(sneakers), ゴルフクラブ(golf club)

お越し(왕림 · 행차) : お越しになる(행차하시다), 郵便宅配(우체국 택배) *宅配会社(택배회사), 寄る(접근하다, 들리다), 都合がいい(형편이 좋다), 預かる(맡기다)

20. 浴室の電灯がつかない(욕실 전구가 안 들어옴)

お客様: こちらはホテル712号室ですが、天上（卓上ランプ · クローゼット · タイムスイッチ)の電灯がつかないんですが。
고객: 여기는 호텔 712호실인데, 천장(책상 램프/옷장/타임스위치) 전등이 안 들어오는데요.

ハウスキーパー: さようでございますか。ただいま修理に伺います。
하우스키퍼: 잘 알겠습니다. 지금 즉시 수리하러 방문하겠습니다.

お客様: ありがとうございます。
고객: 고맙습니다.

ハウスキーパー: ありがとうございます。ごゆっくりどうぞ。
하우스키퍼: 감사합니다. 편히 쉬세요.

단어풀이

クローゼット(closet), 伺う(방문하다, 듣다, 묻다의 겸양어)

21. 電熱器具の異常(전열기구 이상)

1) テレビの電源連結の異常(TV 전원연결의 이상)

お客様: こちらはホテル607号室ですが、テレビがつかないんですが。
고객: 여기는 호텔 607호실이네! TV가 켜지지 않습니다.

ハウスキーパー: (引き出しの後ろにある) 壁側のコンセントにコードがしっかりはまっているかご確認されましたか。

하우스키퍼: (문갑 뒤에 있는) 벽면 콘센트에 코드가 (단단하게) 꽂혀 있는지 확인하셨습니까?

お客様: ええ、確認しました。

고객: 예, 확인하였습니다.

ハウスキーパー: それでは (画面の横にある) メインスイッチをおつけになりonの状態でもう一度、電源のスイッチを押してみていただけますか。

하우스키퍼: 그러면 (TV 화면 옆에 있는) 메인 스위치를 켜놓으시고 on 상태로 그리고서 한 번 더 전원 스위치를 눌러보시겠습니까?

お客様: 教えていただいた通りやってみたんですが、テレビが (依然として) つかないですね。

고객: 가르쳐준 대로 해봤는데도, TV가 (여전히) 켜지지 않아요.

ハウスキーパー: そうしましたら、こちらで担当の者を送ってすぐにテレビの修理をいたします。

하우스키퍼: 그러면, 저희가 담당자를 보내 바로 TV를 수리해 드리겠습니다.

お客様: ありがとうございます。

고객: 감사합니다.

2) テレビの画質に異常がある時(TV 화질에 이상이 있을 때)

お客様: こちらはホテル520号室ですが、テレビの画面の状態が良くないんですが。

고객: 여기는 호텔 520호실인데 TV 화면상태가 좋지 않아요.

ハウスキーパー: 何番のチャンネルが画面に異常がありますか。
하우스키퍼: 몇 번 채널이 화면상 문제가 있습니까?

お客様: 全てのチャンネルがそうなんです。
고객: 모든 채널이 그래요.

ハウスキーパー: こちらから担当の者が直しに伺います。
하우스키퍼: 여기서 담당자가 수리하러 방문토록 하겠습니다.

22. ナイトテーブルの作動時の異常(나이트 테이블 작동 이상)

お客様: こちらは901号室ですが、テレビ(スタンド·ラジオ·エアコン·天上の電灯)をつけようとしたんですが、ナイトテーブルのスイッチが作動しないんですが。
고객: 여기는 901호실인데요. T.V(스탠드, 라디오, 에어컨, 천장 전등)을 켜려고 하였지만, 나이트 테이블 스위치가 작동하지 않는군요.

ハウスキーパー: こちらから担当のスタッフがすぐに直しに伺います。
하우스키퍼: 제가 저희 직원이 (즉시) 수리하러 방문토록 하겠습니다.

お客様: ありがとうございます。
고객: 고맙습니다.

ハウスキーパー: どういたしまして。
하우스키퍼: 괜찮습니다.

단어풀이

はまる(꼭 끼이다), スタッフ(staff), どういたしまして(천만의 말씀, 별말씀을)

23. 電話機の故障(전화기 그장)

お客様: 1209号室ですが、部屋の電話機が動かないんですが。
(受信中にたくさん雑音が入るんですが。呼び出し音がならないんですが。)

고객: 1209호실인데 객실 전화기가 작동하지 않습니다.
(수신 중에 많은 잡음이 납니다. 신호음이 울리지 않습니다.)

ハウスキーパー: こちらからすぐに担当のスタッフが直しに伺います。

하우스키퍼: 여기서 즉시 담당 직원을 수리하러 보내드리겠습니다.

お客様: できるだけ早くしてください。

고객: 가능하면 빨리 그렇게 해주세요.

ハウスキーパー: はい、かしこまりました。

하우스키퍼: 네, 잘 알겠습니다.

お客様: 冷蔵庫が作動しないんですが。

고객: 냉장고가 작동하지 않습니다.

ハウスキーパー: 電源は入っていますか。

하우스키퍼: 전원이 들어와 있습니까?

단어풀이

鳴る(울리다)

24 エアコンの作動方法(에어컨 작동방법)

お客様: 613号室なんですが、部屋が寒いんですが。洋室ではどのように暖房が作動しますか。

고객: 613호실인데, 객실이 추워요. 양실에서는 어떻게 난방이 작동됩니까?

ハウスキーパー: 当ホテルでは中央暖房式でございます。暖房は午前04:00~06:00と午後04:00~06:00、それから夜10:00~24:00の間供給されます。冬は供給時間内はエアコンのスイッチで(お客様のご希望の)温度に調節なさって下さい。暖房の供給時間が終わりますと、冷風が(エアコンから)出ると思います。そうしましたらご確認の上お客様がお消しください。

하우스키퍼: 저희 호텔은 중앙난방식입니다. 난방은 오전 04:00~06:00와 오후 04:00~06:00 그리고 저녁 10:00~24:00 사이에 공급됩니다. 겨울은 공급시간 동안에 에어컨 스위치를 (고객님이 원하는) 온도에 조절하시기 바랍니다. 난방시간이 끝나면 찬바람이 (에어컨에서) 나올 것입니다. 그러면 확인하셔서 고객님께서 꺼주시면 됩니다.

お客様: (教えてくれて) ありがとうございます。

고객: 알려주셔서 감사합니다.

ハウスキーパー: とんでもございません。
하우스키퍼: 감사합니다.

단어풀이

消す(지우다), とんでもない(아무것도 아니다, 별말씀을)

25. 不十分な暖房(불충분한 난방)

お客様: 1605号室ですが。部屋が寒くて凍りそうです。暖房を点検してもらえませんか。
고객: 1605호실인데. 객실이 추워서 얼 것 같아요. 난방을 점검 좀 해주시겠어요?
ハウスキーパー: はい、かしこまりました。こちらで担当の者を送る前に点検のため、温度が何度に設定されているかご確認いただいてよろしいでしょうか。
하우스키퍼: 예, 잘 알겠습니다. 저희가 담당자를 보내기 전에 점검을 위해, 온도가 몇 도에 설정되어 있는지 확인하도록 부탁을 해도 되겠습니까?

お客様: 30度になっています。
고객: 30도에 놓여 있습니다.

ハウスキーパー: 申し訳ございませんが、温度のスイッチが作動しておりません。30度に調節（設定）されていましたら、スイッチを操作される方法はこうです。レバーを動かし一番低い温度から高い温度に回します。レバーが（その温度で）カチッと音が鳴れば大丈夫です。その温度は2~3℃高い位置です。その位置でカチッと音が聞えます。

하우스키퍼: 죄송합니다만, 온도 스위치가 작동하지 않습니다. 30도로 조절(설정)이 되어 있으면, 스위치를 작동시키는 방법은 이렇습니다. 레버를 움직여서 가장 낮은 온도에서 높은 온도로 돌립니다. 레버가 (그 온도에) 딸깍하는 소리가 나면 괜찮습니다. 그 온도는 2~3도씨 높은 위치입니다. 그 위치에서 딸깍하는 소리가 들립니다.

お客様: よくわかりました。試してみたんですが、カチッという音が聞えません。

고객: 잘 알겠습니다. 시도해 보았는데 딸깍 소리가 안 들리는데요.

カチッという音が聞えました。

딸깍 소리가 들립니다.

ハウスキーパー: 全て合わせました。（30分間）お待ちいただいてもお部屋が暖まらなければ、こちらに（再度）ご連絡ください。

하우스키퍼: 다 맞춰졌습니다.(30분간) 기다리시고도 객실이 따뜻해지지 않으면, 저희에게 (다시) 전화 주십시오.

お客様: 私がちょっと前に暖房のことで電話したんですが、教えてもらった通りに(30分も)待ちましたが、部屋が（全然）暖かくならないんですが。

고객: 제가 조금 전에 난방문제로 전화를 했는데 제가 알려준 대로 (30분이나) 기다렸는데 그런데도 방이 (전혀) 따뜻해지지 않아요.

ハウスキーパー: 大変申し訳ございません。(10分間)お待ちいただければ、こちらから伺って確認いたします。(暖房が)入るまでもう少しお待ちいただけますでしょうか。(よろしいでしょうか。)

하우스키퍼: 대단히 죄송합니다. (10분간) 기다려주신다면, 저희가 방문해서 확인해 드리겠습니다. (난방이) 들어올 때까지 잠시만 기다려주시겠습니까?(괜찮겠습니까?)

お客様: 私は大丈夫です。

고객: 저는 괜찮아요.

ハウスキーパー: ありがとうございます。私がお客様のお部屋に10分以内に伺います。

하우스키퍼: 감사합니다. 저희가 고객님을 10분 안에 방문하겠습니다.

단어풀이

凍る(얼다), ~そうだ(~할 것 같다 : ~ます形), 降りそうだ(내릴 것 같다), 暖まる(따뜻해지다) : 暖める(따뜻하게 하다)

26. 配達(배달) 1

従業員: お客様、おはようございます。

종업원: 고객님, 안녕하십니까?

従業員: お洗濯物をお持ちしました。お客様の物に（洗濯物が）お間違いないか、ご確認いただけますか。

종업원: 세탁물 여기 있습니다. 고객님의 세탁물이 틀림이 없이 맞으십니까? 확인해 보시겠습니까?

お客様: ありがとう。ちょっと待ってください。薄い黒のズボンがないですね。

고객: 고마워요. 잠깐만요. 옅은 검은 바지가 빠졌네요.

従業員: 黒の薄いズボンでございますね。ですが、クリーニング依頼書には確認表示がなされてませんね。

私が洗濯室にないことを報告いたします。こちらで確認し、お客様に折り返しご連絡いたします。

종업원: 검은색 옅은 바지입니까? 그런데 세탁의뢰서에는 확인표시가 안 되어 있습니다. 제가 세탁실에 없어진 것으로 보고하겠습니다. 제가 확인하고서, 고객님께 다시 연락드리겠습니다.

단어풀이

なされる = なさる : する의 높임말, 折り返し(반환 지점, 되돌아 감기)

27. 配達(배달) 2

従業員: ハウスキーピングでございます。どうなさいましたか。

종업원: 하우스키핑입니다. 무엇을 도와드릴까요?

お客様: ええ、こちらは708号室ですが。私の洗濯物が全部できたか確認したいんですが。

고객: 예, 저는 708호실인데요. 제 세탁물이 다 되었는지를 확인하려고요.

従業員: 申し訳ございませんが、お客様のクリーニングがまだ仕上がっておりません。係りの者が（すぐに）お洗濯物をお届けに伺います。

종업원: 죄송합니다만, 고객님의 세탁물이 아직은 덜 되었습니다. 담당자가 (곧) 세탁물을 가지고서 방문하겠습니다.

お客様: (それらを) できるだけ早く届けてください。お願いします。

고객: 그것들을 가능하면 빨리 올려 보내주세요. 부탁합니다.

従業員: かしこまりました。お電話頂きありがとうございます。

종업원: 그렇게 해드리겠습니다. 전화 주셔서 감사합니다.

*****

従業員: ランドリーサービスでございます。お客様のお洗濯物をお持ちしました。

종업원: 세탁물 서비스입니다. 안녕하세요. 고객님의 세탁물을 가져왔습니다.

お客様: こんにちは。どうぞ。

고객: 안녕하세요. 들어오세요.

従業員: お洗濯物をご確認いただけますか。クリーニング伝票でございます。

종업원: 세탁물을 확인하시겠습니까? 세탁전표 여기 있습니다.

お客様: 私が預けたもので合っています。(= 合っていると思います。)

고객: 제가 맡긴 것이 맞아요. (= 맞는 것 같아요)

従業員: こちらにサインを頂けますか。

종업원: 여기에다 서명해 주시겠습니까?

お客様(きゃくさま): いいですよ。サインします。
고객: 좋아요. 서명할게요.

従業員(じゅうぎょういん): ありがとうございます。
종업원: 감사합니다.

단어풀이

仕上(しあ)がる(다되다, 완성되다), 届(とど)ける(보내주다, 신고하다)

28. ピックアップ(Pick up : 回収(かいしゅう)) 1

従業員(じゅうぎょういん): ハウスキーピングでございます。どうなさいましたか。
종업원: 하우스키핑입니다. 무엇을 도와드릴까요?

お客様(きゃくさま): こちらに洗濯物(せんたくもの)があるんですが、誰(だれ)か取(と)りに来(き)てもらえませんか。
(クリーニングをお願(ねが)いしたいんですが、誰(だれ)か洗濯物(せんたくもの)を取(と)りに来(き)てもらえませんか。)
고객: 저에게 세탁물이 있는데, 누군가가 가지러 와주시지 않겠어요?
(세탁을 부탁했는데, 누가 세탁물을 가지러 와주시지 않겠어요?

従業員(じゅうぎょういん): はい、こちらから ハウスマンがすぐに伺(うかが)います。
종업원: 예, 여기서 하우스맨이 즉시 방문할 것입니다.

*****

(ベルが鳴る) (초인종이 울린다)

従業員: おはようございます。お客様、ハウスキーピングでございます。
종업원: 안녕하십니까? 고객님 하우스키핑입니다.

お客様: はい、どうぞ。私はこのスーツをドライクリーニングしたいんですが。
고객: 예, 들어와요. 저는 이 양복 드라이클리닝하기를 원해요.

従業員: スーツのお届けはいつがよろしいでしょうか。こちらでは普通サービスと迅速サービスがございます。

普通サービスは次の日のお届けとなります。迅速サービスは料金が普通サービスの二倍の料金となります。

クリーニングの所要時間は4時間かかります、お預けになったお洗濯物が午後3時以降の場合は次の日の午後1時のお届けとなります。

종업원: 양복이 언제 배달되기를 원하십니까? 저희는 보통 서비스와 빠른 서비스가 있습니다. 보통 서비스는 저희들이 다음날 배달해 드립니다. 빠른 서비스는 요금이 보통 서비스 요금의 2배입니다.

세탁하는 데 소요시간은 4시간 걸립니다. 맡기신 세탁물은 오후 3시 이후의 경우 다음날 오후 1시에 찾으실 수 있습니다.

お客様: 私は迅速サービスでしたいんですが。今晩、夕食会に行く予定です。
고객: 저는 그것을 속성 서비스로 하고 싶습니다. 저는 오늘밤 저녁모임에 참석할 예정입니다.

従業員: かしこまりました。では、5時までにはお受け取り頂けます。
종업원: 잘 알겠습니다. 그러면 오후 5시까지는 찾을 수 있습니다.

단어풀이

スーツ〔(suit) 양복〕

29. ピックアップ(Pick up : 回収) 2

従業員: ハウスキーピングでございます。失礼してもよろしいでしょうか。
종업원: 하우스키핑입니다, 들어가도 좋습니까?

お客様: はい、この洗濯物をクリーニングしてください。このシャツをパリッと糊付けしてほしんですが。
このセーターは水で手洗してください。そうしないと縮むかもしれません。
고객: 예, 이 세탁물을 클리닝 좀 해주세요. 이 셔츠를 빳빳하게 풀을 먹이고 싶은데요. 이 스웨터는 물로 손빨래를 해주세요. 그렇지 않으면 줄어들지 몰라요.

従業員: かしこまりました。クリーニングの伝票(様式)にご記入いただけますか。
종업원: 잘 알겠습니다. 세탁물 양식에 작성해 주시겠습니까?

お客様: どこにありますか。
고객: 어디에 있나요?

従業員: 机の引き出しの中にございます。

종업원: 책상 서랍 안에 있습니다.

*****

お客様: このシャツのシミを取ってください。(取ってほしいんですが)

고객: 이 셔츠에서 오점을 제거하도록 해주세요.

従業員: こちらは油汚れでしょうか。

종업원: 이것은 기름때입니까?

お客様: 果物をこぼしてつけたシミか汚れだと思います。

고객: 과일을 흘려서 묻은 얼룩이거나 오점 같은 것입니다.

従業員: 私が汚れを（完全に）落とすように頼んでみます。こちらのクリーニング記入用紙にご記入いただけますか。

종업원: 제가 오점을 (완전히) 제거하도록 요청하겠습니다. 이 세탁물 기재용지에 작성해 주시겠습니까?

お客様: これでいいですか。

고객: 이렇게 하면 다 되었나요?

従業員: ありがとうございます。

종업원: 감사합니다.

단어풀이

糊付けする(풀을 먹이다), 縮む(줄다), ~ 基本形 + かも知れない(~할지도 모른다), 取る(집다), こぼす(흘리다, 엎지르다), 汚れ(오점, 더러움) : 汚れる(더럽혀지다), 名詞 + の だと思う(~라고 생각한다), 落とす(떨어뜨리다)

30. お届けミス(잘못 배달)

従業員: ハウスキーピングでございます。どうなさいましたか。お客様.

종업원: 하우스키핑입니다. 무엇을 도와드릴까요, 고객님.

お客様: ええ、私は601号の宿泊客ですが。この部屋に洗濯物が届けられたんですが、間違って届いています。

고객: 예, 저는 601호 투숙객인데요. 제 방으로 어떤 세탁물이 배달되었는데 잘못 전달되었어요.

従業員: 奥様、申し訳ございません。こちらから係りの者に洗濯物を取りに上がらせます。

종업원: 사모님, 죄송합니다. 여기서 직원에게 세탁물을 가지고 오도록 올려보내겠습니다.

すぐに係りの者が伺います。

즉시 누군가를 방문하도록 하겠습니다.

*****

従業員: ハウスキーピングから参りました。
종업원: 하우스키핑에서 왔습니다.

お客様: はい、どうぞ。
고객: 예, 들어와도 됩니다.

従業員: お洗濯物をお持ちしました。お客様のお洗濯物にお間違いないでしょうか。
종업원: 세탁물 가져왔습니다. 고객님 세탁물이 틀림이 없습니까?

お客様: はい、そうです。合っています。間違いありません。
고객: 예, 그래요, 맞아요. 틀림없군요.

従業員: 私が間違って届けられた洗濯物を取りに伺ってよろしいでしょうか。
종업원: 제가 잘못 전해진 세탁물을 가지러 방문해도 되겠습니까?

お客様: もちろんです。私がそちらに持って行ってあげますよ。
고객: 물론이지요. 내가 그쪽으로 가져다드리지요.

従業員: 恐れ入ります。奥様。ご不便をお掛けして申し訳ございません。
종업원: 죄송합니다, 사모님. 불편을 끼쳐서 죄송합니다.

お客様: 大丈夫です。
고객: 괜찮아요.

단어풀이

ミス(miss), 間違う(틀리다), 上がる(오르다, 올라가다) : 上がらせる(올라가게 시키다)

31. 損傷(손상)

従業員: ハウスキーピング オーダーテイク ミスリーでございます。
종업원: 하우스키핑 오더테이커(order taker) 미스 리입니다.

少し前にお客様がお預けになった服に、ほころびたところを見つけたんですがご存じですか。

조금 전에 고객님이 맡기신 옷에 해진 곳을 발견했는데 아시고 계십니까?

お客様: ええ、分かっています。ですが、そのままにしておいてください。
고객: 예, 알고 있어요. 그러나 (그냥) 그대로 두세요.

従業員: はい、かしこまりました。
종업원: 잘 알겠습니다.

*****

お客様: 私がセーターのクリーニングを頼んだんですが、(ひどく)縮んで戻ってきました。台無しですよ。
고객: 제가 스웨터 클리닝을 부탁했는데 그런데 (심하게) 줄어들어서 돌아왔어요. 망쳐놓았어요.

従業員: 奥様、大変申し訳ございません。こちらと同じような物をお買いになられましたら、領収書をお持ち頂けますか。こちらでクリーニング代をお返しし、新しいセーターの代金もお支払いたします。

종업원: 죄송합니다, 사모님. 고객님이 (여기) 같은 것으로 사 오시면, 영수증을 소지하고 오시겠습니까? 저희가 세탁비용을 환불해 드리든지 새로운 스웨터 대금으로 지급하겠습니다.

お客様: そうしてもらえますか。

고객: 그렇게 했으면 해요.

従業員: 奥様。ご迷惑をお掛けして申し訳ございませんでした。

종업원: 불편을 끼쳐 죄송합니다, 사모님.

단어풀이

ほころびる(풀리다, 터지다), 見つける(발견하다), ~ (名 + の / 動 + た) + まま(~한 채로) : 履いたまま〔신은 채로(履く 신다)〕, 縮む(줄다), 台無し(아주 망가짐), ~し : 이유가 둘 이상일 경우(~하기도 하고, おいしいし おおきい 맛있기도 하고 크다)

32. ピックアップ(回収 : 수거)

従業員: ランドリーサービスでございます。失礼してよろしいでしょうか。

종업원: 세탁서비스입니다. 들어가도 되겠습니까?

お客様: このスーツをドライクリーニングして、アイロン掛けをお願いしたいんですが。この汚れ落とせますか。
고객: 이 양복 드라이클리닝해서 다림질을 원합니다. 이 오점 지워질 수 있나요?

従業員: 最善を尽くして見ます。
종업원: 최선을 다해 보겠습니다.

お客様: それから、このシャツとズボンもアイロン掛けしてください。
고객: 그리고 이 셔츠하고 바지(도) 다림질해 주세요.

従業員: はい、かしこまりました。お客様、こちらの伝票(様式)にご記入いただけますか。
종업원: 예, 고객님. 이 양식에다 기재해 주십시오.

お客様: どのぐらい掛りますか。
고객: 얼마나 걸리나요?

従業員: 明日の朝ではいかかがでしょうか。
종업원: 내일 아침이면 괜찮겠습니까?

お客様: ええ、大丈夫です。急ぎません。
고객: 예, 괜찮아요. 급하지는 않아요.

단어풀이

ピックアップ(pick up), 尽くす(다하다), 落とす(떨어뜨리다) : 落とせる(떨어뜨릴 수 있다), 掛る(걸리다)

33. お直し(수선)

お客様: 服のお直しサービスがありますか。

고객: 옷 수선서비스가 있나요?

従業員: 申し訳ございませんが、聞き取れませんでした。もう一度おしゃっていただけませんか。

종업원: 죄송합니다만 잘못 알아들었습니다. 다시 말씀해 주시겠습니까?

お客様: お直しサービスです。この丈を直してほしんですが。

고객: 수선서비스요. 이 양발 수선하고 싶어요.

従業員: さようでございますか。お客様。はい、お直しできます。

종업원: 그러세요, 고객님. 예, 수선이 가능합니다.

お客様: このジャケットもあります。その内側が破れてしまいました。

고객: 이 재킷도 있어요. 그 안쪽이 찢어졌어요.

従業員: 申し訳ございません。お客様。ほころびたところは修繕が可能ですが、破れたものはお直しできかねます。

종업원: 죄송합니다, 고객님 터진 것은 수선이 되는데 찢어진 것은 수선할 수가 없습니다.

お客様: このジャケットに汚れもついたんですが。ドライクリーニングする前に落としてもらえますか。

고객: 이 재킷에 오점도 묻었어요. 드라이클리닝하기 전에 제거해서 받을 수 있습니까?

従業員: 見せて頂いてもよろしいでしょうか。
종업원: 봐도 되겠습니까?

お客様: ええ、これです。
고객: 예, 이건데요.

従業員: 何の染みですか。
종업원: 무슨 얼룩입니까?

お客様: 上から醤油をこぼしたんです。
고객: 그 위에다 간장을 엎질렀어요.

従業員: 可能な限り染みを落としてみますが、保証はできかねます。
종업원: 최대한 얼룩을 지워보겠습니다만 보장은 할 수 없습니다.

お客様: 大丈夫です。どのくらい掛りそうですか。
고객: 괜찮아요. 얼마나 걸릴 것 같나요?

従業員: 確実ではないので、洗濯室に確認してご連絡差し上げます。
종업원: 확실하지는 않습니다만 세탁실에 확인해서 알려드리겠습니다.

お客様: いいですよ。できるだけ早くお願いします。
고객: 좋아요. 될 수 있으면 빨리 부탁합니다.

단어풀이

聞き取る(알아듣다) : 聞き取れる(알아들을 수 있다), 破れる(찢어지다) + て + しまう(끝마치다) : 찢어지고 말다, かねる(겸하다, 동사 뒤에 붙여서 ~하기 어렵다) : 見 ~~ます~~ + 兼(か)ねる(보기 어렵다), つく(붙다), こぼす(엎지르다)

제4장 コールセンター(콜센터)

제1절 客室予約(객실예약)

1. 予約 1 予約受付(예약접수)

従業員: おはようございます。お客様。どうかなさいましたか。

종업원: 안녕하십니까, 고객님, 무엇을 도와드릴까요?

お待たせいたしました。スカイホテルのキムでございます。

(少し待たせた時)

기다려주셔서 감사합니다. 스카이호텔 Miss Kim입니다.(장시간 대기 시)

お客様: 予約したいんですが。

고객: 예약 하나를 하고 싶은데요?

従業員: いつがよろしいでしょうか。

종업원: 고객님, 언제이신가요?

お客様: 1月19日なんですが。

고객: 1월 19일인데요.

従業員: かしこまりました。その日はお部屋がございます。何泊のお泊まりでしょうか。

종업원: 예, 그 날짜에 객실이 가능합니다. 얼마간 머무르실 겁니까?

お客様: 二泊です。

고객: 2박인데요.

従業員: お客様、どのようなお部屋がよろしいですか。

종업원: 고객님, 어떤 방을 원하십니까?

お客様: ツインルームをお願いします。

고객: 트윈룸을 부탁합니다.

従業員: お名前をお願いします。

종업원: 성함을 말씀해 주시겠습니까?

お客様: ビル・クリントン C-L-I-N-T-O-Nです。

고객: 빌 클린턴, C-L-I-N-T-O-N입니다.

従業員: お支払は現金とクレジットカードとどちらになさいますか。

종업원: 지급은 현금과 신용카드 어느 것으로 하시겠습니까?

お客様: 現金で払います。

고객: 현금으로 지급하죠.

従業員: お客様が当ホテルの銀行口座にご入金いただけますか。
종업원: 고객님께서 저희 호텔 은행구좌로 입금해 주시겠습니까?

お客様: 口座番号を教えてくれたら私が振り込みます。
고객: 계좌번호를 알려주시면 제가 예치를 하죠.

従業員: こちらから口座番号と金額をケータイ電話にメッセージをお送りいたします。
종업원: 저희가 계좌번호와 금액을 핸드폰으로 문자로 전송해 드리겠습니다.

1) クレジットカードの決済時(신용카드로 결제 시)

お客様: 私はクレジットカードで払います。
고객: 제 신용카드로 지급하죠.

従業員: カード決済のためARSに連結の後、クレジットカードの番号をご入力ください。
종업원: 카드결제를 위해서 ARS로 연결 후에 신용카드 번호를 입력하시기 바랍니다.

従業員: ご入金が確認できましたら、こちらから予約番号をメッセージでお送りいたします。他に何かございませんか。
종업원: 입금이 확인되면, 저희가 예약번호를 문자 전송해 드리겠습니다. 다른 문의 사항이 있으십니까?

お客様: いいえ、ありがとう。
고객: 아니요, 고마워요.

従業員: ありがとうございます。楽しい一日をお過ごし下さい。
종업원: 감사합니다. 즐거운 하루 되십시오.

단어풀이

待つ(기다리다) : 待たせる(기다리게 하다), 払う(지급하다), 振り込む(납입하다)

2. 予約 2

従業員: お電話ありがとうございます。スカイリゾートでございます。
종업원: 전화 주셔서 감사합니다. 스카이리조트입니다.

お客様: 部屋を一つ予約したいんですが。
고객: 방 하나를 예약하고자 합니다.

従業員: さようでございますか。ホテルですか。それともコンドミニアムですか。
종업원: 그렇습니까? 호텔입니까 아니면 콘도입니까?

お客様: ホテルの部屋なんですが。5月6日は予約できますか。
고객: 호텔 객실인데. 5월 6일날 예약이 가능합니까?

従業員: はい、ご予約可能でございます。どうようなお部屋がよろしいでしょうか。
종업원: 예, 예약이 가능합니다. 어떤 객실을 원하십니까?

お客様: どんな（タイプの）部屋がありますか。

고객: 어떤 (타입의) 객실이 있습니까?

従業員: 当ホテルは四人用のオンドルとツインのベッドルームがございます。オンドルは韓国式で床暖房のお部屋でございます。

종업원: 저희 호텔은 4인용 온돌과 2인용 침대 객실이 있습니다. 온돌은 한국식으로 바닥에 난방이 되는 객실입니다.

お客様: 料金はどうなりますか。

고객: 요금은 어떻게 되나요?

従業員: オンドルと寝室は220,000ウォンで、デラックスは240,000ウォンでございます。

종업원: 온돌과 침실은 220,000원이고 디럭스는 240,000원입니다.

お客様: 外国人の割引はありますか。

고객: 외국인에게 할인이 있습니까?

従業員: 外交官の免税カードをお持ちでしたら、10%の割引をいたします。(10人以上の場合10% 割引)

종업원: 외교관 면세카드를 소지하고 계신다면 10% 할인을 드립니다.(10명 이상의 경우 10% 할인)

お客様: ベッドのある部屋でお願いします。

고객: 침대가 있는 객실로 하겠습니다.

従業員: かしこまりました。お名前とお電話番号を教えて頂けますか。(フルネームでスペルをおしゃっていただけますか。)

종업원: 좋습니다, 성함과 전화번호를 말씀하여 주시겠습니까?
(정식 이름으로 스펠링을 말씀해 주시겠습니까?)

従業員: ありがとうございます。お客様のご予約は5月 6日で承りました。
それからご予約番号は#25870でございます。

종업원: 감사합니다. 고객님의 예약은 5월 6일에 되어 있습니다. 그리고 예약번호는 #25870입니다.

お客様: お部屋代(ホテル代)はどう払いますか。

고객: 객실료(호텔요금)는 어떻게 지급하죠?

従業員: オンラインでお願いいたします。オンラインの番号は(口座番号は)391-03-003630で銀行名が農協、スカイリゾートの名前になっております。

종업원: 온라인으로 부탁합니다. 온라인 번호는(계좌번호는) 391-03-003630으로 은행 이름은 농협이고 스카이리조트 이름으로 되어 있습니다.

期間内に代金をお支払なさらなかった場合、ご予約は(自動で)キャンセルとなります。チェックインの際に領収書をお見せくださるようお願い致しミす。

기간 내에 금액을 지급하지 앟으실 경우, 예약은 (자동으로) 취소될 것입니다. 체크인하실 때 예치금 영수증을 보여주시기 바랍니다.

단어풀이

フルネーム(full name), スペル(spell = スペリング : spelling), うけたまわる(聞く'承諾する'의 겸양어; 삼가 듣다, 승낙하다.)

3. 予約(Reservation) 3

お客様: コンドミニアムを予約しようと思うんですが。どんなタイプの部屋があるか言ってもらえますか。

고객: 콘도를 예약하고자 합니다. 어떤 종류의 객실이 있는지 말씀해 주시겠습니까?

従業員: こちらにはスカイコンドとマウンテンコンドがございます。20坪、30坪、41坪と50坪がございまして、20坪は四人用で、価格は200,000ウォンでございます。

종업원: 저희는 스카이콘도와 마운틴콘도가 있습니다. 저희는 20평, 30평, 41평과 50평이 있으며, 20평은 4인용이고 가격은 200,000원입니다.

お客様: 20坪には何個、部屋がありますか。

고객: 20평에는 몇 개의 방이 있습니까?

従業員: 20坪は（ただの）ワンルームですが、30坪はお部屋一つとリビング兼キッチンでして、価格は290,000ウォンでございます。

종업원: 20평은 (단지) 원룸이지만, 30평은 방 하나 거실 겸 주방인데, 가격이 290,000원입니다.

お客様: 20坪をお願いします。

고객: 20평을 원합니다.

お客様: はい、私が思っていたより料金が少し高いですね。 もう少し安い部屋はありますか。

고객: 예, 제가 생각했던 것보다 요금이 좀 비싸군요. 좀 더 싼 객실이 있나요?

従業員: はい、ホステルがございますが、ホステルは閑散期には営業し

	ておりません。
종업원:	예, 호스텔이 있긴 하지만 호스텔은 비수기에는 운영하지 않습니다.

お客様(きゃくさま):	どんなタイプの部屋(へや)がありますか。
고객:	어떤 종류의 객실이 있나요?

従業員(じゅうぎょういん):	こちらはオンドル五人用(ごにんよう)と八人用(はちにんよう)がございますが、そのオンドルはお特(とく)な価格(かかく)でご利用(りよう)いただけます。また、十人用(じゅうにんよう)と十四人用(１４にんよう)のオンドルがございますが、浴室(よくしつ)がついております。
종업원:	저희는 온돌 5인용과 8인용이 있는데 그 온돌을 저렴한 요금으로 이용하실 수 있습니다. 저희는 (또한) 10인용과 14인용 온돌이 있는데 욕실이 딸려 있습니다.

お客様(きゃくさま):	料金(りょうきん)はどうなりますか。
고객:	요금은 어떻게 되나요?

従業員(じゅうぎょういん):	オンドル五人用(５にんよう)が70,000ウォンでございます。
종업원:	온돌 5인용이 70,000원입니다.

4. 予約(よやく) 4

お客様(きゃくさま):	予約(よやく)をキャンセルしようと思(おも)うんですが。
고객:	예약을 취소하고자 합니다.

従業員(じゅうぎょういん):	ご予約(よやく)をいつなさいましたか。お名前(なまえ)とご予約番号(よやくばんごう)をお願(ねが)いします。
종업원:	예약을 언제 하셨습니까? 성함과 예약번호를 부탁합니다.

お客様: それが5月19日です。予約番号は #29-00321です。

고객: 그게 5월 19일입니다. 예약번호는 #29-00321입니다.

従業員: ありがとうございます。ご予約をキャンセルいたしました。お客様がご予約日の三日前にお電話下さいましたので、全額お返しいたします。

종업원: 감사합니다, 예약이 취소되었으며. 고객님께서 예약일 3일 전에 전화 주셨기에 저희들이 전액 환불을 해드리겠습니다.

(お客様がご予約日の二日前にお電話下さいましたので、ご入金額の75%(だけ)をお返しいたします。でなければ、お客様がお望みでしたら、ご予約の変更が可能でございます。)

(고객님이 예약일 2일 전에 전화 주셨기에 예치금액의 75%(만)을 고객님께 드릴 수 있습니다. 그렇지 않으면 고객님이 원하시면 예약날짜를 변경해 드릴 수 있습니다.)

お客様: いいえ、ありがとう。予約をキャンセルしたいです。

고객: 아니, 고마워요. 예약을 취소하고 싶어요.

いいですね。(わかりました。)予約の日付を2週間後に変更します。

좋아요. 예약날짜를 2주 이후로 변경하죠.

단어풀이

返す(돌려주다, 갚다), 名, な形, い形 動詞 + ので : ~하기 때문에, キャンセル(cancel), お望み(원하심) : 望む(바라다)

5. 予約 5

お客様: 予約を変更したいのですが。
고객: 예약을 변경하고자 합니다.

従業員: ご予約番号をお願いします。
종업원: 예약번호를 말씀해 주십시오.

従業員: ご予約が5月19日でございますね。かしこまりました。いつにご変更なさいますか。
종업원: 예약이 5월 19일이시죠? 좋습니다, 언제 날짜로 변경 원하십니까?

お客様: 予約の日にちを5月25日に変更してください。
고객: 예약날짜를 5월 25일로 변경을 원합니다.

従業員: 問題ございません。ご予約番号は同じでございます。
종업원: 문제없습니다. 예약번호는 같습니다.

6. 予約 6

- お客様が何泊するか分からないとき(고객이 며칠간 머무를지 잘 모를 때) -

従業員: スカイリゾートでございます。
종업원: 스카이리조트입니다.

お客様: すいません。ツインの部屋を一つ予約したいんですが。1日に到着する予定です。ですが、何泊するかはまだわかりません。3日から4日ぐらいになると思います。

고객: 죄송하지만, 트윈 방 하나를 예약하고 싶은데요. 1일에 도착 예정입니다. 그러나 며칠간 투숙할지를 아직 잘 몰라요. 3일에서 4일 정도 될 수 있을 것 같습니다.

従業員: どのようなお部屋がよろしいですか。

종업원: 어떤 방을 원하세요?

お客様: ダブルルームをお願いします。

고객: 더블룸 부탁합니다.

従業員: 少々お待ち下さいませ。

종업원: 잠시만 기다리십시오.

1日・2日・3日のお部屋は確認することが可能ですが、お客様が何泊お泊まりになられるか未定でしたら3日以降のお部屋はお取りすることができませんが。

1, 2, 3일날의 객실은 확인해 드릴 수 있지만, 고객님께서 며칠 투숙하실 줄은 잘 모르지만 3일 이후의 객실은 잡을 수가 없습니다.

お客様: その時、部屋がなかったらどうするんですか。

고객: 그때 객실이 없으면 어떻게 하나요?

従業員: こちらでお客様を待機者の名簿にお挙げするか、でなければ、別のホテルにお部屋をお探しいたします。

종업원: 저희가 고객님을 대기자 명단에 올려놓든지 아니면 다른 호텔에 객실을 찾아 드리겠습니다.

お客様: いいですね。(わかりました。)お願いします。
고객: 좋아요. 부탁합니다.

従業員: どなた様のお名前でご予約されますか。
종업원: 어느 분 이름으로 예약하십니까?

お客様: アルフレッドキングです。
고객: Mr. 알프레드 킹입니다.

従業員: アルフレッドキング様、1日から3日までダブルのお部屋お一つですね。では、1日にお目にかかります。
종업원: 알프레드 킹 고객님, 1일부터 3일까지 더블 객실 하나입니다. 그럼, 1일날 뵙겠습니다.

お客様: ありがとう。さようなら。
고객: 고마워요, good-bye.

従業員: ありがとうございます。
종업원: 감사합니다.

단어풀이

すいません : すみません의 속된 말, ~たら(~하면 : ~い形 ない ⇨ なかったら(없으면), 名詞 + だったら 雨だったら(비라면), 動詞 + たら 飲んだら(마셨으면), 挙げる(올리다, 예를 들다), 会う(만나다) : お目にかかる(만나뵙다)

泊まる(머무르다) : お + 泊まりになる => お + 泊まりになられる(머무르시다)

7. 予約 7 到着の詳細事項(도착의 세부사항)

従業員: スカイリゾートでございます。
종업원: 스카이리조트입니다.

お客様: パリから電話しているんですが。10月1日から6日までシングルルームを一つ予約したいんですが。
名前はジョージです。
고객: 파리에서 전화하는데요. 10월 1일부터 6일까지 싱글 룸 하나 예약하고 싶어요. 이름은 George입니다.

従業員: 少々お待ち下さいませ。
종업원: 잠시만 기다려주십시오.…
申し訳ございませんが、6日は予約がいっぱいでして、1日から5日までならお部屋をお取りできます。
죄송합니다만, 6일날은 예약이 만실입니다만 1일부터 5일까지라면 객실을 잡을 수가 있습니다.

お客様: う～ん。大丈夫だと思ったんですが。そうして下さい
고객: 음… 괜찮을 줄 알았는데. 그렇게 해주세요.

従業員: お客様！何時にご到着されますか。
종업원: 고객님! 몇 시에 도착하십니까?

お客様: 夕方6時頃です。
고객: 저녁 6시경에요.

従業員: 飛行機が延着した時のために、お客様の便名ををいただけませんか。
종업원: 비행기가 연착할 경우에 고객님의 비행기 번호를 주시겠습니까?

お客様: エアフランス、飛行機の搭乗番号は602で午後6時5分ソウル到着です。
고객: 에어 프랑스, 비행기 탑승번호 602, 오후 6시 5분 서울 도착입니다.

従業員: ありがとうございます。
종업원: 감사합니다.

お客様: あ、はい。4日にソウルで会議があるんですが。会議室空いてますか。
고객: 아, 예…. 4일날 서울에서 회의가 있어요. 회의실이 있습니까?

従業員: 少々お待ち下さいませ。お電話でお繋ぎできるかお調べいたします。
종업원: 잠시만 기다리시겠습니까? (고객님을) 전화로 연결해 드릴 수 있을지 알아보겠습니다.

단어풀이

空く(자리가 비다), 繋ぐ(연결하다)

8. 予約(Reservation) 8 国内からの予約(국내 출처로부터 예약)

従業員: ありがとうございます。客室予約係でございます。
종업원: 감사합니다. 객실 예약실입니다.

お客様(きゃくさま): はい、部屋を予約したいのですが。
고객: 네, 객실을 예약하고 싶은데요!

従業員(じゅうぎょういん): ありがとうございます。いつがよろしいでしょうか。
종업원: 감사합니다. 고객님! 며칠날이 좋습니까?

お客様(きゃくさま): 10月(じゅうがつ)15日(にち)からなんですが。
고객: 10월 15일부터인데요.

従業員(じゅうぎょういん): 何泊(なんぱく)でございますか。
종업원: 몇 박이세요?

お客様(きゃくさま): 3泊(ぱく)です。
고객: 3박입니다.

従業員(じゅうぎょういん): おつれ様(さま)は何名様(なんめいさま)ですか。
종업원: 일행이 몇 분이세요?

お客様(きゃくさま): 私(わたし)の妻(つま)と私(わたし)の二人(ふたり)です。
고객: 제 아내와 저 둘뿐입니다.

従業員(じゅうぎょういん): ダブルとツインとどちらがよろしいですか。
종업원: 더블과 트윈 중에 어떤 방을 선호하십니까?

お客様(きゃくさま): ツインでお願(ねが)いします。
고객: 트윈으로 해주세요.

従業員(じゅうぎょういん): 少々(しょうしょう)お待(ま)ち下(くだ)さいませ。その日(ひ)のお部屋(へや)の空(あ)きを確認(かくにん)いたします。
종업원: 잠시만 기다려주시겠습니까? 그날의 객실 여유를 확인해 보겠습니다.

お客様、お待たせいたしました。240,000ウォンと260,000ウォンのツインのお部屋がございます。
どちらになさいますか。
고객님, 기다려주셔서 감사합니다. 240,000원, 260,000원 트윈 객실이 있습니다. 어떤 것으로 하시겠습니까?

お客様: 260,000ウォンの部屋にします。
고객: 260,000원 요금의 방으로 하겠습니다.

従業員: かしこまりました。お名前と最初のスペルは何でしょうか。
종업원: 좋습니다. 성함과 첫 글자가 어떻게 되십니까?

お客様: Carruthers, T. Eです。
고객: Carruthers, T. E입니다.

従業員: スペルがどのようになりますか。
종업원: 철자가 어떻게 됩니까?

お客様: C. A. double R-U-T-H-E-R-Sです。
고객: C. A. double R-U-T-H-E-R-S입니다.

従業員: Mr. Carruthers様、連絡先とメールアドレスを教えていただけないでしょうか。
종업원: Mr. Carruthers씨, 연락처나 이메일 주소를 알 수 있을까요?

お客様: 番号は010-3214-2345で、メールはrut1234@symbolmotos.comです。
고객: 번호는 010-3214-2345이고, mail(메이루)는 rut(루트), 1234(이찌니산욘), at(앗토마-크) symbol motos(심보루 모토스), dot(돗토), com(코무)입니다.

従業員: 010-3214-2345番がケータイ電話の番号でございますか。

종업원: 010-3214-2345번이 핸드폰 번호입니까?

お客様: ええ、そうです。

고객: 예, 맞아요.

従業員: 何時に到着のご予定ですか。

종업원: 몇 시에 도착예정이십니까?

お客様: え～（だいたい）午後６時頃になると思います。

고객: 아, (대략) 오후 6시가 될 걸로 생각됩니다.

従業員: ご予約の確認をいたします。ツインルーム一室、Carruthers様ご夫妻で（一泊当り）260,000ウォンが3泊で10月15日から17日までございますね。

종업원: 예약확인을 하겠습니다. Twin룸 1실 Carruthers 내외분(1박당) 260,000원 3박으로 10월 15일부터 17일까지입니다.

私はキムと申しまして、お客様のお越しを心からお待ちしております。

저는 Kim이고 저희가 고객님을 모실 것을 기대하겠습니다.

단어풀이

連れ(동행) : 連れる(동반하다), 空く(비다), お越し(행차, 왕림)

9. 予約 9 第三者のための予約(제3자에 의한 예약) 1

従業員: ありがとうございます。客室予約係でございます。どうなさいましたか。

종업원: 안녕하십니까? 객실예약 담당입니다. 무엇을 도와드릴까요?

お客様: ええ、私の会社の社長の名前で部屋を一つ予約したいんですが。

고객: 예, 우리 회사 사장님 이용으로 객실을 하나 예약하고 싶은데요.

従業員: ありがとうございます。お客様、いつがよろしいでしょうか。

종업원: 감사합니다, 고객님. 며칠 날짜에 원하세요?

お客様: 11月 1 日から 7 日までの一週間です。

고객: 11월 1일에서 7일까지 일주일간인데요.

従業員: どのようなお部屋がよろしいでしょうか。

종업원: 어떤 방을 선호합니까?

お客様: ダブルの部屋を一つで。彼の妻も同伴で行きます。

고객: 더블 객실 하나, 그의 부인을 동반하고 갈 겁니다.

従業員: 少々お待ち下さいませ。お部屋の空き状況を確認いたします。

종업원: 잠시만 기다려주시겠습니까? 객실의 여유(빈방)상황을 확인해 보겠습니다.

お待たせいたしました。申し訳ございませんが、ダブルのお部屋は空いておりませんが、260,000ウォンと240,000ウォンのツインのお部屋が少しございます。

오래 기다리셨습니다. 죄송하지만 더블 객실은 비어 있지 않습니다만, 260,000~240,000원 요금의 트윈 객실이 조금 있습니다.

お客様: 260,000ウォンの部屋がいいです。

고객: 260,000원 객실 하나가 좋은 것 같군요.

従業員: かしこまりました。お客様の社長様とご婦人のお名前がお分かりですか。

종업원: 좋습니다, 고객분의 사장님과 부인의 성함을 알고 싶은데요?

お客様: Vernon Williams夫妻です。

고객: Vernon Williams 부부인데요.

従業員: ありがとうございます。お客様のお名前と連絡先をいただけますか。

종업원: 감사합니다. 고객님의 존함과 연락처 주시겠습니까?

お客様: ええ、私の携帯電話の番号は010-4212-1234です。わたしは IBMソウルで勤務しているDan Smithと言います。

고객: 예, 제 핸드폰 번호는 010-4212-1234입니다. 저는 IBM 서울에서 근무하며 Dan Smith입니다.

従業員: かしこまりました。11月1日から7日まで、ツインルーム、Vernon Williams様のお名前でご予約されております。

종업원: 좋습니다. 11월 1일부터 7일까지 트윈룸 Vernon Williams의 이름으로 예약이 잘 되었습니다.

お客様: 当日到着したらレッドワインとフルーツバスケットをお願いできますか。

고객: 당일 도착하면 레드 와인과 과일바구니를 부탁드려도 되나요?

従業員: はい、もちろんでございます。価格100,000ウォンのワインとフルーツバスケットがございます。

종업원: 예, 물론입니다. 100,000원짜리 가격의 와인과 과일바구니가 있습니다.

お客様: それじゃあ、彼らが到着したらそれらを部屋に準備するようにしてください。支払いはオンラインで私に銀行の口座番号を教えてくれたら私が送ります。

고객: 그러면 그분들이 도착하면 그것들을 방안에다 준비되도록 해주세요.
지급금은 온라인으로 저에게 은행구좌번호를 주시면 제가 보내드리겠습니다.

従業員: こちらからご予約番号と銀行口座番号を一緒にお客様の携帯電話にメッセージをお送りいたします。

종업원: 저희가 예약번호와 은행계좌번호를 함께 고객님의 핸드폰으로 문자전송을 보내드리겠습니다.

ありがとうございました。私どもはお客様の社長様と奥様のお越しを楽しみにお待ちしております。

감사합니다. 저희가 고객 분의 사장님과 사모님을 뵙기를 기대하겠습니다.

10. 予約 10 代理人がする予約(대리인이 한 예약) 2

従業員: 予約係でございます。ご用件をお話ください。(電話で)

종업원: 예약 담당입니다. 말씀하십시오. (전화상으로)

お客様: シンガポールから電話しています。ダブルルーム一つを10月22日から二泊で予約したいんですが。

고객: 싱가포르에서 전화를 하는 중입니다. 제가 더블룸 하나를 10월 22일부터 2박으로 예약하고 싶은데요.

従業員: 少々お待ち下さいませ。
종업원: 잠시만 기다려주십시오.
……

お客様: はい。
고객: 예.

従業員: こちらで予約が可能でございますが、10月22日の日付で予約をお取りしましょうか。
종업원: 저희가 예약을 해드릴 수 있습니다(만) 10월 22일 날짜로 예약을 잡아드릴까요?

お客様: ええ、お願いします。
고객: 예, 부탁합니다.

従業員: どなた様のお名前でご予約なさいますか。
종업원: 어느 분의 이름으로 예약을 해드릴까요?

お客様: ジョンブラウンで。その方はABC衣類会社の会長です。会長のジョンブラウンがそちらのホテルに二人の家族と一緒に泊る予定です。
고객: 존 브라운으로. 그분은 저희 ABC 의류회사 회장입니다. 회장 존 브라운이 그쪽 호텔에 2명의 가족과 함께 투숙할 겁니다.

従業員: お客様の会長様のお名前のスペルはどのようになりますか。
종업원: 고객님의 회장 존함의 철자가 어떻게 됩니까?
お客様: その方の名前はジョンJ-O-H-Nで、姓はブラウンで B-R-O-W-Nです。
고객: 그분의 이름은 존으로, J-O-H-N이고 성이 브라운으로 B-R-O-W-N입니다.

従業員: お尋ねしてもよろしいでしょうか。私と今通話されている方はどなた様でしょうか。

종업원: 여쭤보아도 될까요? 저와 지금 통화하시는 분은 어떤 분이신지.

お客様: ABC衣類会社のジョンの秘書アンです。料金はどうなりますか。

고객: ABC의류회사의 Mr. John의 비서, Ann입니다. 요금이 어떻게 되나요?

従業員: 一泊270,000ウォンでございます。

종업원: 1박에 270,000원입니다.

お客様: その方がまたエキストラベッドを追加してほしいそうです。

고객: 그분이 (또한) extra bed를 추가로 원하셨습니다.

従業員: エキストラベッドをご使用の場合、一泊当り22,000ウォンの追加料金をお支払いただいております。

종업원: 추가 침대를 사용할 경우 1박당 22,000원의 추가요금을 지급하셔야 합니다.

お客様: 客室料金に朝食が含まれていますか。

고객: 객실요금에 아침식사가 포함되었나요?

従業員: そちらにはご朝食は含まれておりません。お支払はどのようになさいますか。

종업원: 거기에는 조식이 포함되어 있지 않습니다. 어떻게 요금을 지급하실 겁니까?

お客様: オンライン送金でそちらの韓国ホテルに送ります。

고객: 온라인 송금으로 그쪽 한국호텔로 보내드리겠습니다.

従業員: かしこまりました。ダブルルームにエキストラベッドを含めまして10月22日から二泊、ジョンブラウン様のお名前で私が予約いたしました。メールアドレスをこちらにいただけますか。

종업원: 예, 더블 룸에 추가 침대를 포함해서 10월 22일부터 2박으로 존 브라운의 이름으로 제가 예약을 해드렸습니다. 이메일 주소를 이쪽에서 받을 수 있습니까?

お客様: ええ、私のメールアドレスはアンa-n-n,いち・に・さん・し,@エービーシークロス、ドット，コムです。

고객: 예, 제 이메일 주소는 엔 a-n-n, one, two, three, four, at, 에이비씨클로스 a-b-c-c-l-o-t-h, 닷(dot), 컴입니다.(ann1234@abccloth.com)

従業員: こちらからお客様に予約確認番号をイーメールでお送りいたします。

종업원: 저희가 당신에게 예약확인번호를 이메일로 보내드리겠습니다.

お客様: ありがとうございます。そうしてください。

고객: 감사합니다. 그렇게 해주십시오.

従業員: 何時のご到着でしょうか。

종업원: 몇 시에 도착하실 예정이세요?

お客様: 夕方7時ごろです。

고객: 저녁 7시(경)에요.

従業員: ご宿泊のお客様方は飛行機でお越しになりますか。

종업원: 숙박하시는 고객분들이 비행기로 오실 예정입니까?

お客様: ええ。

고객: 예.

従業員: 飛行機が延着した時のために航空機の便名を教えていただけますか。
종업원: 항공기가 연착할 시에 항공편 번호를 알려주실 수 있으십니까?

お客様: 航空機の便名はわからないので、明日の朝までファックスで送ります。
고객: 항공편 번호는 모릅니다만 내일 아침까지 fax로 보내드리겠습니다.

従業員: ありがとうございます。
종업원: 감사합니다.

お客様: 当日夕方にそちらのホテルまで行く公共交通機関がありますか。空港からホテルまでどうやって行きますか。
고객: 그날 저녁에 당신의 호텔까지 대중교통편이 있습니까? 공항에서 호텔까지 어떻게 갈 수 있나요?

従業員: はい、特急列車をご利用いただけます。
종업원: 예, 고속전철을 이용할 수 있습니다.

お客様: 空港から汽車でそちらのリゾートまでどのぐらい掛りますか。
고객: 공항에서 기차로 당신의 리조트까지 얼마나 소요되나요?

従業員: (だいたい)一時間半ぐらい掛ります。
종업원: (불과 대략) 1시간 30분 정도 시간이 걸립니다.

お客様: いい情報をありがとう。
고객: 좋은 정보를 주셔서 고마워요.

従業員: どういたしまして。
종업원: 아닙니다.

단어풀이

代理人(だいりにん : 대리인), 尋ねる(묻다), 含む(포함하다), 含まれる(포함되다)

11. 予約 11 本人が直接電話して予約(본인이 직접 전화해서 예약)

フロントクラーク: ありがとうございます。Sリゾートでございます。
프런트 클락: 감사합니다. S리조트입니다.

お客様: 予約をしたいんですが。
고객: 예약을 하나 하고 싶은데요.

フロントクラーク: かしこまりました。ホテルでしょうか。コンドでしょうか。
프런트 클락: 예, 호텔입니까 아니면 콘도입니까?

お客様: ホテルです。
고객: 호텔 객실인데요.

フロントクラーク: お客様、どのようなタイプのお部屋をご予約なさいますか。
프런트 클락: 고객께서 어떤 종류의 객실을 예약하고 싶습니까?

お客様: どんなタイプがありますか。
고객: 어떤 종류가 있습니까?

フロントクラーク: 四人用のオンドル部屋とツインのベッドルームがございます。(オンドル部屋は韓国式で床暖房のお部屋でございます。)
프런트 클락: 4인용 온돌방과 트윈침대가 있습니다.
(온돌방은 한국식이며 방바닥 난방이 되는 객실입니다.)

お客様: その部屋はいくらですか。
고객: 그 객실은 얼마입니까?

フロントクラーク: (4人用は)200,000ウォンでそれからツインルームも同じでございます。
프런트 클락: (4인용으로) 200,000원이고 그리고 트윈 침대도 동일합니다.

お客様: 7月19日でツインルームをお願いします。
고객: 7월 19일날 트윈 침대로 하겠습니다,

フロントクラーク: かしこまりました。お名前とお電話番号をお願いいたします。
프런트 클락: 알겠습니다. 이름과 전화번호를 말씀해 주시겠어요?

お客様: 名前 はエリザベス·クラウスで、電話番号は010-790-9933です。
고객: 이름이 엘리자베스 클라우스이고 전화번호는 010-790-9933입니다.

フロントクラーク: ありがとうございます。19日でお客様のご予約をお取りいたします。料金のお支払はどうなさいますか。
프런트 클락: 고맙습니다. 19일로 고객님의 예약을 해놓겠습니다. 요금 지급은 어떻게 하시겠습니까?

お客様: 銀行の口座番号を教えてくれたら代金を入金します。

고객: 은행계좌번호를 주시면 예치금을 입금하겠습니다.

ホテルに到着したら支払います。

호텔에 도착해서 지급하겠습니다.

フロントクラーク: それでは、お客様の番号にメッセージをお送りいたします。

프런트 클락: 그럼 고객님의 번호로 저희가 문자 전송을 하겠습니다.

*****

お客様: 7月12日に予約したいんですが。

고객: 7월 12일 날짜에 예약하고 싶습니다.

フロントクラーク: 申し訳ございません。ご予約でしたらコールセンターへお電話をお掛け願います。代表の電話番号は1558-7575でございます。ありがとうございました。

프런트 클락: 죄송합니다만 예약을 하시려면 콜센터로 전화를 하셔야 합니다. 대표전화 번호는 1558-7575입니다. 감사합니다.

단어풀이

本人(ほんにん)(본인), 直接(ちょくせつ)(직접), 予約を取る(예약을 잡다), 電話を掛ける(전화를 걸다)

12. 予約 12 当日の予約(당일 예약)

お客様: 部屋を予約したいんですが。
고객: 객실을 예약하고 싶습니다.

オペレーター: いつ到着のご予定でしょうか。
교환: 언제 도착하실 예정입니까?

お客様: 今晩、泊りたいんですが。
고객: 오늘밤 사용하고 싶습니다.

オペレーター: かしこまりました。フロントにお繋ぎいたします。
교환: 예, 프런트로 연결시켜 드리겠습니다.

13. お金の送金(돈을 송금하기)

フロントクラーク: かしこまりました。奥様。一番お近くの農協に行かれてこちらの口座に代金をお送り いただければ けっこうです。口座番号は391-03-003630で受取りはSリゾートでございます。
프런트 클락: 알겠습니다, 사모님, 가장 가까운 농협으로 가셔서 저희 계좌로 돈을 보내시면 됩니다. 계좌번호는 391-03-003630이고 수신자는 S리조트입니다.
来られる5日前までにお支払いください。よろしくお願いいたします。でなければ、ご予約が自動キャンセルとなります。
오시기 5일 전에 지급을 하십시오. 부탁드립니다. 그렇지 않으면 예약이 (자동) 취소됩니다.

チェックインの際、預かり金確認書をお見せください。

お電話いただきありがとうございました。

체크인 시에 예치금 확인서를 보여주십시오. 전화 주셔서 감사합니다.

14. 繁忙期(ピーク時)の予約(성수기 예약)

お客様: コンドの部屋を12月24日に予約できますか。

고객: 콘도 객실을 12월 24일에 예약을 할 수 있습니까?

フロントクラーク: お客様申し訳ございません。非会員のお方はお電話でのコンドご予約は承っておりません。

프런트 클락: 고객님 죄송합니다만, 비회원은 전화상으로 콘도 객실을 예약할 수 없습니다.

当ホテルは休暇ピーク時の間は会員の方へ優先的に抽選でお部屋をお取りしております。

저희 호텔은 휴가철 성수기 동안에는 회원에게 우선적으로 추첨을 통해 객실을 배정합니다.

お客様: じゃあ、その日にホテルの予約ができますか。

고객: 그럼, 그날에 호텔을 예약하는 것은 가능한가요?

フロントクラーク: はい、お客様はその日にちでホテルのご予約が可能でございます。

프런트 클락: 예, 고객님께서 그 날짜로 호텔에 예약을 하실 수 있습니다.

フロントクラーク: お客様、その日にちでホテルのお部屋をご予約いたしましょうか。
프런트 클락: 고객님, 그 날짜로 호텔 객실을 예약해 드릴까요?

お客様: ツインルーム二泊でお願いします。
고객: 트윈 객실 2박으로 부탁합니다.

フロントクラーク: お名前とご連絡先をお願いいたします。
프런트 클락: 성함과 연락처를 말씀해 주시겠습니까?

お客様: 私の名前はGarry Jungで、携帯の番号は010-1234-9876です。
고객: 제 이름은 Garry Jung이고, 핸드폰 번호는 010-1234-9876입니다.

フロントクラーク: スペルをおしゃっていただけますか。
프런트 클락: 철자를 불러 주시겠어요?

お客様: 姓はJ-U-N-Gで、名前はG-A-R-R-Yです。
고객: 성은 Jung이고, 이름은 Garry입니다.

フロントクラーク: 12月24日ツインルーム二泊で予約いたしました。それから5日前までご予約のキャンセルが可能でございます。
프런트 클락: 12월 24일 Twin room 2박으르 예약이 되셨습니다. 그리고 5일 전에 예약을 취소할 수 있습니다.
(当日)ご予約のキャンセルをされた場合はご返金はいたしかねますが、5日前までにご予約キャンセルをなさる場合は全額お返しが可能でございます。
(당일) 예약취소를 원하시면 환급이 불가능합니다만, 5일 전까지 예약취소를 하실 경우는 전액 환급을 받을 수 있습니다.

他にご用件はございませんか。
다른 질문은 없으십니까?

お客様: いいえ、大丈夫です。
고객: 아니요, 됐어요.

フロントクラーク: こちらから予約確認番号をお客様の携帯にメッセージをお送りいたします。
프런트 클락: 저희가 예약확인번호를 고객님께 핸드폰으로 즉시 문자로 전송해 드리겠습니다.

フロントクラーク: 詳しい客室情報(空き状況)はお客様がいつでもスカイリゾートホームページでご確認できます。
프런트 클락: 자세한 객실 정보(여유객실 현황)는 고객님께서 언제든지 저희 스카이리조트 홈페이지에서 확인할 수 있습니다.

단어풀이

される場合(하실 경우), ~しかね〔兼〕る(~하기 어렵다), 承る(승낙하다) : 承諾(しょうだく)する의 겸양어

제2절 オペレーター(Operator : 교환)

– お客様係との通話(고객 담당자와의 통화) –

1. 標準手続き(표준절차)

オペレーター: Sリゾートでございます.
교환: S리조트입니다.

通話者: ええ、客室706号室につないでもらえますか。
통화자: 예, 객실 706호실로 연결시켜 주실래요?

オペレーター: かしこまりました。お客様、少々お待ちくださいませ。
교환: 예, 알겠습니다. 고객님, 잠시만 기다리십시오.

단어풀이

つなぐ(연결하다) + もらえる(받을 수 있다), もらう(받다)

2. 通話中の時(통화 중일 때)

通話者: Peppasさんと通話がしたいんですが。
통화자: Peppas씨와 통화하고 싶은데요?

オペレーター: スペルがどうなりますか。
교환: 철자가 어떻게 됩니까?

通話者(つうわしゃ): P-E-P-P-A-S
통화자: P-E-P-P-A-S

オペレーター: 少々(しょうしょう)お待(ま)ちくださいませ。
교환: 잠시만 기다리십시오.
……
通話中(つうわちゅう)でございます。お待(ま)ちになりますか。それともお電話(でんわ)をもう一度(いちど)お掛(か)けになりますか。
통화 중입니다. 기다리시겠습니까? 아니면 전화를 다시 하시겠습니까?

通話者(つうわしゃ): 待(ま)っています。
통화자: 기다릴게요.
……

オペレーター: 申(もう)し訳(わけ)ございません。まだ通話中(つうわちゅう)でございます。
교환: 죄송합니다만 아직도 통화 중입니다.

通話者(つうわしゃ): じゃあ、また電話(でんわ)します。
통화자: 그럼, 다시 전화할게요.

3. 名前(なまえ)が見(み)つからない時(とき)(이름을 못 찾을 때)

通話者(つうわしゃ): おはようございます。
통화자: 안녕하세요!

オペレーター: Palaceホテルでございます。
교환: Palace 호텔입니다.

通話者(つうわしゃ): Anthonyさんと通話(つうわ)したいんですが。
통화자: Miss Anthony와 통화하고 싶은데요.

オペレーター: もう一度(いちど)おしゃっていただけますか。
교환: 다시 한 번 말해 주시겠습니까?

オペレーター: 少々(しょうしょう)お待(ま)ちくださいませ。
교환: 잠시만 기다리십시오.

……

お名前(なまえ)がございませんね。その方(かた)はいつご到着(とうちゃく)なさいましたか。

이름이 없는데요, 그분이 언제 도착하셨나요?

通話者(つうわしゃ): 今朝(けさ)です。
통화자: 오늘 아침에요.

オペレーター: フロントにお繋(つな)ぎいたします。
교환: 프런트로 연결해 드리겠습니다.

단어풀이

見(み)つかる(발견하다), おしゃる(말씀하시다 : 言(い)う 말하다), 繋(つな)ぐ(연결하다)

4. お客様がすでにチェックアウトした時(고객이 이미 체크아웃했을 때)

オペレーター: 交換でございます。どうなさいましたか。

교환: 교환입니다, 무엇을 도와드릴까요?

通話者: ええ、Johnさんにつないでください。Johnは801号に泊っています。

통화자: 예, 저에게 Mr. John을 연결해 주세요. John은 801호에 투숙하고 있어요.

オペレーター: 少々お待ちくださいませ。あっ！申し訳ございませんが、John様は30分前にチェックアウトなさいました.

교환: 잠시만 기다려주십시오. 아! 죄송하지만 Mr. John씨는 30분 전에 퇴실하셨습니다.

お客様は別のお連れの様と一緒にソウルへ行かれるとおしゃってました。

그분이 다른 일행분들과 함께 서울을 가신다고 그분이 말씀하셨어요.

ですが、お客様が出発なさったかははっきりしておりません。

그런데 그분이 출발하셨는지는 확실하지는 않습니다.

通話者: 彼がすでに出発していたら仕方がないですね。いずれにしてもありがとう。

통화자: 그가 (이미) 떠났다면 어쩔 수 없군요. 어, 아무튼 고마워요.

オペレーター: どういたしまして.

교환: 아닙니다.

(通話者が電話を切る)

(통화자가 전화를 끊는다)

5. モーニングコール(morning call : 모닝콜)

オペレーター: 交換室でございます。
교환: 교환실입니다.

通話者: 7時に起こしてもらえますか。
통화자: 7시에 깨워주시겠어요?

オペレーター: かしこまりました。お客様、お部屋の番号をお願いします。
교환: 예, 고객님. 객실번호를 말씀해 주십시오.

通話者: 209号室です。
통화자: 209호실인데요.

オペレーター: ありがとうございます。
교환: 감사합니다.

お客様: 明日の朝7時にモーニングコールをお願いします。
고객: 내일 아침 7시에 모닝콜을 부탁합니다.

オペレーター: かしこまりました。明日の朝7時にお起こしいたします。
교환: 좋습니다, 내일 아침 7시에 깨워드리겠습니다.

オペレーター: おはようございます。7時のモーニングコールでございます。
교환: 안녕하십니까. 7시 모닝콜입니다.

단어풀이

起こす(일으키다): 起きる(일어나다)

6. 客室から応答がない場合(객실로부터 응답이 없을 경우)

通話者: 510号室のFranksさんと通話できますか。

통화자: 510호실 Franks씨와 통화할 수 있나요?

オペレーター: かしこまりました。お客様、少々お待ちいただけますか。

교환: 예, 고객님, 잠시만 기다려주시겠습니까?

大変お待たせいたしました。申し訳ございません、510号室のお客様お電話をお取りになりません。

오래 기다리셨습니다. 죄송합니다만 510호실 고객님 전화를 받지 않습니다.

通話者: もう一度つないで見てもらえますか。

통화자: 다시 연결해 보시겠어요?

オペレーター: かしこまりました。お客様、少々お待ちくださいませ。

교환: 예, 고객님, 잠시만 기다리십시오.

……

大変お待たせいたしました。申し訳ございませんが、(今もなお) 何の応答もございません。

오래 기다리셨습니다. 죄송하지만 (여전히) 아무 응답이 없습니다.

メッセージを残して差し上げましょうか。

메시지를 남겨드릴까요?

通話者: ええ、そうしてください。
통화자: 예, 그렇게 해주세요.

オペレーター: コンシェルジュデスクにお繋ぎいたします。少々お待ちくださいませ。
교환: 컨시어지 데스크로 연결해 드리겠습니다. 잠시만 기다리십시오.

단어풀이

残す(남기다) : 残る(남다), コンシェルジュ〔(프랑스) concierge, 콩세르주〕: 호텔의 정보나 안내를 담당하는 사람(컨시어지)

7. 客室から直接電話を掛ける(객실에서 직접 전화를 걸기)

オペレーター: 交換でございます。
교환: 교환입니다.

通話者: モントリオールへ長距離電話をしたいんですが。
통화자: 몬트리올로 장거리 전화하고 싶은데요.

オペレーター: お部屋から(直接)お電話をお掛けできまます。
교환: 객실에서 (직접) 전화를 걸 수 있습니다.

通話者: モントリオールの地域番号がわかりますか。
통화자: 몬트리올 지역번호를 아시나요?

オペレーター: 514番でございます。

교환: 514번입니다.

通話者: モントリオールは何時ですか。

통화자: 몬트리올 거기는 몇 시인가요?

オペレーター: 朝の3時30分でございます。

교환: 새벽 3시 30분입니다.

通話者: ありがとう。

통화자: 고마워요.

8. お探しのお客様との通話(찾는 고객과 통화하기)

お客様: Bakerです。話してください。

고객: Baker입니다. 말씀하세요.

オペレーター: ホテルの交換でございます。お客様に外部からお電話が入っております。お切りくださいましたら、こちらからおつなぎいたします。

교환: 호텔 교환입니다. 고객님한테 외부에서 전화가 와 있습니다. 끊어주시면 저희가 전화를 드릴 겁니다.

(交換が通話者と通話する)

(교환이 통화자와 통화한다)

オペレーター: 大変お待たせして申し訳ございません。Mercer様が出ておられます。お話ください。
교환: 오래 기다리게 해서 죄송합니다. Mercer씨가 나와 있습니다. 말씀하십시오.

9. 外部から誰かがホテルの宿泊客を探す時(외부에서 누군가가 호텔투숙객을 찾을 때)

オペレーター: どうなさいましたか。
교환: 무엇을 도와드릴까요?

通話者: ええ、ゲリージョンという方がそちらのホテルに宿泊しているかわかりますか。
통화자: 예, 게리 정이라는 분이 당신의 호텔에 투숙하고 있는지 알 수 있나요?

オペレーター: 申し訳ございませんが、こちらでは当ホテルのお客様に関連したどのような情報もご本人の許可なく勝手にお教えすることはできかねます。
교환: 죄송하지만 저희가 저희 호텔 고객과 관련해서 어떠한 정보도 본인의 허락 없이는 마음대로 알려드릴 수는 없습니다.

通話者: クリントンという人が通話したいと伝えてもらえますか。
통화자: 클린턴이라는 사람이 통화했으면 한다고 전해주시겠어요?

オペレーター: それでは、私が先に直接お客様とお話いたします。少々お待ちいただけますか。
교환: 그러면 제가 먼저 직접 고객님과 통화해 보겠습니다. 잠시만 기다려주시겠습니까?

オペレーター: クリントンという方からお電話が来ておりますが、どうなさいますか。
교환: 클린턴이라는 분이 전화가 와 있는데요. 어떻게 할까요?

通話者: その方に私の部屋番号を教えて、それから私につないでください。
통화자: 그분에게 저의 객실번호를 알려주시고 저에게 연결시켜 주세요.

단어풀이

伝える(전하다), 勝手に(함부로, 마음대로), かねる(動詞 連用形 : ~~~ます~~形(형)에 붙여서〔(사정이 있어서) 그렇게 하기 어렵다, 겸하다〕

10. コレクトコール(collect call : 수신자부담 전화)

通話者: ソウルに長距離電話を掛けたいんですが。
통화자: 서울로 장거리 전화를 사용하고 싶습니다.
ホンコンに国際電話を掛けたいんですが。
홍콩으로 국제전화를 사용하고 싶습니다.
市内電話を掛けたいんですが。
시내전화를 사용하고 싶습니다.

オペレーター: ソウルへお電話をお掛けになるには、お客様が直接お掛けできます。初めに0を押していただき、発信音が聞えましたら地域番号と(お客様がお掛けになる)番号を回してください。

교환: 서울로 전화를 하려면 고객님이 직접 전화할 수 있습니다. 먼저 0을 누르고서 발신음이 들리면 지역번호와 (고객님이 통화하기를 원하시는) 번호를 돌리세요.

国際交換に直接おつなぎできます。初めに0を押していただき、それから国家別の接続番号をお押しになり,録音音声案内に従ってください。そうしましら相手国家の交換員につながります。受信者負担でお掛けする場合は1,000ウォンの手数料(=追加料金)が加算されます。

국제 교환에게 직접 연결할 수 있습니다. 먼저 0번을 누르고서 국가별 접속번호를 눌러 녹음음성 안내를 따르시기 바랍니다. 그러면 상대방 국가 교환원에게 연결될 것입니다. 수신자부담으로 전화하시려면 1,000원의 수수료(= 추가요금)가 부과됩니다.

11. 国際電話を直接掛ける方法(국제전화를 직접 거는 방법)

客室や公衆電話で初めに国番号をご確認の後、国際電話の事業主の認識番号(001, 002, 008)を選択

객실에서나 공중전화로 먼저 국가번호를 확인 후, 그리고서 국제전화 사업자 인식번호 (001, 002, 008)를 선택

例: アメリカLAに電話を掛ける場合

예: 미국 LA로 전화할 경우

国際事業主(001) + 国番号(1) + 地域番号 + 相手の電話番号

국제사업자(001) + 국가번호(1) + 지역번호 + 상대방 전화번호

*****

オペレーター: ありがとうございます。スカイホテルでございます。
교환: 안녕하십니까? 스카이호텔입니다.

お客様: はい、809号室につないでください。
고객: 예, 809호실로 연결해 주세요.

オペレーター: かしこまりました。(しばらくして)
교환: 잘 알겠습니다.(잠시 후)
お電話に出られません。(通話中でございます。)
전화를 받지 않습니다.(통화 중입니다.)

お客様: では、メッセージを 残(のこ)したいんですが。
고객: 그러면, 메시지를 남기고 싶습니다만.

オペレーター: かしこまりました。おつたえしたい メッセージをどうぞ。
교환: 잘 알겠습니다, 전하고 싶은 메시지를 말씀하십시오.

お客様: 彼にMaxから電話があったと伝えてください。それから彼が戻って来たら私に電話をするように伝えてください。私はヒルトンホテルに泊っています。私の部屋番号は1207号です。
고객: 그분께 Max가 전화했다고 전달 부탁합니다. 그리고 그분이 돌아오면 저에게 전화 달라고 요청 부탁합니다. 저는 서울 힐튼호텔에 투숙하고 있습니다. 제 객실번호는 1207호입니다.

オペレーター: かしこまりました。間違いなくブラウン様にメッセージをお伝えいたします。
교환: 알겠습니다. 틀림없이 브라운 씨가 메시지를 전달받도록 하겠습니다.

オペレーター: こちらは交換でございます。ブラウン様でいらっしゃいますか。
교환: 여기는 교환실입니다. 브라운 씨 계십니까?

お客様: 私ですが。
고객: 접니다만.

オペレーター: 外出中にMax様からお電話がございました。メッセージの内容に「お戻りになりましたら、Max様からお電話があったと、お電話をいただきたいとのことでした。ソウルのヒルトンホテルに宿泊中です。客室番号は1207号です。
교환: 외출 중에 Max 씨로부터 전화가 있었습니다. 메시지 내용에 "돌아오시면 Max 님에게 전화가 왔다고, 전화를 달라고 합니다. 서울 힐튼호텔에 투숙 중입니다. 객실번호는 1207호입니다.

단어풀이

残す(남기다), 従う(따르다), メッセージ(伝言：でんごん message), 伝(つたえ)る(전하다), 間違う(틀리다), 戻る(되돌아오다), する(動詞形)と+"の こと" です(한다"는 것" 입니다)：말하고 싶은 것을 앞에 넣음

제5장 レストラン(레스토랑)

제1절 食(た)べ物(もの)と飲(の)み物(もの)(식음료)

1. コーヒーショップでの注文(ちゅうもん)(커피숍에서 주문)

店員(てんいん): いらっしゃいませ。
점원: 어서 오십시오.

お客様(きゃくさま): ここに座(すわ)ってもいいですか。
고객: 여기에 앉아도 좋습니까?

店員(てんいん): お一人様(ひとりさま)ですか。 = 何名様(なんめいさま)ですか。
점원: 일행이 한 분입니까? = 몇 분입니까?

お客様(きゃくさま): (一人(ひとり)ですが。) 誰(だれ)かと一緒(いっしょ)に相席(あいせき)します。
고객: (혼자인데) 누군가가 (저와) 함께 합석할 겁니다.

店員: そうしましたら、こちらへお越し下さい.
점원: 그러시다면 이쪽으로 오십시오.

店員: ご注文はお決まりでしょうか。=ご注文をなさいますか。
점원: 주문을 하시겠습니까?

お客様: もう少し待っています。(* 後でしようと思いますが)
고객: 조금 기다리겠습니다. (* 나중에 했으면 합니다만)

店員: かしこまりました。準備ができましたら(お決まりになりましたら)お呼び下さい。
점원: 잘 알겠습니다. 준비되시면 저를 불러주십시오.
(しばらくして、別のお客様が入ってきて一緒にする。)
(잠시 후, 다른 손님이 들어와서 함께한다.)

お客様: すみません。
고객: 여보세요.

店員: はい、お待たせしました。
점원: 네, 오래 기다렸습니다.

お客様: アイスコーヒーはできますか。
고객: 아이스커피 됩니까?

店員: はい、アイスコーヒーとフロートがございます。
점원: 예, 아이스커피와 플로트가 있습니다.

お客様: じゃあ、アイスコーヒー2つ下さい。
고객: 그럼, 아이스커피 2잔 갖다주세요.

店員(てんいん): はい、かしこまりました。
점원: 예, 잘 알겠습니다.

店員(てんいん): いらっしゃいませ。お連(つ)れ様(さま)は何名様(なんめいさま)ですか。
점원: 어서 오십시오. 일행이 몇 분입니까?

お客様(きゃくさま): 二人(ふたり)です。
고객: 2명입니다.

店員(てんいん): こちらへどうぞ。こちらのお席(せき)でよろしいでしょうか。
점원: 이쪽으로 오십시오. 이 자리는 어떻습니까?

お客様(きゃくさま): いいです。
고객: 좋습니다.

店員(てんいん): お水(みず)とメニューをお持(も)ちいたします。(しばらく後(あと)で)
점원: 물과 메뉴를 가지고 오겠습니다.(잠시 후에)
ご注文(ちゅうもん)はお決(き)まりでしょうか。
주문 결정하셨습니까?

お客様(きゃくさま): ええ、二人分(ににんぶん)のカルビ(焼(や)き肉(にく))とビール二本(にほん)お願(ねが)いします。
고객: 네, 2인분의 갈비(구이)와 맥주 2병을 원합니다.

店員(てんいん): カルビお二人分(ふたりぶん)と、ビール二本(にほん)でお間違(まちが)いないでしょうか。
점원: 2인분 갈비, 맥주 2병 맞습니까?

お客様(きゃくさま): はい。
고객: 네

店員(てんいん): 只今(ただいま)お持(も)ちいたします。

점원: 곧 갖다드리겠습니다.

お待(ま)たせいたしました。(* 大変(たいへん)お待(ま)たせいたしました.) カルビお二人分(ふたりぶん)でございます。

기다려주셔서 감사합니다. (* 오래 기다리셨습니다.) 갈비 2인분 여기 있습니다.

お客様(きゃくさま): 早(にや)くビールを持(も)って来(き)てもらえますか。乾杯(かんばい)をしたいので。

고객: 빨리 맥주를 갖다주시겠어요? 건배를 하고 싶어서요.

店員(てんいん): あっ！申(もう)し訳(わけ)ございません。只今(ただいま)お持(も)ちいたします。

- ビールを持(も)って来(く)る -

점원: 아, 죄송합니다. 곧 가져오겠습니다.
- 맥주를 가져온다. -

店員(てんいん): お待(ま)たせいたしまして申(もう)し訳(わけ)ございません。

(* 大変(たいへん)お待(ま)たせ致(いた)しました)

점원: 계속해서 고객님을 기다리게 해서 죄송합니다.
(* 오래 기다리셨습니다.)

お客様(きゃくさま) 1: じゃあ、乾杯(かんばい)しましょう。乾杯(かんばい)！

고객 1: 자, 건배를 합시다. 건배!

お客様(きゃくさま) 2: すみません。お酒(さけ)に合(あ)う物(もの)は何(なに)がありますか。

(*何(なに)か軽(かる)いおつまみのような物(もの)はないですか。)

고객 2: 저기, 이봐요. 술에 어울리는 어떤 것이 있나요?
(* 뭔가 가벼운 안주 같은 건 없나요?)

店員(てんいん): 果物(くだもの)やスナック類(るい)がございます。
점원: 과일이나 스낵 종류가 있습니다.

お客様(きゃくさま) 1: 果物(くだもの)とスナック二皿下(ふたさらくだ)さい。
고객 1: 과일과 스낵 2접시로 하고 싶네요.

店員(てんいん): かしこまりました。
점원: 잘 알겠습니다.
こんにちは。いらっしゃいませ。ご注文(ちゅうもん)を承(うけたまわ)ります。
안녕하세요. 어서 오십시오. 주문을 받겠습니다.

お客様(きゃくさま): (メニューを見(み)る) アメリカンブレックファストをお願(ねが)いします。
고객: (메뉴를 본다) American breakfast를 부탁합니다.

店員(てんいん): お飲(の)み物(もの)は何(なに)になさいますか。
점원: 어떤 주스로 하시겠습니까?

お客様(きゃくさま): グレープジュースください。
고객: 그레이프 주스로 주세요.

店員(てんいん): 卵(たまご)にハムかベーコンどちらかお選(えら)びいただけますが。
どちらがよろしいですか。
점원: 달걀에 햄이나 베이컨 중에 선택하실 수 있습니다.
어느 것으로 하시겠습니까?

お客様(きゃくさま): ベーコンにして下(くだ)さい。
고객: 베이컨으로 주세요.

店員(てんいん): かしこまりました。それからトーストとロールパンとどちらが?
점원: 좋습니다. 그리고 토스트나 롤빵 중에서는 어느 쪽으로?

お客様(きゃくさま): ロールパンをください。
고객: 를빵을 주세요.

店員(てんいん): かしこまりました。ご注文(ちゅうもん)はアメリカン朝食(ちょうしょく)でグレープジュース、ベーコン、ロールパンでお間違(まちが)いないでしょうか。
점원: 알겠습니다. 주문하신 것이 아메리칸 조식으로 그레이프주스, 베이컨, 롤빵을 함께하셨습니다.

お客様(きゃくさま): ええ。そうです。
고객: 예, 그렇습니다.

店員(てんいん): 只今(ただいま)ご朝食(ちょうしょく)を準備(じゅんび)いたします。
점원: 잠시 후에 아침식사가 준비될 겁니다.

단어풀이

座(すわ)る(앉다), 決(き)まる(결정하다), 呼(よ)ぶ(부르다)

2. ランチ & ディナ(런치 & 디너)

店員(てんいん): いらっしゃいませ。ご注文(ちゅうもん)はお決(き)まりでしょうか。(*何(なに)を召(め)し上(あ)がりますか)
점원: 어서 오십시오. 주문을 결정하셨습니까? (*무엇을 드시겠습니까?)

お客様: いいえ、まだ。先にメニューを持ってきてもらえますか。
고객: 아니요, 아직. 먼저 메뉴표 갖다주시겠어요?

店員: はい、こちらにございます。
점원: 예, 여기 있습니다.

お客様: 牛肉のステーキとサラダにします。
고객: 소고기 스테이크와 샐러드로 하겠습니다.

店員: お飲み物は何になさいますか。
점원: 마실 것은 어떤 것으로 하시겠습니까?

お客様: ビール一つ下さい。
고객: 맥주 한 병 주세요.

店員: ステーキの焼き加減はいかがなさいますか。
점원: 스테이크는 어떻게 구워드릴까요?

お客様: ミディアムでお願いします。
고객: 미디엄(중간 덜 익은 것)으로, 부탁합니다.

店員: サラダのドレッシングはどれになさいますか。
점원: 샐러드드레싱은 어느 것으로 할까요?

お客様: フレンチドレッシングでお願いします。
고객: 프렌치드레싱으로, 부탁합니다.

店員: はい、かしこまりました。他にご注文はございませんか。
점원: 네 잘 알겠습니다. 그 밖에 다른 것은 없습니까?

お客様: いいえ、けっこうです。あっ！もう一つ。ちょっと喉が乾いたから先にビールを持ってきてくれますか。

고객: 아니, 됐습니다. 아! 하나 더, 조금 목이 마른데 먼저 맥주를 갖다주시겠어요?

お客様: 文句を言いたくはないんですが、ステーキが焼けすぎて出てきたんですが。見えますか。

고객: 불평하고 싶지는 않지만, 스테이크가 너무 익혀 나왔어요, 보이세요?

店員: 大変申し訳ございません。新しいステーキをお持ちします。

점원: 대단히 죄송합니다. 새로운 스테이크를 가져오겠습니다.

단어풀이

食べる(먹다) : 召し上がる(드시다), 焼く(굽다), 乾く(건조하다), ~から(~때문에 : 이유), 文句を言う(불평을 하다), 焼ける(태우다), ~すぎ〔지나치게 ~하다(~ます形 + すぎ : 飲みすぎ 과음, 食べすぎ 과식)〕

3. 韓国レストラン – アリラン(한식당 – 아리랑)

お客様: このホテルは初めて来たんですが、いいレストランをお薦めしてもらえませんか。そしてその場所の説明もしてほしんですが。

고객: 이 호텔은 처음 왔는데, 좋은 식당을 추천해 주시지 않겠어요? 그리고 그 장소 설명 듣고 싶은데요.

フロントクラーク: ええ、もちろんでございます。韓国レストラン "アリラン"がございますが、そちらでは伝統韓国料理を召し上がれます。朝8時から夜10時まで営業しています。

프런트 클락: 예, 물론입니다. 한식당 "아리랑"이 있는데 그곳에서 전통 한국요리를 드실 수 있습니다.
아침 8시부터 저녁 10시까지 영업합니다.

そちらは様々な汁物と多様な魚と牛肉料理そして、あっさりと味付けしたキムチをご提供しております。お総菜と新鮮な野菜もございます。お食事でしたら例えば、カルビチム、冷麺、それからビビンバ(ご飯に味付けした野菜を一緒にのせる)がございます。

그곳은 여러 가지 국과 다양한 생선과 쇠고기 요리 그리고 담백하게 양념한 김치를 제공하고 있습니다. 반찬과 신선한 채소도 내놓습니다. 식사라면 가령, 갈비찜, 냉면, 그리고 비빔밥(밥에 양념한 채소를 함께 얹어)이 있습니다.

お客様: いいですね。どうもありがとうございます。
고객: 좋아요. 대단히 고맙습니다.

フロントクラーク: どういたしまして。
프런트 클락: 아닙니다.

단어풀이

薦める(추천하다), ほしい(원하다, 갖고 싶다) : ~して(~해서) + ほしい(받고 싶다)

召し上がる : 飲む(=마시다)' '食べる(=먹다)'의 존경어

召し上がれる(드실 수 있다), ~たら(~라면) : 名(~っ), い形(~かっ), 動詞 (1그룹 : ~っ, ん, 2/3그룹 : ~ます形) + たら

4. スカイラウンジ(스카이라운지)

お客様: 一杯飲むいい場所をお薦めしてもらえませんか。
고객: 한잔할 좋은 장소를 추천해 즈시겠습니까?

フロントクラーク: はい、スカイラウンジがございます。午後5時から深夜2時まで営業しております。
お酒を飲みながらすばらしい見晴らしのスキースロープをご覧になれます。
프런트 클락: 예, 스카이라운지가 있습니다. 오후 5시부터 새벽 2시까지 영업합니다.
술을 마시면서 멋진 전망의 스키 슬로프를 볼 수 있습니다.

お客様: あっ。今晩はバーにお客が多いですね。今晩、花火大会がありますか。
고객: 아, 오늘밤은 바에 손님이 많네요. 오늘밤 불꽃놀이가 있나요?

店員: 申し訳ございません。毎週土曜日の夜9時に花火大会がございます。
점원: 죄송합니다만 매주 토요일 밤 9시에 불꽃놀이는 있습니다.

お客様: じゃあ、明日の夜また来ますよ。明日の夜にテーブルを予約できますか。
고객: 그럼 내일 밤에 다시 와야겠군요. 내일 밤에 테이블 예약이 되나요?

店員: かしこまりました。差し支えなければお名前とご人数と時間をおしゃっていただけましたら窓側にご予約を承ります。そちらから(外の)花火をご覧になれます。

점원: 네, 괜찮으시면 성함과 인원 수와 시간을 말씀해 주시면 창가 쪽으로 예약해 놓겠습니다. 그곳에서 (바깥쪽의) 폭죽놀이를 볼 수 있습니다.

お客様: じゃあ、明日の夜8時半に二人でJamesの名前で予約おねがいします。

고객: 그럼 내일 밤 8:30분에 2인 테이블 James 이름으로 예약 부탁합니다,

店員: かしこまりました。(お客様のために)二名様のお席をご予約承ります。

점원: 잘 알겠습니다. (고객님을 위해서) 2인 자리를 예약해 놓겠습니다.

お客様: ありがとう。

고객: 고마워요.

단어풀이

薦める(추천하다), 見る(보다) : ご覧になる(보시다), 差し支える(지장을 초래하다, 폐가되다)

5. バー(바)

店員: こんばんは。いらっしゃいませ。何名様でいらっしゃいますか。

= お連れ様は何名様でございますか。

점원: 안녕하십니까! 어서 오십시오. 몇 분이 함께 오셨습니까? = 일행이 몇 분이시죠?

お客様: 二人です。

고객: 두 사람입니다.

店員(てんいん): 窓側(まどがわ)のお席(せき)へご案内(あんない)いたします。

점원: 창가 자리로 안내해 드리겠습니다.

……

お客様(きゃくさま): どんなワインがありますか。= いいワインを薦(すす)めてくれますか。

= お薦(すす)めのワインがありますか。

고객: 어떤 와인이 여기 있어요? = 좋은 와인을 추천해 주시겠어요? = 추천 와인이 있습니까?

店員(てんいん): こちらでは1340ハウスワイン（レストランワイン）がございますが、そのワインは生産地(せいさんち)がチリ産(さん)のセントラルバレーでぶどうの品種はカベルネです。

점원: 저희는 1340하우스와인(레스토랑 와인)이 있는데, 그 와인은 생산지가 칠레산 센트럴밸리로 포도품종은 까베르네입니다.

お客様(きゃくさま): 1340とは何(なん)のことですか。

고객: 1340이라는 것이 어떤 것인가요?

店員(てんいん): はい、1,340とは海抜(かいばつ)1340mのことで、こちらのスキー場(じょう)の一番(いちばん)高(たか)い地点(ちてん)を意味(いみ)しております。

점원: 예, 1340은 해발 1,340m로 이곳 스키장의 최고 높은 지점을 말합니다.

お客様(きゃくさま): グラスでも注文(ちゅうもん)できますか。

고객: 잔으로도 주문이 가능한가요?

店員(てんいん): はい、まずは一杯(いっぱい)お飲(の)みいただいてから、お味(あじ)がよろしければボトルでもご注文(ちゅうもん)いただけます。

점원: 예, 먼저 한잔 드셔보시고 그리고 나서 맛이 괜찮으시면 병으로도 주문받을 수 있습니다.

お客様: 値段はいくらですか。
고객: 가격이 어떻게 되나요?

店員: お値段はグラスが12,000ウォンでボトルは55,000ウォンでございます。
점원: 가격은 잔으로 12,000원이고 병으로는 55,000원입니다.

お客様: じゃあ、まず一杯づつ下さい。
고객: 그럼 우선 각각으로 1잔씩 주세요.

店員: ワインと一緒にお召し上がりになるおつまみはよろしいでしょうか。
점원: 와인과 함께 드시면서 안주는 필요 없으신가요?

お客様: ワインには何がいいですか (合いますか)。
고객: 와인에는 어떤 것이 괜찮아요(맞아요)?

店員: 赤ワインにはチーズがよく合います。
점원: 레드와인에는 치즈가 잘 어울립니다.

お客様: じゃあ、それをください。
고객: 그럼, 그걸로 주세요.

店員: はい、ワイン二杯とチーズで。かしこまりました。
점원: 네, 와인 두 잔과 치즈로 알겠습니다.

단어풀이

ボトル(bottle 병), い形 + ければ : ~하면 い를 생략하고 사용 : よろしい(좋다)

*****

お客様(きゃくさま): ライブ公演(こうえん)がありますか。

고객: 라이브 공연이 있나요?

店員(てんいん): はい、夜(よる)9時(じ)と10時(じ)にロシアの3人(にん)グループでバイオリン、ピアノ、シンガーで公演(こうえん)しております。

점원: 예, 밤 9시와 10시에 러시아 3인조 그룹으로 구성된 바이올린, 피아노, 싱어가 공연을 하고 있습니다.

お客様(きゃくさま): 今日(きょう)は私(わたし)の妻(つま)が特別(とくべつ)な日(ひ)なんですが、お祝(いわ)いの歌(うた)をお願(ねが)いしてもいいですか。

고객: 오늘 제 아내가 특별한 날인데 그래서 축하송을 요청해도 되나요?

店員(てんいん): はい、もちろんでございます。お名前(なまえ)をお教(おし)えいただいたらお名前(なまえ)を入(い)れてお祝(いわ)いの歌(うた)を歌(うた)っていただけます。

점원: 예, 물론입니다. 성함을 알려주시면 이름을 넣어서 축하송을 불러드립니다.

お客様(きゃくさま): じゃあ、9時半(じはん)にしてください。お願(ねが)いします。

고객: 그럼, 9시 반에 좀 해주세요. 부탁드립니다.

店員(てんいん): はい、かしこまりました。そのように致(いた)します。こちらでその時間(じかん)に歌(うた)を準備(じゅんび)するよう頼(たの)んでおきます。

점원: 예, 알겠습니다. 그렇게 해드리겠습니다. 저희가 그 시간에 노래를 준비되도록 부탁해 놓겠습니다.

お客様(きゃくさま): ありがとう。

고객: 고마워요.

店員: 楽しい時間をお過ごしください。
점원: 즐거운 시간 되시길 바랍니다.

*****

店員: いらっしゃいませ。お客様。お久しぶりにいらっしゃいました。お元気でしたか。
점원: 안녕하세요, 고객님. 오랜만에 오셨습니다. 잘 지내셨습니까?

お客様: はい、お陰さまで。今晩、ウィスキーを一杯飲もうとバーに寄りました。
고객: 예, 덕분에. 오늘밤 위스키 한잔하려고 바에 들렀어요.

店員: お客様、いつものお酒をお持ちしましょうか。
점원: 고객, 매번 드시던 술로 가져올까요?

お客様: ウィスキーをこの前飲んで、置いていったんですが、残ってますか。
고객: 위스키를 요전에 마시고서, 보관해 놓았는데, 남아 있나요?

店員: 私が確認いたします。
점원: 제가 확인해 보겠습니다.
ございます。バレンタイン30年産が二杯ほど残っております。
있습니다. 발렌타인 30년산이 2잔 정도 남아 있습니다.
30年産のバレンタインがボトルに二杯ほど残っております。
30년산 발렌타인 병에 2잔 정도 남겨져 있습니다.

お客様: じゃあ、私にそのウィスキーの残りを下さい。
고객: 그럼, 저에게 그 위스키 남은 것을 주세요.

今晩はジョニーウォカーブルーが飲みたいです。
오늘밤은 죠니워커 블루를 마시고 싶어요.

店員: お客様はボトルがよろしいですか。
점원: 고객님은 병으로 원하십니까?

お客様: グラスで下さい。
고객: 잔으로 주세요.

店員: それでは、いつもと同じオンザロックでウィスキーをお持ちいたします。
점원: 그러면 평상시와 같이 온더락(얼음을 넣어)으로 위스키를 갖다드리겠습니다.

お客様: ありがとう。
고객: 고마워요.
少し前に(たった今)夕食を食べたばかりなので、他には何も要りません。
조금 전에 (방금) 저녁을 막 먹었기 때문에, 다른 것은 필요 없어요.

お客様: 代りにサービスで(出されるもので)ポップコーンかピーナッツをください。
고객: 대신에 무료로(제공되는 것으로) 팝콘이나 땅콩을 주세요.

店員: お客様、かしこまりました。すぐにお持ちいたします。
점원: 고객님, 그렇게 해드리겠습니다. 고객님께 곧 가져다드리겠습니다.

お客様: それから少し後に黄色いワンピースを着た女性がここに来たら、私のところに案内してください。

고객: 그리고 잠시 후에 노란 원피스 드레스를 입은 여성 한 분이 여기로 오면 제 자리로 안내를 부탁합니다.

店員: かしこまりました。
점원: 잘 알겠습니다.
(後に到着した女性から注文を受ける)
(잠시 후 도착 후에 여성으로부터 주문을 받는다)

店員: お飲み物は何になさいますか。
점원: 어떤 것으로 마시겠습니까?

お客様 2: アルコールが少ないもので甘いカクテルが飲みたいんですが。
고객 2: 알코올이 적게 들어간 것으로 해서 달콤한 칵테일 한잔을 마시고 싶어요.

店員: ピニャ・コラーダ、ジン・バック、ブルーハワイ、シンガポールスリングの四種類のカクテルがございますが、これらが女性たちがお好みの甘いカクテルで軽く召し上がれます。
점원: 피나콜라다, 준벅, 블루하와이, 싱가폴 슬링 4종류의 칵테일이 있습니다만, 이것들은 여성분들이 좋아하는 달콤한 칵테일로 가볍게 드실 수 있습니다.

お客様 2: その中でいいものをお薦めしてくれますか。
고객 2: 그중에서 좋은 것으로 추천해 주시겠어요?

店員: それでは、ピニャ・コラーダをお持ちいたします。
점원: 그러면 피나콜라다를 갖다드리겠습니다.

お客様 2: ありがとう。
고객 2: 고마워요.

(カクテルを一杯飲んだ後で)
(칵테일 한잔을 마시고 난 후)

お客様 2: すみません。もう一杯いただけますか。
고객 2: 저기요, 한잔 더 주시겠어요?

店員: はい、かしこまりました。
점원: 예, 그렇게 하겠습니다.

お客様 2: 喫煙室はどこにありますか。
고객 2: 흡연실이 어디에 있나요?

店員: ロビーに出られますと出入り口の外側にガラス張りのお部屋がございます。
점원: 로비에 나가시면 출입구 바깥쪽으로 유리벽으로 된 방이 있습니다.

お客様 2: それからお手洗いは?
고객 2: 그리고 화장실은?

店員: お手洗いは喫煙室の(すぐ)横にございます。
점원: 화장실은 흡연실 (바로) 옆에 있습니다.

단어풀이

~た + ばかり(막 ~하다) : 乗った + ばかり(막 탔다), 食べたばかり(막 먹었다), 要る(필요하다), ポップコーン(pop corn), ピーナッツ(peanut 땅콩), 着る(입다), カクテル(cocktail), 好み(좋아함) : 好む(좋아하다), オンザロック(on the rocks: 온더락)

제2절 お会計(キャッシャー : 캐셔)

1. 計算書の支払い(계산서 지급)

従業員: 合計で352,000ウォンでございます。

종업원: 합계가 352,000원입니다.

お客様: 360,000ウォンあります。

고객: 360,000원 여기 있습니다.

従業員: ありがとうございます。360,000ウォンお預かりいたします。

8,000ウォンのお返しと領収書でございます。

またのお越しをお待ちしております。

종업원: 감사합니다. 360,000원 받았습니다. 8,000원 거스름돈과 영수증 여기 있습니다. 또 오십시오.

2. 間違った計算書(잘못된 계산서)

お客様: あのう、すみませんが、計算書の金額が多く請求されているんですが。

コーヒー二杯の値段が請求されていますが、一杯（だけ）飲みました。間違いだと思いますが。

고객: 저기, 미안하지만 계산서 금액이 더 많이 청구되었어요.
커피 2잔 값으로 청구되었는데 그러나 저는 한잔(만) 먹었어요. 잘못된 것 같네요.

従業員(じゅうぎょういん): あっ、さようでございますか。計算書(けいさんしょ)を確認(かくにん)いたします。奥様(おくさま)、はい、申(もう)し訳(わけ)ございません。
こちらの間違(まちが)いでございます。すぐに訂正(ていせい)いいたします。

종업원: 아, 그러세요? 제가 계산서를 확인해 보겠습니다, 사모님. 예, 죄송합니다.
저희가 실수했습니다. 즉시 정정해 드리겠습니다.

お客様(きゃくさま): ありがとう。

고객: 고마워요.

3. レストランでの会計(かいけい)とお客様(きゃくさま)(레스토랑에서의 계산과 고객)

従業員(じゅうぎょういん): お客様(きゃくさま)、お食事(しょくじ)はたのしくなさいましたか。

종업원: 고객님, 식사 즐겁게 하셨습니까?

お客様(きゃくさま): ええ、美味(おい)しくて、それから料理(りょうり)がすばらしいですね。特(とく)に私(わたし)は親切(しんせつ)なスタッフに(深(ふか)く)感銘(かんめい)を受(う)けました。

고객: 예, 맛있고 그리고 음식이 훌륭하네요. 특히 저는 친절한 종업원에게 (깊은) 감명을 받았어요.

従業員(じゅうぎょういん): お褒(ほ)めいただきありがとうございます。

종업원: 칭찬해 주셔서 감사합니다.

お客様(きゃくさま): お会計(かいけい)(お勘定(かんじょう))お願(ねが)いします。

고객: 계산 부탁드립니다.

従業員: はい、お会計は消費税とサービス料込みで150,000ウォンでございます。お支払はどのようになさいますか。

종업원: 예, 계산서는 세금과 봉사료 포함해서 합계 150,000입니다. 계산을 어떻게 하시겠습니까?

お客様: 手持ちの現金があまりないので、部屋の付けにしてもらえますか。

고객: 가지고 있는 현금이 많지 않기 때문에, 객실로 계산서를 넘겨도 되죠?

従業員: はい、では、そのようにいたします。こちらの計算書にサインをしていただいて、お部屋の番号を教えて頂けますか。

종업원: 네, 그러면 그렇게 해드리겠습니다. 여기 계산서에 서명해 주시고, 객실번호를 알려주시겠습니까?

お客様: 705号室にいます。

고객: 705호실 여기 있어요.

従業員: かしこまりました。それから計算書にサインをお願いいたします。

종업원: 됐습니다. 그리고 계산서에 서명 부탁드립니다.

お客様: ウェイターの親切なサービスのお礼にチップを渡したいんですが。

고객: 웨이터의 친절한 서비스 보답으로 팁을 드리고 싶어요.

従業員: いいえ、結構でございます。私どもはチップを受け取っておりません。

종업원: 아니, 괜찮습니다. 저희는 팁을 받지 않습니다.

お客様: でも、感謝の気持ですから、受け取って下さい。

고객: 그래도 감사의 표시로, 받아둬요.

従業員: チップはお客様の計算書に10%の奉仕料が含まれております。
종업원: 팁은 고객님의 계산서에 10%의 봉사료가 더해져서 포함되어 있습니다.

お客様: それじゃあ、仕方がないですね。いずれにしても(本当に)美味しく食べました。
고객: 그럼, 할 수 없네요. 아무튼 (정말로) 맛있게 잘 먹었습니다.

従業員: 当店をお選び頂き大変ありがとうございました。楽しい一日をお過ごしください。
종업원: 우리 식당을 선택해 주셔서 대단히 감사합니다. 즐거운 하루를 보내시기 바랍니다.

お客様: ありがとう。
고객: 고마워요.

단어풀이

褒める(칭찬하다), ~込みで(~을 포함해서), 付け(달아둠, 계산서), あまり(그다지), 渡す(건네다), 受け取る(받다), 過ごす(보내다)

4. ビルを部屋の付けにする(bill을 객실로 넘김)

従業員: お客様、234,750ウォンでございます。
종업원: 고객님 234,750원입니다.

お客様: お嬢さん、ビルを部屋の付けにしてください。
고객: 아가씨, 계산서를 객실 후지급으로 넘겨주세요.

従業員: ホテルにお泊まりのお客様でございますか。
종업원: 호텔에 투숙하신 고객분입니까?

お客様: そうだよ。
고객: 그럼요.

従業員: お部屋の番号をお願いします。
종업원: 객실번호가 어떻게 되십니까?

お客様: 306号です。鍵ここにあります。
고객: 306호인데요. 제 열쇠 여기 있어요.

従業員: こちらにサインを頂けますか。
종업원: 여기에 서명해 주시겠습니까?

단어풀이

ビル(bill 계산서)

5. レストランでミール割引クーポンの使用(레스토랑에서 식사 할인쿠폰 사용)

従業員: 奥様、ご夕食のビュッフェはいかがでしたか。
종업원: 사모님, 저녁 뷔페 어떠셨습니까?

お客様: 食べ物が新鮮で(特に)カルビが即席で焼いて出してくれたんですが、とても美味しかったです。

私の息子がとても喜んでました。お会計お願いします。ビュッフェレストランの20%割引クーポンを持っているんですが。

고객: 음식이 신선하고 (특히) 갈비가 즉석에서 구워져 나오는데 너무 맛이 있었어요. 제 아들이 너무 좋아했어요. 계산서 부탁합니다. 저는 뷔페식당에 20% 할인쿠폰을 가지고 있는데.

従業員: はい、クーポンのご使用が可能でございます。ですが、割引は二名様まででございます。

종업원: 예, 쿠폰 사용이 가능합니다. 그런데 할인은 두 사람(만) 적용됩니다.

お客様: それなら、6才の子供は割引にならないんですか。

고객: 그러면 6세 어린아이는 할인이 안 되나요?

従業員: はい、お子様は50%割引になっております。

종업원: 예, 어린이는 50% 할인을 해드리고 있습니다.

お客様: それじゃあ、全部でいくらですか。

고객: 그러면 전부 얼마죠?

従業員: 割引した金額を合わせまして125,000ウォンでございます。

종업원: 할인된 금액으로 합계가 125,000원입니다.

お客様: いいですね。(わかりました)。130,000ウォンあります。

고객: 좋아요. 130,000원 여기 있어요.

従業員: 130,000ウォンお預かりいたします。7,500ウォンのお返しと領収書でございます。

종업원: 130,000원 받았습니다. 거스름돈 7,500원과 영수증 여기 있습니다.

お客様(きゃくさま): ありがとう。お嬢(じょう)さん。
고객: 고마워요, 아가씨.

従業員(じゅうぎょういん): かえって、私(わたし)たちの方(ほう)こそそうです。またいらっしゃってください。
종업원: 오히려 저희야말로 그렇습니다. 또 오십시오.

단어풀이

喜(よろこ)ぶ(기뻐하다), 合(あ)わせる(합치다), ~こそ(~야말로), ミール(meal 식사), 割引(わりびき)(할인), 使(つか)い(사용)

제3절 レストランの予約(よやく)(레스토랑 예약)

1. 電話(でんわ)での予約(よやく)受付(うけつけ)(전화상으로 예약접수)

従業員(じゅうぎょういん): こんにちは。
종업원: 안녕하십니까?

通話者(つうわしゃ): こんにちは。今日(きょう)の夕方(ゆうがた)何時(なんじ)に開(あ)きますか。
통화자: 안녕하세요. 오늘 저녁 몇 시에 오픈합니까?

従業員(じゅうぎょういん): 午後(ごご)6時(じ)から10時(じ)まで営業(えいぎょう)しております。
종업원: 오후 6시에서 10시까지 영업을 합니다.

通話者: ゲリーの名前で四名予約したいんですが。
통화자: 게리 이름으로 4인 테이블 예약하고 싶습니다.

従業員: はい、お客様、何時がよろしいでしょうか。
종업원: 예, 고객님. 몇 시가 좋으신가요?

通話者: え～7時半ごろにしたいですが。
통화자: 어, 7:30경에 하고 싶은데요.

従業員: ゲリー様のお名前で本日夕方7時半に四名様のお席でございますね。
종업원: 게리님 이름으로 오늘 저녁 7:30분에 4인 테이블이시죠.

通話者: そうです。
통화자: 맞아요.

従業員: ありがとうございます。
종업원: 감사합니다.

단어풀이

開く(열다), ~にする(~로 하다) : ~にしたい(~로 하고 싶다)

2. 予約がいっぱいで電話予約を断る(예약이 다 차서 전화 예약을 거절)

従業員: こんにちは。イーでございます。
종업원: 안녕하십니까? Lee입니다.

通話者: こんにちは。今日の夕方何時に開きますか。

통화자: 안녕하세요, 오늘 저녁 몇 시에 오픈입니까?

従業員: 6時に開店し10時に終了いたします。

종업원: 6시에 열어서 10시에 종료합니다.

通話者: 席を一つ予約したいんですが。

통화자: 테이블 하나 예약하고 싶은데요.

従業員: お客様何名様でいらっしゃいますか。

종업원: 고객님 몇 분이 오십니까?

通話者: 五名です。

통화자: 5명인데요.

従業員: 何時になさいますか。

종업원: 몇 시에 하시겠습니까?

通話者: 7時頃です。

통화자: 7시경에요.

従業員: 申し訳ございません。7時にはどの席も空きがございませんが、8時ならお一つご用意できますが。

종업원: 죄송합니다. 7시에는 어떤 자리도 남아 있지 않습니다만 8시라면 하나를 마련할 수 있습니다만.

通話者: いいですよ。ゲリージョンです。

통화자: 좋습니다. 게리 정입니다.

従業員(じゅうぎょういん): ゲリージョン様(さま)のお名前(なまえ)で8時(じ)に5名様(めいさま)のお席(せき)でございますね。ありがとうございました。

종업원: 게리 정님의 성함으로 8시에 다섯 분의 자리입니다. 감사합니다.

단어풀이

用意(ようい)できる(준비되다)

3. 窓側(まどがわ)のテーブル(창가 쪽 테이블)

副支配人(ふくしはいにん): こんにちは。イーでございます。

부지배인: 안녕하십니까? Lee입니다.

通話者(つうわしゃ): こんにちは。今日(きょう)の夕方(ゆうがた)何時(なんじ)にオープンしますか(開(あ)きますか)。

통화자: 안녕하세요. 오늘 저녁 몇 시에 오픈하나요?

副支配人(ふくしはいにん): 6時(じ)でございます。奥様(おくさま)。

부지배인: 6시입니다, 사모님.

通話者(つうわしゃ): そうですか。二名(にめい)の席(せき)を予約(よやく)したいんですが。

통화자: 좋아요. 두 사람 테이블 자리를 예약하고 싶어요.

副支配人(ふくしはいにん): はい、何時(なんじ)にご予約(よやく)なさいますか。

부지배인: 예, 몇 시에 예약하시겠습니까?

通話者(つうわしゃ): 7時半頃(じはんごろ)です。

통화자: 7시 반경에요.

副支配人: 二名様のお席を7時半に予約いたします。お名前をいただけますか。
부지배인: 2인 테이블을 7시 30분에 예약하겠습니다. 성함을 말씀해 주세요.

通話者: Margeです。
통화자: Marge입니다.

副支配人: ありがとうございます。Marge様。
부지배인: 감사합니다, Marge님.

通話者: 窓側の席を一つ取れますか。
통화자: 창가 쪽 테이블 하나를 얻을 수 있나요?

副支配人: 窓側のお席を確実にお取りできるとは申し兼ねますが、最善を尽くしてみます。
부지배인: 창가 쪽 자리를 확실히 잡을 수 있다고는 말씀드릴 수 없지만, 최선을 다해 보겠습니다.

通話者: 取っていただければ、ありがたい限りです。
통화자: 배정을 받을 수 있다면 고마울 따름입니다.

副支配人: 努力してみます。Marge様お電話頂きありがとうございます。
부지배인: 힘써보겠습니다. Marge님, 전화주셔서 감사합니다.

通話者: さようなら。
통화자: 잘 계세요.

副支配人: 楽しい時間をお過ごしください。
부지배인: 즐겁게 지내십시오.

4. 予約をキャンセルする(예약 취소하기)

キャプテン: 和食の原宿キムでございます。
캡틴: 일식당 하라주쿠 Kim입니다.

通話者: 私はケイルと言います。実は今晩7時半に四名の席を予約したんですが。
통화자: 저는 Kale이라고 합니다. 사실 오늘밤 7시 30분에 4인 테이블을 예약했습니다만.

キャプテン: はい。7時半にケイル様のお名前で四名様ですね。
캡틴: 예, 7시 30분 케일 씨 이름으로 네 사람 예약되어 있습니다.

通話者: それですみませんが、今晩は予約をキャンセルして明日の同じ時間に延期しようと思うんですが。
통화자: 그런데 죄송합니다만, 오늘밤은 예약을 취소하고서 내일 같은 시간으로 연기하고 싶은데요.

キャプテン: ケイル様、承知いたしました。明日の夕方7時半、四名様のお席可能でございます。
캡틴: 케일 씨 좋습니다, 내일 저녁 07시 30분 4인 테이블이 가능하십니다.

通話者: 面倒をかけてすみません。ありがとう。
통화자: 번거롭게 해서 미안합니다. 고마워요.

キャプテン: とんでもございません。お客様, ありがとうございます。
캡틴: 괜찮습니다, 고객님, 감사합니다.

단어풀이

尽くす(다하다), 限る(~에 한하다), 過ごす(보내다), 面倒をかける(폐를 끼치다)

5. レストランでお客を迎え席に案内(레스토랑에서 고객을 맞이하고 자리로 안내)

1) お席までご案内(자리까지 안내)

従業員: いらっしゃいませ。ご予約をなさいましたか。
종업원: 안녕하십니까? 예약하셨습니까?

お客様: 8時に二名の席で名前はガルシアです。
고객: 8시에 2인용 테이블이고 이름이 가르시아입니다.

従業員: ご案内いたします。こちらへどうぞ。こちらのお席はいかがですか。
종업원: 안내해 드리겠습니다. 이쪽으로 오십시오. 이 자리는 어떻습니까?

お客様: いいですよ。
고객: 좋아요.

従業員: 只今メニューをお持ちいたします。
종업원: 지금 메뉴판을 가져오겠습니다.

*****

従業員: こんにちは。Peterson様。韓国にようこそいらっしゃいました。またお目に掛れてうれしいです。ご予約はなさいましたか。

종업원: 안녕하십니까. Peterson씨, 한국에 오신 것을 환영합니다. 다시 만나뵙게 되어 기쁩니다. 예약하셨습니까?

お客様: いいえ、してません。キムさん、お元気でしたか?夕食食べれますか。

고객: 아니, 못 했어요. Mr. Kim, 어떻게 지냈어요? 저녁 먹을 수 있나요?

従業員: 申し訳ございませんが、レストランのお席が只今満席でございます。5分程でお席にご案内いたします。

お席の準備ができるまでラウンジでお掛けになってお待ちいただけますか。こちらへどうぞ。

종업원: 죄송합니다만, 선생님 식당 자리가 지금 다 찼습니다. 5분 안으로 자리에 앉혀 드리겠습니다.

테이블이 준비되는 동안에 라운지에서 앉아서 기다려주시겠습니까? 이쪽으로 오십시오.

お客様: そうしましょう。ありがとうございます。

고객: 그러지요. 감사합니다.

(5分後)

(5분 후)

従業員: お席の準備ができました。私がご案内したします。こちらへどうぞ。こちらのお席でよろしいでしょうか。

종업원: 테이블이 준비되었습니다. 제가 안내하겠습니다. 이쪽으로 오십시오. 이 테이블이 괜찮으시겠습니까?

お客様: ありがとう。とてもいいです。

고객: 고마워요. 아주 좋아요.

従業員: メニューをお持ちいたします。

종업원: 메뉴판을 가져오겠습니다.

단어풀이

ようこそ(상대방의 방문을 환영할 때 사용하는 말: 어서 오세요, お目に掛る(만나뵙다), 食べる(먹다) : 食べれる(먹을 수 있다), お掛けください(앉으세요)

*****

従業員: いらしゃいませ。お客様ご予約をなさいましたか。

종업원: 안녕하십니까? 고객님, 예약을 하셨습니까?

お客様: 私たちが今朝席を一つ予約しました。私は鈴木といいます。こちらは私の妻です。

고객: 저희가 오늘 아침에 테이블 하나 예약을 했어요. 저는 스즈키라고 합니다. 이쪽이 제 아내입니다.

従業員: 鈴木様ご夫妻。少々お待ちいただけますか。お客様のために窓側のお席を準備しておきました。こちらへどうぞ。

종업원: 스즈키 씨 내외분. 잠시만 기다려주시겠습니까? 고객님을 위해 창가 쪽 자리를 마련해 놓았습니다. 이쪽으로 오십시오.

お客様: ありがとうございます。

고객: 감사합니다.

従業員: こちらがお客様のお席でござます。後程、ウェイターが参ります。お食事をお楽しみください。

종업원: 여기가 고객님 테이블입니다. 잠시 후에, 웨이터가 올 겁니다. 식사를 즐겁게 하시기를 바랍니다.

6. 飲み物の注文を受ける(마실 것 주문받기)

従業員: いらっしゃいませ。お客様、お一人様でいらっしゃいますか。

종업원: 안녕하세요, 고객님. 한 분 오셨습니까?

お客様: いいえ、友だちとお昼を食べます。二人の席をお願いします。

고객: 아니요, 친구랑 점심을 먹어요. 2인 테이블을 부탁합니다.

従業員: こちらへどうぞ。いいお席がございます。眺めがいいです。

종업원: 이쪽으로 오십시오. 좋은 테이블이 있습니다. 전망이 좋습니다.

お客様: あっ、はい。眺めがいいですね。友だちが今ここに来ます。

고객: 아, 예. 전망이 좋군요. 제 친구가 지금 여기 오네요.

従業員: こちらメニューでございます。お決めになられるまでお飲み物をお持ちしましょうか。
종업원: 여기 메뉴판이 있습니다. 결정하시는 동안에 마실 것을 하시겠습니까?

お客様: ええ。私はコーヒーで友だちはビールで。
고객: 예, 저는 커피하고 제 친구는 맥주로.

従業員: ビールは何になさいますか。
종업원: 맥주는 어떤 것으로 하시겠습니까?

お客様: どんな種類がありますか。
고객: 어떤 종류가 있죠?

従業員: カスとホワイトビールがございます。
종업원: 카스와 하이트 맥주가 있습니다.

お客様: カスをください。
고객: 카스로 주세요.

従業員: ありがとうございます。
종업원: 감사합니다.

단어풀이

お越しになる(왕림하시다), 眺める(바라보다) : 眺め(경치)

7. 夕食前(ゆうしょくまえ)に飲(の)み物(もの)を注文(ちゅうもん)する(저녁식사 전에 마실 것을 주문하기)

ソムリエ: お食事前(しょくじまえ)のお飲(の)み物(もの)は何(なに)がよろしいですか。シェリー酒(しゅ)かマティーニはいかがですか。
소몰리에: 식사 전에 음료는 어떤 것으로 하시겠습니까? 세리주나 마티니 한잔하시겠습니까?

お客様(きゃくさま): 私(わたし)はドライマティーニ一杯(いっぱい)飲(の)みます。
고객: 나는 드라이 마티니 한잔 마시겠어요.

ソムリエ: ドライマティーニ一杯(いっぱい)でよろしいでしょうか。
소몰리에: 드라이 마티니 한잔 괜찮으시겠습니까?

お客様(きゃくさま): 6 メジャー ジンにドライ ベルモ 一(ひと)つ、氷(こおり)を入(い)れて。
고객: 6 measure gin에 dry vermouth 하나, 얼음을 넣어서.

ソムリエ: どんな種類(しゅるい)のジンがよろしいですか。
소몰리에: 어떤 종류의 gin이 좋습니까?

お客様(きゃくさま): 何(なん)でもいいです。
고객: 아무거나 좋아요.

단어풀이

ドライ ベルモ(dry vermouth 베르무트), いかがですか(어떠십니까?) = どうですか

8. コーヒーショップで注文を取る(커피숍에서 주문받기)

従業員: いらっしゃいませ。お客様、ご注文はお決まりでしょうか。
종업원: 안녕하십니까, 고객님? 주문받겠습니다.

お客様: ええ、そうですね。アメリカンブレックファーストが食べたいですね。
고객: 예, 그러세요. 아메리칸 조식을 먹고 싶은데요.

従業員: はい、お客様、オレンジ・グレープフルーツ・トマト・パイナップルジュースの中でお選び頂けます。
종업원: 예, 고객님 오렌지, grapefruit, 토마토나 파인애플 주스 중에 선택하시면 됩니다.

お客様: グレープフルーツジュースで。
고객: 자몽주스.

従業員: それから卵はどのように料理いたしましょうか。
종업원: 그리고 달걀은 어떻게 요리해 드릴까요?

お客様: 片面だけ若干火を通してください。ですが、白身は必ずよく焼いてください。
고객: 한쪽만 살짝 익혀주세요. 그렇지만 흰자위는 반드시 잘 익혀주세요.

従業員: ベーコンとソーセージはどのように料理いたしましょうか。
종업원: 베이컨과 소시지를 어떤 식으로 요리해 드릴까요?

お客様: ベーコンは特にカリっと焼いて下さい。
고객: 베이컨은 아주 바싹하게 구워주세요.

従業員: かしこまりました。お客様お飲み物は何になさいますか。
종업원: 예, 고객님 음료는 어떤 것으로 하시겠습니까?

お客様: ブラックコーヒーでお願いします。
고객: 블랙커피로 부탁해요.

従業員: ご注文頂きありがとうございます。少々お待ちくださいませ。
종업원: 주문해 주셔서 감사합니다. 잠시만 기다려주십시오.

단어풀이

火(불), 通す(통하다), グレープフルーツジュース(grapefruit juice)

9. コーヒーショップのウェイトレスとお客(커피숍 웨이트리스와 고객)

ウェイトレス: いらっしゃいませ。お客様, 何になさいますか。
웨이트리스: 안녕하십니까, 고객님 어떤 것으로 하시겠습니까?

お客様: どうも。私はただのコーヒーをください。それから、もしかして~のような甘いもの(スイーツ)はありますか。
고객: 안녕하세요. 저는 그냥 커피를 주고, 혹시 ~처럼 단것이 있나요?

ウェイトレス: はい、お客様。こちらにはフルーツ(果物)の生ジュースとピーカンパイがございます。他にもいろいろな種類のケーキがございます。

웨이트리스: 예, 고객님 저희는 생과일 주스와 호두파이가 있으며 또한 여러 종류의 케이크가 있습니다.

お客様: あっ、いいですね。私はケーキがいいです。チーズケーキはありますか。
고객: 아, 좋아요. 저는 케이크가 좋아요. 조각 치즈 케이크가 있나요?

ウェイトレス: はい、ございます。コーヒーはどのようにお入れいたしましょうか。クリームと砂糖をお入れしましょうか。
웨이트리스: 예, 있습니다. 커피는 어떻게 넣어드릴까요? 크림과 설탕을 넣어드릴까요?

お客様: いや、私のはブラックでお願いします。カフェエスプレッソはありますか。
고객: 아니요, 제 것은 블랙으로 해주세요. 카페 에스프레소가 있나요?

ウェイトレス: お客様申し訳ございません。ございません。
웨이트리스: 고객님 죄송합니다만, 없습니다.

お客様: う～ん。それなら私はレギュラーコーヒーにします。
고객: 음, 그러면 저는 레귤러(일반) 커피로 하지요.

ウェイトレス: かしこまりました。お客様。それでは、お客様はブラックコーヒーとチーズケーキお一つでよろしいでしょうか。
웨이트리스: 알겠습니다, 고객님. 그럼, 고객님은 블랙커피와 치즈 케이크 한 조각으로 하시겠습니까?

お客様: いいです。それから喫煙室はどこにありますか。
고객: 좋아요. 그리고 흡연실이 어디 있나요?

ウェイトレス: 全(すべ)ての公共施設内(こうきょうしせつない)では(こちらは全館(ぜんかん))禁煙(きんえん)となっております。もしお客様(きゃくさま)がおタバコをお吸(す)いになりたければ、ホテルの外(そと)へ出(で)ていただかなければなりません。喫煙室(きつえんしつ)はホテルの駐車場(ちゅうしゃじょう)の向(む)かい側(がわ)にございます。

웨이트리스: 모든 공공장소 안에서는(여기는 전관) 금연으로 되어 있습니다. 만약 고객님께서 담배 피우기를 원하시면, 호텔건물 밖으로 나가셔야 합니다. 흡연실은 호텔 주차장으로부터 건너편에 있습니다.

お客様(きゃくさま): 私(わたし)が（しばらく出(で)て行(い)って）タバコを一服(いっぷく)してくる間(あいだ)に注文(ちゅうもん)した物(もの)を持(も)って来(き)てください。

고객: 내가 (잠시 나갔다가) 담배 한 대 피우고 올 동안에 주문한 것을 가져오세요.

ウェイトレス: そのように準備(じゅんび)しておきます。

웨이트리스: 그렇게 하도록 준비해 놓겠습니다.

단어풀이

スイーツ(sweets 단것), あ段 + ~なければなならない(~하지 않으면 안 된다)
ピーカンパイ(pecan pie)

10. 本日(ほんじつ)の特別料理(とくべつりょうり)をお薦(すす)めする(오늘의 특별요리를 추천하기)

ウェイター: いらっしゃいませ。お客様(きゃくさま)。今(いま)ご注文(ちゅうもん)なさいますか。(ご注文(ちゅうもん)はお決(き)まりでしょうか。)

웨이터: 안녕하세요, 고객님. 지금 주문하시겠습니까? (주문을 정하셨습니까?)

お客様: ここの特別料理はどんなものがありますか。

고객: 여기 특별요리는 어떤 것이 있어요?

ウェイター: 料理長の特選料理でスモークマスのムースと牛ヒレ肉のプロバンスステーキとたらばガニを添えたクレープパンがございます。

웨이터: 주방장의 특선요리로 스모그 송어 무스와 소 등심의 프로방스 스테이크와 크랩(게)을 곁들인 크레이프 빵이 있습니다.

お客様: 牛ヒレ肉のステーキにします。

고객: 투르네도 소고기 스테이크로 하겠습니다.

ウェイター: どのように料理いたしましょうか。(お肉の焼き加減はどういたしましょうか。)
レア、ミディアム、ウェルダンがございますが。

웨이터: 어떻게 요리해 드릴까요? (고기를 어떻게 구워드릴까요?)
덜 익힌 것, 중간, 완전히 익힌 것이 있습니다만?

お客様: レアにしてください。どんなものがつきますか。

고객: 덜 익혀주세요. 어떤 것이 곁들여 나오나요?

ウェイター: クリームポテトとフレンチフライとどちらがよろしいでしょうか。

웨이터: 크림감자나 프렌치프라이 중에 어느 것을 하시겠습니까?

お客様: ポテトチップスにします。野菜は何がありますか。

고객: 포테이토칩으로 하겠어요. 채소는 어떤 것이 있나요?

ウェイター: 本日はブリュッセルスプラウト(芽キャベツ) とほうれん草を準備しております。

웨이터: 오늘은 브뤼셀 스프라우트(새싹)와 시금치가 준비되어 있습니다.

お客様: いんげん豆はありますか。
고객: 그린빈(껍질콩)이 있습니까?

ウェイター: 申し訳ございません。いんげん豆は準備しておりません。
웨이터: 죄송합니다만, 그린콩은 준비되어 있지 않습니다.

お客様: それじゃあ、ほうれん草にします。
고객: 그럼 시금치로 하겠어요.

ウェイター: お食事と一緒に召し上がるものはございますか。
웨이터: 식사와 함께 드실 것이 있습니까?

お客様: いいえ、大丈夫です。ワインリストをちょっとお願いします。
고객: 아니요, 됐습니다. 와인리스트를 좀 주세요.

ウェイター: かしこまりました。お後はよろしいでしょうか。
웨이터: 그러겠습니다. 다 되셨습니까?

お客様: ええ、いいです。
고객: 네, 좋아요.

단어풀이

牛ヒレ肉(살코기, 등심), 添える(더하다, 첨가하다), たらばガニ(소라게), レア(rear)、ミディアム(medium)、ウェルダン(well done)

11. 肉を注文(고기 주문)

ウェイター: お客様, ご注文はお決まりでしょうか。
웨이터: 고객님, 주문 결정하셨습니까?

お客様: ええ、私はフィレミニョンステーキとフレンチフライにします。
고객: 예, 저는 필레미뇽과 프렌치프라이로 하겠어요.

ウェイター: ステーキ（の焼き加減)はどういたしましょうか。レア、ミディアム、ウェルダン、どれになさいますか。
웨이터: 스테이크를 어떻게 해드릴까요? 덜 익힌 것, 중간 익힌 것, 완전히 익힌 것 중 어느 것으로 하시겠습니까?

お客様: レアでお願いします。
고객: 덜 익혀주세요.

ウェイター: サラダをお付けいたしましょうか。
웨이터: 샐러드를 곁들이겠습니까?

お客様: ええ、お願いします。
고객: 예, 부탁합니다.

ウェイター: お野菜は何になさいますか。新鮮なアスパラガス、いんげん豆、ほうれん草、焼きトマトの中からお一つをお選びいただけます。
웨이터: 채소는 어떤 것으로 하시겠습니까? 신선한 아스파라거스, 그린빈, 시금치, 구운 토마토 중에서 한 가지를 선택하실 수 있습니다.

お客様: オランダソースを添えたアスパラガスを少しお願いします。
고객: 네덜란드 소스를 곁들인 아스파라거스 약간 하겠어요.

ウェイター: 申し訳ございません。オランダソースはございません。バターソースが添えられますが。
웨이터: 죄송하지만, 네덜란드 소스는 없습니다. 버터소스가 제공됩니다.

お客様: ええ、わかりました。
고객: 음, 좋아요.

ウェイター: ステーキと召し上がるワインをボトルでいかがでしょうか。
웨이터: 스테이크와 드시는 와인을 병으로 드릴까요?

お客様: はい、お願いします。
고객: 예, 부탁합니다.

12. 韓国料理を薦める(한국 음식 추천)

お客様: 私たち家族は美味しい、いろいろな韓国料理が食べたいんですが。どんな韓国料理がありますか。
고객: 우리 가족들이 맛있는 많은 한국 음식들을 먹기를 원하는데. 어떤 한국 음식들이 제공됩니까?
適当な値段で美味しい韓国料理をお薦めしてもらえませんか。
적당한 가격으로 맛있는 한국 음식들을 추천해 주시겠어요?
韓国の伝統料理について説明してもらえますか。
한국 전통음식에 대해 설명해 주시겠어요?

ウェイター: はい、韓国の食事は「韓食」と呼ばれています。典型的な韓国のお食事はご飯、汁物と塩漬けの白菜や大根の角切りでキムチと呼ばれてまして、それから野菜のおかずで組まれています。

웨이터: 예, 한국 음식은 "한식"이라고 부릅니다. 전형적인 한국식사는 밥, 국과 절인 배추나 깍두기 김치로 불리며, 그리고 채소 반찬으로 짜여 있습니다.

また、鍋料理と焼き物で肉と魚が出されます。コチュカル（唐辛子の粉）とにんにくはどんな料理にも入っています。

또한, 찌개 요리와 구이로 육류와 생선이 제공됩니다. 고춧가루와 마늘은 어디에든 들어갑니다.

定食がコース料理なんですが、少なくとも12~15種類のおかずを一度にお客様は体験する(召し上がる)ことができます。たくさんのおかずが出されます。

정식을 코스요리라고 하는데, 적어도 12~15가지의 반찬들을 한꺼번에 고객님이 경험할(드실) 수 있습니다. 많은 반찬들이 나오고 있습니다.

法で全ての食堂では全飲食材料の生産地情報を表示しなければなりません。

법률로 모든 식당은 모든 음식 재료의 원산지 정보를 표시해야 합니다.

また、ビビンバは韓国の代表的な食べ物です。ビビンバは数種類の野菜を茹でたり塩漬にした物とコチュジャン　(唐辛子味噌)、ごま油をご飯の上にのせて出されます。

(또한) 비빔밥은 한국 대표 음식입니다. 비빔밥은 각종 채소를 데치고 절인 것과 고추장, 참기름을 밥 위에 얹어서 제공됩니다.

目玉焼きと牛そぼろが共通して追加で出されます。

달걀부침과 잘게 다진 소고기가 공통으로 추가됩니다.

外国人には最上級の韓牛がとても人気がございます。

외국인에게는 최상등급 한우가 매우 인기 있습니다.

プルコギはテーブルの上で鍋の中に下味をつけた薄切りの牛肉を煮た物で(たいていは)ご飯とキムチと一緒にサンチュで包んで食べます。

불고기 전골은 테이블 위에서 냄비 안에 밑간을 해서 얇게 썬 소고기로 끓이는데 (대개) 밥과 김치와 함께 상추에 싸서 먹습니다.

それからカルビは各種ソースで下味をつけます。

그리고 갈비는 각종 소스로 양념합니다.

冷麺はしこしこした麺の種類で肉を食べた後に (普通) 出されます。

냉면은 쫄깃쫄깃한 면 종류로 고기를 먹은 후에 (보통) 제공됩니다.

お客様: ええ、それは(本当)いいですね。(今度)私は(本当に)韓国伝統料理を全部食べてみたいですね。

고객: 예, 그것 (정말) 좋을 것 같군요. (나중에) 저는 (정말로) 한국 전통요리를 모두 먹어보고 싶어요.

親切に説明して頂きありがとうございました。

친절하게 설명해 주셔서 감사합니다.

ウェイター: とんでもございません。奥様。

웨이터: 아닙니다, 사모님.

단어풀이

汁物(국), 塩漬(절임), 組まれる(짜여지다), 茹でる(데치다), のせる(얹다), 下味を付ける(밑간을 하다), 煮る(삶다), 包む(감싸다)

제6장 スポーツ(스포츠)

제1절 スキー(Ski : 스키)

1. カスタマーサービス(Customer Service : 고객 서비스)

お客様: 食堂はどこにありますか。
고객: 식당이 어디 있죠?

従業員: 二階の右側にございます。階段で行かれてください。あちらでございます。(二階でございます。)
종업원: 2층 오른쪽입니다. 계단으로 가십시오. 저기입니다.(2층입니다.)

お客様: リフトのチケット売り場はどこにありますか。
고객: 리프트 매표소가 어디 있죠?

従業員: 一番目の出口から外に出てください。左側にございます。
종업원: 첫 번째 출구에서 밖으로 나가십시오. 왼쪽에 있습니다.

お客様(きゃくさま): チケット売(う)り場(ば)はどこですか。スキー用品(ようひん)を借(か)りようと思(おも)うんですが。

고객: ticket 판매소(매표소)가 어디죠? 스키 장비를 빌리려고 하는데.

従業員(じゅうぎょういん): この建物(たてもの)を出(で)てください。この建物(たてもの)を過(す)ぎて左側(ひだりがわ)です。

종업원: 이 건물을 나가십시오. 이 건물 지나쳐서 왼쪽입니다.

お客様(きゃくさま): お手洗(てあら)いはどこですか。

고객: 화장실이 어디죠?

従業員(じゅうぎょういん): そちらでございます。

종업원: 저기입니다.

お客様(きゃくさま): どのようにスキーを借(か)りますか。

고객: 어떻게 스키를 빌리죠?

従業員(じゅうぎょういん): 建物(たてもの)の外(そと)に(スキーレンタル)チケット売(う)り場(ば)がございます。(先(さき)に)チケットを購入(こうにゅう)されてから順番(じゅんばん)にブーツとスキーをお借(か)りください。

종업원: 건물 밖에 (스키렌털) 매표소가 있습니다. (먼저) 표를 구매하고부터 순서대로 부츠와 스키를 빌리시기 바랍니다.

お客様(きゃくさま): どこでスキー修理(しゅうり)チケットを買(か)えますか。

고객: 어디서 스키수선 티켓을 살 수 있나요?

どこで小銭(こぜに)を両替(りょうがえ)できますか。

어디서 동전을 바꿀 수 있나요?

従業員: (スキー学校)受付に行かれてください。
종업원: (스키학교) 접수처로 가십시오.
右側のドアの前にございます。
오른쪽에 문 앞에 있습니다.

お客様: 公衆電話はどこにありますか。
고객: 공중전화는 어디 있죠?

従業員: あちらの外のドアを通って出てください。そうしましたら見えます。
종업원: (저쪽) 바깥 문을 지나서 나가십시오. 그러면 보입니다.

お客様: 館内電話がどこにありますか。
고객: 구내전화가 어디 있죠?

従業員: (一番目の入り口に近い)壁側にございます。
종업원: (첫 번째 입구 가까이) 벽면에 있습니다.

お客様: (飲み物やコーヒーの)自販機はどこにありますか。
고객: (음료수나 커피용) 자판기가 어디에 있나요?

従業員: 申し訳ございません。こちらには何の自販機もございません。
お買い求めできません。食堂街の二階にございます。
종업원: 죄송합니다만 여기에는 아무 자판기도 없습니다. 구입할 수가 없습니다. 식당가 2층에 있습니다.

お客様: コンビニはどこにありかすか。
고객: 편의점이 어디 있죠?

従業員: スカイコンドミニアムにございます。あちらの建物見えますか。

종업원: Sky 콘도에 있습니다. 저 건물이 보이시죠?

お客様: 売店はどこにありますか。

고객: 매점이 어디 있습니까?

従業員: こちらへ少しだけお進みください。左側にございます。

종업원: 이쪽으로 조금만 가십시오. 왼쪽에 있습니다.

お客様: ロッカーが故障したようなんですが。(作動しないんですが。)

고객: 락카가 고장 난 것 같은데요. (작동이 안 됩니다만)

従業員: ロッカー番号が何番ですか。

종업원: 락카번호가 몇 번입니까?

お客様: 1番です。

고객: 1번입니다.

従業員: お客様のロッカーの前でお待ち下さい。こちらからすぐに係りの者を伺わせます。

종업원: 고객님의 락카 앞에서 기다려주십시오. 여기서 즉시 담당직원을 방문토록 하겠습니다.

お客様: 私のために人探しをしていただけますか。

고객: 저를 위해서 사람을 찾아주시겠습니까?

従業員: 申し訳ございません。私どもは人探しのサービスをしておりません。なぜなら会社の方針上、正規放送案内だけしております。

종업원: 죄송합니다만 저희는 사람 찾는 서비스를 하지 않습니다. 왜냐하면 회사 방침상 정규방송 안내(만) 하고 있습니다.

お客様: 靴と他の個人の所有物はどこに保管するんですか。
고객: 신발과 다른 개인 소지품은 어디에 보관하나요?

従業員: (鍵がある)コインロッカーをご使用ください。
종업원: (열쇠가 있는) 코인 락카를 사용하세요.

お客様: どの スロープが (今) 稼働していますか。
고객: 어느 슬로프가 (지금) 가동되고 있나요?

従業員: レッド、グリーン、ブルー、ホワイトコースでございます。
종업원: 레드, 그린, 블루, 화이트 코스입니다.

お客様: ソリ乗り場はどこにありますか。
고객: 눈썰매장이 어디에 있습니까?

従業員: ブルースロープの中間地点にございます。
종업원: 블루 슬로프 중간지점에 있습니다.

お客様: どこでチケットを買うんですか。
고객: 어디서 표를 사죠?

従業員: ソリ乗り場の入り口にございまして、チケットをご購入されましたら無料でお借りできます。
종업원: 눈썰매장 입구에 있는데, 티켓을 구입하시면 무료로 빌릴 수 있습니다.

お客様: どこに放送室がありますか。

고객: 어디에 방송실이 있습니까?

従業員: 最初の入り口を出てください。そうしましたら左側に窓が見えます。そちらが放送室です。

종업원: 첫 번째 입구로 나가세요. 그러면 왼쪽에 창문이 보일 겁니다. 거기가 방송실입니다.

お客様: 落し物の保管部署がありますか。

고객: 습득물 보관부서가 있습니까?

従業員: 紛失、落し物は放送室で担当しております。

종업원: 분실, 습득 물품은 방송실에서 담당하고 있습니다.

お客様: どこで服を着替たらいいですか。

고객: 어디서 옷을 갈아입으면 좋습니까?

従業員: お手洗いの中に着替えるところがございます。

종업원: 화장실 안에 갈아입는 곳이 있습니다.

お客様: 明日スキーをしに行くんですが、スキーを預けられるところはどこがありますか。

고객: 내일 스키 타러 가는데 스키를 맡길 수 있는 곳으로 어떤 곳이 있습니까?

従業員: 隣の建物にスキー保管所がございます。

종업원: 옆 건물에 스키 보관소가 있습니다.

お客様: スキーを無くしてしまったんですが、どうしたらいいですか。
고객: 스키를 잃어버렸는데 어떻게 해야 하나요?

従業員: あっ、夜間はスキーをロッカーの中に入れて置いてはいけません。万が一スキーを無くされた場合はこちらでは責任を負いかねます。
종업원: 아, 야간에는 스키를 락카 안에다 넣고 놓아두어서는 안 됩니다. 만약 스키를 잃어버리시면 저희 쪽에서는 책임지지 않습니다.

コインロッカーの中に保管なさり、それからお客様がお出来になることは放送室に確認なさることです。

코인락카 안에다 보관하시고서 고객님께서 하실 수 있는 것은 방송실로 확인하시는 일입니다.

なぜなら、全ての紛失したスキーが(こちらに届けられるんですが,)(そちらで) 保管されるためでございます。

왜냐하면, 모든 분실 스키가(저희들에게 신고되어 들어오는데) (그곳에서) 보관되기 때문입니다.

また、紛失物届けを作成なさいますと、万一スキーが届けられた場合にお客様へそちらの番号に連絡が行きます。

또한 분실물 신고서를 작성하시면 저희가 만일 어떠한 스키가 들어올 경우에 고객님께 그 번호로 연락드릴 겁니다.

お客様: ナイタースキーはいつありますか。
고객: 야간 스키는 언제 있습니까?

従業員: 6時から9時30分まで土曜日に(だけ)ございます。
종업원: 06시부터 09시 30분까지 토요일에(만) 있습니다.

お客様: 早朝スキーはいつできますか。

고객: 새벽 스키는 어떻게 됩니까?

従業員: 7時から9時まで日曜日に(だけ)ございます。

종업원: 7시부터 9시까지 일요일에(만) 있습니다.

お客様: 今日はいつオープンしますか。

고객: 오늘은 언제 오픈하죠?

従業員: 9時から5時まででございます。

종업원: 9시부터 5시까지입니다.

お客様: リフト券とスキーレンタルの値段は一日券でいくらですか。

고객: 리프트권과 스키 렌탈 가격이 일일권으로 얼마입니까?

従業員: リフト、レンタルそれぞれで42,000ウォンでございます。

종업원: 리프트, 렌탈 각각으로 42,000원입니다.

お客様: スキー幼児園って何をするところですか。

고객: 스키유아원은 무엇 하는 곳인가요?

従業員: スキー幼児園は子供たちのための施設です。(そちらで)ご父兄がスキーをされている間、子供たちが遊びながらスキーを習うことができます。一日券が90,000ウォンで半日券が50,000ウォンでございます。

종업원: 스키유아원은 어린이를 위한 시설입니다. (그곳에서) 부모들이 스키를 타시고 있는 동안에, 어린이들이 놀면서 스키를 배울 수 있습니다. 1일권이 90,000원이고 그리고 반일권이 50,000원입니다.

お客様(きゃくさま): スキーウェアはどこで借(か)りれますか。

고객: 스키복을 어디서 빌릴 수 있나요?

従業員(じゅうぎょういん): こちらにはスキーウェアをお貸(か)しするところはございませんが、スキー場(じょう)にお越(こ)しになる道(みち)のムンマクという町(まち)でレンタルするところがございます。

종업원: 여기에는 스키복 대여하는 곳은 없고 스키장 오시는 도로 쪽에 문막이라는 마을에 대여하는 곳이 있습니다.

お客様(きゃくさま): 医務室(いむしつ)はどこにありますか。

고객: 의무실이 어디에 있습니까?

従業員(じゅうぎょういん): 外(そと)に出(で)られて右側(みぎがわ)にございます。

종업원: 바깥 오른쪽입니다.

従業員(じゅうぎょういん): どうなさいましたか。

종업원: 어떻게 오셨습니까?

お客様(きゃくさま): エッジを研(と)ぎたいんですが。いくらですか。

고객: 엣지를 갈도록 하고 싶습니다. 얼마입니까?

従業員(じゅうぎょういん): 20,000ウォンでございます。スキー学校(がっこう)に行(い)かれてスキー修理(しゅうり)チケットをお買(か)い求(もと)め下(くだ)さい。

종업원: 20,000원입니다. 스키학교로 가셔서 스키수선 티켓을 끊어 오십시오.

お客様(きゃくさま): どれぐらい時間(じかん)が掛(かか)りますか。

고객: 얼마나 시간이 걸리나요?

従業員: 15分から20分掛ります。

종업원: 15분에서 20분 걸립니다.

お客様: スキーにワックスをかけたいと思うんですが。

고객: 스키에 왁스를 입히도록 하려고 하는데요.

従業員: スキー学校に行かれてワックスのチケットをお買い求め下さい。

종업원: 스키학교로 가셔서 왁스 티켓을 끊어 오십시오.

お客様: 長期間スキーを別に預けるにはどのようにしたらいいですか。

고객: 장기간으로 스키를 따로 맡기기에는 어떻게 하면 좋습니까?

従業員: 修理を終えてお客様がお受け取りになられましたら、スキーの裏のエッジ部分をスカッチテープで貼っていただければいいです。

종업원: 수선을 끝내고 나서 고객님께서 받으시게 되면, 스키 바닥 엣지 부분을 스카치 테이프로 붙이시면 됩니다.

お客様: スキーの裏の修理とは何のことですか。

고객: 스키 바닥 수리라는 것이 무슨 뜻입니까?

従業員: エッジを研いで裏にワックスがけをすることでございます。

종업원: 엣지를 갈고서 바닥에 왁스 칠을 하는 것입니다.

お客様: 何のためにワックスをかけますか。

고객: 무엇 때문에 왁스를 합니까?

従業員: 雪がつかないようにスキーの裏を維持させます。それでスキーがもっとやわらかく滑り出します。

종업원: 눈이 붙지 않게 스키 바닥에 유지시켜 줍니다. 그래서 스키가 더 부드럽게 미끄러져 나갑니다.

お客様(きゃくさま): エッジ研(と)ぎをするとどうなりますか。
고객: 엣지 갈기를 하면 어떻습니까?

従業員(じゅうぎょういん): ターンをより上手(じょうず)に維持(いじ)させながらスキーが滑(すべ)らないように助(たす)けてくれます。
종업원: 턴이 더 잘되게 유지하면서 스키가 미끄러지지 않도록 도와줍니다.

단어풀이

過(す)ぎる(지나가다), 借(か)りる(빌리다), 買(か)う(사다) :買(か)える(살 수 있다, 買(か)い求(もと)める(돈 주고 구입하다), コンビニ(편의점 convenience), 進(すす)む(나아가다), 伺(うかが)う(방문하다의 겸양어) : 伺(うかが)わせる(방문시키다), 着替(きが)える(옷을 갈아입다), 預(あず)ける(맡기다) : 預(あず)けられる(맡길 수 있다), 無(な)くす(없애다, 잃다), 負(お)う(지다, 짊어지다), 届(とど)ける(신고하다, 보내주다) : 届(とど)けられる(신고되다), 名詞 + って(~라는 것은 : 幼児園(ようじえん)って 유아원이라는 곳은), ~ながら(~하면서 : 동시 동작을 표현할 때 ~ます形 + ながら / 遊(あそ)びながら 놀면서 ~하다), 借(か)りる(빌리다): 借(か)りれる(빌릴 수 있다), 研(と)く = 磨(みが)く(닦다, 윤을 내다), 受(う)け取(と)りになる(찾게 되다), 貼(は)る(붙이다), 滑(すべ)る(미끄러지다), 助(たす)ける(도와주다)

2. スキー靴(ぐつ)レンタル場所(ばしょ)で(스키 부츠 대여장소에서)

お客様(きゃくさま): 私(わたし)にブーツ一(ひと)つくれませんか。
고객: 저에게 부츠 하나를 주시겠어요?

従業員: サイズはおいくつですか。
종업원: 사이즈가 어떻게 됩니까?

お客様: 255です。
고객: 255입니다.

お客様: 私に合ったサイズを履いているかどうか識別できますか。
고객: 제가 맞는 치수를 신고 있는지를 어떻게 식별할 수 있습니까?

サイズが私に合ってるか判断できますか。

치수가 저에게 맞는지를 판단할 수 있습니까?

正しいサイズを選べますか。

옳은 치수를 고를 수 있습니까?

ブーツが大きすぎないのか、小さすぎないのか、簡単にわかる何か一番いい方法がありますか。

부츠가 너무 크지 않는지, 너무 작지 않은지를 쉽게 알 수 있는 뭔가 가장 좋은 방법이 있습니까?

従業員: 真っ直ぐな姿勢でブーツの爪先部分に立った時、足の指が(ほぼ)届くぐらいがよろしいです。
종업원: 똑바른 자세로 부츠의 앞 끝부분에 섰을 때, 발가락이 (거의) 닿을 정도가 좋습니다.

お客様: サイド部分が(足幅)あまりにも締め付けられるように感じます。
고객: 사이드 부분에 (발볼) 너무 조이는 것같이 느껴집니다.

従業員: それでしたら一サイズ大きい物を履いてください。
종업원: 그러면 한 치수 큰 것으로 신으세요.

お客様: スキー靴を履きますか。自分の足より5から10ミリ大きく、でなければ小さく履きますか。

고객: 스키 부츠를 신을까요? 내 발 길이보다 5에서 10mm 크게 아니면 작게 신나요?

従業員: ご本人の足と同じサイズのブーツを履きます。

종업원: 본인의 발과 마찬가지로 똑같은 길이로 부츠를 신습니다.

단어풀이

選ぶ(고르다) : 選べる(고를 수 있다), 너무 ~하다 : ~い形〔動ます 形〕 + すぎ (小さすぎ 너무 작다), 食べすぎ(과식), 履く(신다)

3. スキーレンタル(Ski Rental : 스키 대여)

お客様: スキーはどうやって借りれますか。

고객: 스키를 어떻게 빌릴 수 있나요?

従業員: チケットをお買い求めになりましたか。

종업원: 티켓을 구입했습니까?

お客様: いいえ。

고객: 아니요.

従業員: (先に)外の左側のチケット売り場でチケットをお買い求めください。それからスキーブーツをお受取りになりスキーをもらってください。

종업원: (먼저) 바깥 왼쪽 매표소에서 티켓을 구입하시기 바랍니다. 그리고 스키 부츠를 받으시고서 그리고서 스키를 받으시면 됩니다.

従業員: 身長はおいくつですか。

종업원: 키가 얼마나 되십니까?

お客様: 170センチです。

고객: 170cm입니다.

従業員: そうしましたら、180センチがよろしいです。

종업원: 그러면 180cm가 적당합니다.

180センチを差し上げます。

180cm를 드리겠습니다.

お客様: 私は初心者なんですが、どのサイズを履いたらいいですか。

고객: 제가 초보자인데 어느 치수로 신어야 합니까?

従業員: 普通スキーヤーたちは身長に比べて10から15センチ長くなければなりません。しかし、初心者の場合(ほぼ)同じサイズの物で、そうでなければ、少しご自身の背より長いものを履くようにおすすめしております。

종업원: 보통 스키어들은 신장에 비해 10~15cm 길어야 합니다. 그러나 초보자인 경우 (거의) 비슷한 사이즈 것으로 아니면 약간 자신의 키보다 더 긴 것으로 신도록 추천을 합니다.

お客様: バインディングを調節していただけますか。

고객: 바인딩을 조절해 주시겠어요?

従業員: かしこまりました。ブーツを片方脱いでいただけますか。

종업원: 알겠습니다. 부츠 한쪽을 벗어서 주시겠습니까.

私にブーツを片方頂けますか。

저에게 부츠 한쪽을 주십시오.

お客様: レンタル料がいくらですか。

고객: 대여료가 얼마입니까?

従業員: 当日券は大人50,000ウォンで、それから子供は27,000ウォンでございます。また、半日券は大人40,000ウォンで子供は20,000ウォンでございます。

종업원: 당일권은 대인 50,000원이고 그리고 소인 27,000원입니다. 또한 반일권은 대인 40,000원이고 소인 20,000원입니다.

お客様: 午前だけスキーを借りれますか。

고객: 오전에(만) 스키를 빌릴 수 있나요?

正午までスキーを借りれますか。

정오까지 스키를 빌릴 수 있나요?

従業員: いいえ、こちらでは午前だけは貸し出ししておりません。

종업원: 아니요, 저희는 오전(만)은 빌려주지 않습니다.

단어풀이

~い形 : ~なければならない(~하지 않으면 안 된다), 借りる(빌리다), レンタル(rental), 貸し出しする(빌려주다)

4. スキーパトロール(Ski patrol : 스키 패트롤)

従業員: こんにちは。私はスキーパトロールのチェチョルジュンです。

종업원: 안녕하십니까? 저는 스키패트롤 최철준입니다.

お客様が(たった今)直滑降で滑って降りて来られました。

고객님께서 (지금 막) 직활강으로 타고 내려오셨습니다.

そのようにしてはいけません。なぜなら、怪我をするかも知れません。他のスキーヤーだけでなくお客様ご自身も同じでございます。

그렇게 하시면 안 됩니다. 왜냐하면, 다칠지도 모릅니다. 다른 스키어들뿐만 아니라 고객님 자신도 마찬가지입니다.

そのように滑ることはとても危険です。他のスキーヤーばかりでなく 客様ご自身も怪我をするかも知れません.

그렇게 타는 것은 너무 위험합니다. 다른 스키어뿐만 아니라 고객님 자신도 부상을 당할지도 모릅니다.

(また)もう一度お客様が直滑降で滑って来られた場合はチケットを回収します。

(또) 다시 한번 고객님께서 직활강으로 타고 내려오실 경우 티켓을 회수할 것입니다.

初心者用のスライドラインをご利用ください。こちらのラインは中級者用です。

초보자용의 슬라이드 라인을 이용하십시오. 이 라인은 중급자용입니다.

指定された場所にだけゴミをお捨てください。

지정된 장소에서만 쓰레기는 버리십시오.

従業員: 私はこちらのリゾートのスキーパトロールです。

종업원: 저는 여기 리조트 스키패트롤입니다.

怪我されましたか。

다치셨습니까?

安静にしていてください。すぐにお客様を病院に移送して差し上げます。

편안히 안정하고 계십시오. 즉시 고객님을 병원으로 이송시켜 드리겠습니다.

スロープで座っていてはいけません。

슬로프에 앉아 계시면 안 됩니다.

休憩を取られたり間食をおとりになりたい場合はスロープの下の方に降りて下さい。

휴식을 취하시거나 간식을 드시기를 원하실 경우 슬로프 하단부로 내려가십시오.

こちらのスロープは(只今)ご利用できません。

이 슬로프는 (지금) 이용이 안 됩니다.

こちらスロープは(除雪)、(作業)、(試合)中です。

이 슬로프는 (제설), (작업), (시합) 중입니다.

別のスロープをご利用ください。

다른 슬로프를 이용하십시오.

リフトご搭乗のため順番をお待ちください。

리프트 탑승을 위해 차례를 기다려주십시오.

こちらはスロープではありません。スロープをご利用ください。

이곳은 슬로프가 아닙니다. 슬로프를 이용하십시오.

飲酒をしてスキーに乗らないでください。危険です。

음주하고서 스키를 타지 마십시오. 위험합니다.

終了いたしました。(お早めに)スロープを降りてください。

종료되었습니다. (빨리) 슬로프를 내려가십시오.

医務室へ行かれて必要な治療を受けてください。

의무실로 가셔서 필요한 치료를 받으십시오.

단어풀이

~動いてはいけない(~해서는 안 된다), 捨てる(버리다), 怪我をする(부상을 입다), 取る(취하다) : 取られる(취하시다) = お + とりになる

5. スキースクール(Ski school : 스키학교)

1) スキー講師(あいさつ) 스키강사(인사말)

講師: こんにちは。私どものスキーリゾートにようこそおいでくださいました。

강사: 안녕하십니까! 저희 스키리조트에 오신 것을 환영합니다.

私はイインスと申します。スキー講師としてこちらのスキー学校で勤めております。

저는 이인수입니다. 스키강사로서 이곳 스키학교에서 근무하고 있습니다.

今日は初級(中級) を教えたいと思います。

오늘은 초급(중급)을 가르칠 생각입니다.

今日はお客様は午前2時間そして午後2時間に渡り4時間のスキー講習を習っていただくことになりました。

오늘은 손님께서 오전 2시간 그리고 오후 2시간에 걸쳐서 4시간 스키강습을 배우시게 되겠습니다.

それでは、始めましょうか。

그럼 시작할까요?

2) スキー用具の部分とそれらの使用方法の説明をする。(스키장비 부분과 그것들의 사용하는 방법을 설명을 한다.)

ⓐ こちらはストック(ブーツ)です。
이것은 폴(부츠)입니다.

ⓑ こちらはビンディングですが、ブーツを(安全に)スキーに固定させます。
이것은 바인딩인데 부츠를 (안전하게) 스키에다 고정시켜 줍니다.
そちらはスキーに乗りながら転んだ時、スキーからブーツを開放します。
그것은 스키를 타면서 넘어질 때 스키로부터 부츠를 풀어줍니다.

ⓒ こちらはプレートです。
이것은 플레이트입니다.

ⓓ この部分はトップベルトです。
이 부분은 top belt입니다.
アーチベルト
아치 バンド(band)
エッジ
엣지

ⓔ スキーを履くにはブーツの爪先部分をビンディングの前方に合わせてからビンディングの後ろの部分を押して下さい。
스키를 신기 위해서는 부츠 앞 끝부분을 바인딩의 앞쪽에다 맞추시고 그리고서 바인딩 뒷부분을 누르시기 바랍니다.

ⓕ スキーを履く前にブーツの底の雪を全て落としてください。
스키를 신으시기 전에 부츠 바닥의 모든 눈을 제거하십시오.

ⓖ スキーを脱ぐためにはビンディングの後ろ（ここ、この部分）をストックで押しながら外してください。

스키를 벗기 위해서는 바인딩 뒤(여기, 이 부분)를 폴로로 누르면서 벗어주십시오.

단어풀이

勤める(근무하다), 渡る(건네다) : 渡す(건네주다), 習う(배우다), 始める(시작하다) : 始まる(시작되다), ストック(stock, 스키용 지팡이, 폴), 転ぶ(구르다), 脱ぐ(벗다), 外す(벗기다, 떼다), トップベルト(top belt) =トップバンド(top band)

6. スキーリフト乗り場(Ski Lift : 탑승장)

1) リフト券の検札時(리프트티켓의 검표 시)

ⓐ こんにちは。少々お待ちください。

안녕하십니까? 잠시만 기다려주십시오.

ⓑ 私にリフト券を確認されてください。(* 検札いたします。)

저에게 리프트 표를 확인하게 해주십시오.(* 검표하겠습니다)

2) チケットを間違って付けている場合(티켓을 틀리게 부착하였을 경우)

ⓐ 腕章式ビニールケースの中にチケットが入っている場合

완장식 비닐케이스 안에 티켓이 끼워져 있을 경우

申し訳ございませんが、こちらのリゾートの規定によりリフト券は針金のリングに付けなければいけません。

(お客様に)私がお付けします。

죄송합니다만 저희 리조트 규정에 따르면 리프트티켓은 철사 고리에 달아주셔야 합니다. (고객님에게) 제가 부착해 드리겠습니다.

ⓑ お客様のチケットがとても頑丈に固定されて付けられている場合や取り外しができない場合、チケット券売所で新しい物とは交換できます。針金のリングに付けてください。

손님 티켓이 너무 단단하게 고정되어 부착된 경우나 떼어낼 수 없을 경우 티켓 매표소에서 새것으로 교환할 수 있습니다. 철사 고리에 부착하여 주십시오.

ⓒ 楽しくお乗りください。楽しい時間をお過ごし下さい。

즐겁게 타십시오. 즐겁게 지내십시오.

シルバーリフトまでどうやったらいけますか。

실버 리프트까지 어떻게 하면 갈 수 있습니까?

イエロー頂上まで行かれたらスロープが見えます。そちらがそのスロープへ行く道です。スロープの里程標が(そちらに)表示されています。ご確認ください。

엘로우 정상까지 가시면 슬로프가 보일 겁니다. 거기가 그 슬로프로 가는 길입니다. 슬로프 이정표가 (거기에) 표시되어 있습니다. 확인하시기 바랍니다.

단어풀이

間違う(틀리다), 針金のリング(철사 고리)

搭乗補助時(탑승 보조 시)

ⓐ 搭乗地点の方へ(前に)出てください。

탑승지점 쪽으로 (앞으로) 나오십시오.

ⓑ 椅子を見てください。椅子は後ろから接近します。

의자를 보십시오. 의자는 뒤에서 접근합니다.

ⓒ お座りください。

앉으세요.

ⓓ 安全バーを降ろしてください。

안전대를 내려주십시오.

ⓔ 椅子を揺らしたり飛び降りたりしないでください。

의자를 흔들거나 뛰어내리지 마십시오.

下車補助時(하차 보조 시)

ⓐ 安全バーを上げてください。

안전대를 올리세요.

ⓑ 上体を(前に)かがめながらお立ちになり素早くお降りください。

상체를 (앞으로) 숙이면서 일어서시고서 신속히 나가주세요.

단어풀이

降りす(내리다), 揺らす(흔들다), 飛び降りる(뛰어내리다), かがめる(숙이다)

제2절 ゴルフ(골프)

1. ゴルフ予約の問い合わせ(골프예약 문의)

お客様: ゴルフ場についての情報を頂けますか。(ゴルフ場について教えていただけますか。)

고객: 골프장에 관한 정보를 주시겠어요?

従業員: ええ、こちらには9ホールと18ホールがございます。9ホールはご予約を受けておりません。

お客様はティーオフの先着順にスタートします。18ホールをご利用されるにはお客様が会員になられるか、会員のお客様がいらっしゃらなければなりません。

종업원: 예 저희는 9홀과 18홀이 있습니다. 9홀에 대해서는 저희는 예약을 받지 않습니다. 사람들은 티오프를 선착순 기준으로 나갑니다. 18홀을 이용하시려면 고객님이 회원이 되거나 회원의 손님이 되셔야 합니다.

お客様: グリーンフィー(コースの使用料)はいくらですか。

고객: 그린피(코스 사용료)는 얼마입니까?

従業員: キャディー料金を含めまして120,000ウォンでございます。

종업원: 캐디 요금 포함해서 120,000원입니다.

お客様: ありがとうございます。

고객: 고맙습니다.

단어풀이

ティーオフ(tee off), ティーショット(티샷), 含める(포함하다)

2. 非会員のゴルフ予約(비회원 골프예약)

お客様: 18ホールでティータイム(スタート時間)を予約したいんですが。

고객: 18홀에서 티타임(스타트 시간)을 예약하고 싶습니다만.

従業員: 申し訳ございませんが、18ホールのゴルフ場は会員の方にだけオープンしております。

종업원: 죄송합니다만 18홀 골프장은 회원들에게(만) 오픈되어 있습니다.

非会員の方はクラブ会員をご同行なさらなければプレーできません。

비회원들은 클럽회원을 동행하시지 않으면 플레이할 수 없습니다.

非会員の方は9ホールで打つこと（プレー）ができます。

비회원은 9홀에서 칠(플레이할) 수 있습니다.

お客様: そうですか。9ホールで最初のティータイム（スタート時間）はいつですか。

고객: 그래요! 9홀에서 첫 티타임이 언제인가요.

従業員: 7時にスタートします。いつプレーなさいますか。

종업원: 7:00에 시작됩니다. 언제 play하실 겁니까?

お客様: できるなら明日の朝8時前に打ちたいんですが。(プレーしたいんですが。)

고객: 가능하면 내일 아침 08시 전에 치고 싶은데요.

従業員: 只今すぐ確認いたします。 7時7分 (だけ) 残っております。よろしいですか。

종업원: 지금 바로 확인해 보겠습니다. 07:07분(만) 남아 있습니다. 괜찮겠습니까?

お客様: いいですよ。

고객: 좋아요.

従業員: はい、お客様。私が7時10分で予約して置きました。

종업원: 예, 고객님 저희들이 07:10분으로 시간을 예약해 두었습니다.

お客様: ありがとう。

고객: 고마워요.

단어풀이

残る(남다) : 残す(남기다)

3. 大衆ゴルフ場(대중 골프장)

- アウトコースで行かれるには真っ直ぐ進まれて、インコースは橋を渡って右側にお進みください。
  아웃코스로 가기 위해서는 똑바로 가시고 인코스는 다리를 건너서 우측으로 가십시오.
- ティーグラウンドではスウィング練習をすることができません。
  티그라운드에서는 스윙연습을 하실 수 없습니다.
- アドレス中ですから、お静かにお願いします。
  어드레스 중이니 조용히 하여 주십시오.

- ティー・アップのお時間が（とても）遅れております。(速やかに）ティー・アップを終えて下さい。
  티업시간이 (너무) 지연되고 있습니다. (속히) 티업을 마쳐주십시오.

- ラウンディング（9ホール）は2時間以内に終わらせなければなりません。
  라운딩(9홀)은 2시간 이내에 마쳐주셔야 합니다.

- ゴルフコースはギャラリーにオープンされていません。(*ギャラリーは入場を許可されておりません。）
  골프코스는 갤러리로 오픈이 안 됩니다. (* 갤러리는 입장을 허용할 수 없습니다.)

- 1番グリーンはコース維持作業のため、ご使用できません。(代りに) 10番ホールからお始めください。
  1번 그린은 코스유지 작업으로 인해 사용할 수 없습니다. (대신에) 10번 홀에서 시작하시기 바랍니다.

- 指定された場所に（だけ）ゴミをお捨てください。
  지정된 장소에서(만) 쓰레기를 버리십시오.

- カートを引かれる時はティーグラウンドやグリーンの上を通ることはお控え下さい。
  카트를 끌 때 티 그라운드나 그린 위로 다니는 것을 삼가주십시오.

- ディボットは（自ら）補修して下さい。
  디보트는 (스스로) 보수하여 주십시오.

- (グリーン上の）ボールの落球位置は補修して下さい。
  (그린 위의) 볼 낙구 자리는 보수하여 주십시오.

- 賭けゴルフはご遠慮下さい。
  내기 골프를 하지 마십시오.

- シューズは擦らないで下さい。
  신발을 끌지 마십시오.

- コースでは静粛にして下さい。
  코스에서는 정숙하여 주십시오.

- インコースは（アウトコースは）白い旗に向かってボールを打って下さい。
  인코스는(아웃코스는) 흰색(적색) 깃발을 향해서 볼을 치십시오.

단어풀이

進む(나아가다)：進まれる(나아가시다), 渡る(건너다), 遅れる(늦다), 終える(마치다). 終わる(끝마치다)：終わらせる(끝마치게 하다), 捨てる(버리다), 引く(끌다)：引かれる(끄시다), 通る(통과하다), 控える(삼가다), 遠慮なく(체면 불구하고), 擦る(문지르다, 비비다)

4. エチケット規定の遵守(에티켓 규정 준수)

- 次のホールが空いております。次のホールにお早めに移動願います。
  다음 홀이 비어 있습니다. 다음 홀로 빨리 이동하여 주시기 바랍니다.

- (後ろから) たくさんのチームがお待ちです。 速やかに次のホールに移動願います。
  (뒤에서) 많은 팀이 기다리고 있습니다. 속히 다음 홀로 이동 바랍니다.

- 一つのボール（だけで）で、プレーして下さい。
  한 개의 공(만으로) 플레이를 하시기 바랍니다.

- こちらはゴルフコースですから、プレーヤー以外は入ることができません。
  이곳은 골프코스이므로 플레이어 (외에는) 들어오실 수 없습니다.

- 別の所で散策して下さい。
  다른 곳에서 산책하시기 바랍니다.

- プレーがとても遅れています。後ろのチームにパスして下さるよう願います。
  플레이가 너무 느립니다. 뒤팀에게 패스해 주시기 바랍니다.

- 前のホールが空いておりますので、休憩所はご利用できません。
  앞 홀이 비어 있으므로 그늘 집을 이용하실 수 없습니다.

단어풀이

遅れる(늦다)

5. 付帯施設(부대시설)

1) プール(수영장)

① プールでは靴を履くことは許可されておりません。
수영장에서는 구두를 신는 것은 허용이 되지 않습니다.

② プールに入(はい)る前(まえ)にシャワーを浴(あ)びて下(くだ)さい。

수영장에 들어가기 전에 샤워를 하십시오.

③ 水泳(すいえい)キャップを着用(ちゃくよう)して下(くだ)さい。

수영 모자를 착용하십시오.

④ こちらでは安全(あんぜん)と清潔(せいけつ)のため、みなさまのご協力(きょうりょく)をお願(ねが)います。

저희들은 안전과 청결을 위해 여러분들의 협조를 요청합니다.

⑤ 走(はし)ったり、飛込(とびこ)んだりしないで下(くだ)さい。

뛰거나 다이빙을 하지 마십시오.

⑥ プールでのご飲食(いんしょく)は許可(きょか)しておりません。

수영장에서는 음식을 드시는 것은 허용이 되지 않습니다.

⑦ プールに入(はい)る前(まえ)に準備運動(じゅんびうんどう)をして下(くだ)さい。

수영장에 들어가기 전에 준비운동을 하십시오.

⑧ プールでたばこを吸(す)わないで下(くだ)さい。(プールでのおたばこの喫煙(きつえん)はご遠慮(えんりょ)ください。)

수영장에서 담배를 피우지 마십시오.

⑨ 皮膚病(ひふびょう)や他(ほか)の疾病(しっぺい)をお持(も)ちの方(かた)はプールのご利用(りよう)を許可(きょか)しておりません。

피부병과 다른 질병을 가지고 있는 사람은 수영장 이용을 허용하지 않습니다.

⑩ 飲酒後(いんしゅご)の水泳(すいえい)は生命(せいめい)に大(おお)きな危険(きけん)を与(あた)えます。

음주 후에 수영은 생명에 큰 위험을 줍니다.

⑪ 声を低くして下さい。それでしたら迷惑になりません。

목소리를 낮추어주십시오. 그러면 방해가 되지 않을 것입니다.

⑫ 喚起のため窓を開けて置きました。

환기를 위해 창문을 열어놓았습니다.

⑬ 申し訳ございませんが、プールは工事（修理）中です。入る前に少しお待ちください。

죄송합니다만 수영장이 공사(수리) 진행 중입니다. 들어가기 전에 조금만 기다려 주십시오.

⑭ 水着をこちらで着替えて下さい。

수영복을 여기서 갈아입으십시오.

⑮ 水着はこちらでお買い求めできます。

수영복을 여기서 구입하실 수 있습니다.

⑯ (6歳以下の) 幼児はプールに入れません。

(6세 이하) 어린이는 수영장에 들어갈 수 없습니다.

⑰ 今、流れている音楽は大丈夫ですか。

지금 들려주는 음악은 괜찮습니까?

⑱ キム様お電話でございます。

Mr. Kim, 전화 왔습니다.

⑲ こちらでは水掻き、ガラス製品の水眼鏡、スノーケルのご使用はできません。

여기서는 물갈퀴, 유리제품의 물안경, 스노클은 사용이 허용되지 않습니다.

⑳ どうですか。
어떻습니까?

㉑ そちらは出口(でぐち)ではありません。
그곳은 출구가 아닙니다.

㉒ プールは幅(はば)が25メートルで長(なが)さが50メートルです。
수영장은 넓이가 25m이고 길이가 50m입니다.

㉓ 水(みず)の温度(おんど)は摂氏(せっし)28度(ど)を維持(いじ)しています。
물의 온도는 섭씨 28도를 유지하고 있습니다.

㉔ 水泳講習(すいえいこうしゅう)時間(じかん)は一日(いちにち)に4時間(じかん)です。
수영 강습시간은 하루에 4시간입니다.

㉕ レッスンを受(う)けたければ、デスクで受付(うけつけ)をして下(くだ)さい。
레슨을 받기를 원하시면 데스크에서 접수를 해주십시오.

㉖ あなたの記録(きろく)は50秒(びょう)（一分(いっぷん)）です。
당신의 기록은 50초(1분)입니다.

㉗ プールを横切(よこぎ)って水泳(すいえい)をしないで下(くだ)さい。
수영장을 가로질러서 수영을 하지 말아주십시오.

㉘ ロッカーの番号(ばんごう)は何番(なんばん)ですか。
락카 번호는 몇 번입니까?

㉙ プールは衛生清潔(えいせいせいけつ)のため消毒中(しょうどくちゅう)です。
수영장은 위생청결을 위해 소독 중입니다.

㉚ 水泳キャップはこちらで貸し出ししています。
수영모자는 여기에서 빌려드리고 있습니다.

㉛ キム様はこちらを出られました。(＝お客様のお部屋へ戻られました。)
Mr. Kim은 여기를 떠났습니다.(= 그의 방으로 돌아갔습니다.)

㉜ キム様は今、プールにはいらっしゃいません。
Mr. Kim은 지금 수영장에 없습니다.

㉝ 申し訳ございませんが、もう少し後で（もう一度）お電話いただけますか。
죄송합니다만 잠시 후에 (다시) 전화 주십시오.

단어풀이

履く(신다), 浴びる(흠뻑 뒤집어쓰다) : シャワーを浴びる(샤워를 하다), 走る(달리다), 飛ぶ(날다) + 込む(안에 넣다) : 飛込む(뛰어들다), 吸う(피우다), 与える(전하다), 迷惑をかける(폐를 끼치다), 着替える(갈아입다), 入る(들어가다) : 入れる(들어갈 수 있다), 流れる(흐르다)

2) ゴルフ練習場(골프연습장)

① 開場時間いつですか。
개장시간이 언제입니까?
6時からよる8時30分まで開いています。
6시부터 저녁 8시 30분까지 개장합니다.

② ゴルフクラブは借りれますか。

골프클럽을 빌려줍니까?

ゴルフクラブを貸し出ししておりまして、ボールは（約）100個ほどが7,000ウォンです。

골프클럽을 빌려드리며 볼은 (약) 100개 정도가 7,000원입니다.

③ ゴルフ場へは客室からどうやって行きますか。

골프장을 객실에서 어떻게 가야 합니까?

④ 手袋（グローブ）と靴（シューズ）は借りれますか。

장갑(glove)과 신발(shoes)을 빌릴 수 있습니까?

貸し出ししてはいませんが、いろいろな手袋（グローブ）と靴(シューズ) を販売しています。

빌려드리지는 않지만, 다양한 장갑과 신발을 판매하고 있습니다.

⑤ 事前に予約をしなければなりませんか。それとも行かなければなりませんか。

사전에 예약을 해야 합니까? 아니면 가야(만) 하나요?

こちらは予約を受け付けておりません。お越しになりましたら、ご都合のいいときにできます。

저희들은 예약을 받지 않습니다. 오시게 되면 편리하신 시간에 하시면 됩니다.

⑥ ティーグランドから目標物まで距離がどのくらいですか。

티 그라운드에서 목표물까지는 거리가 얼마나 됩니까?

だいたい30ヤードです。

대략 30야드입니다.

⑦ ゴルフクラブ何本(なんぼん)で1セットになりますか。

골프클럽 몇 개로 한 세트가 되나요?

14本(ほん)にはウッド、アイアン、パタが含(ふく)まれます。

14개에는 우드, 아이언, 퍼터가 포함됩니다.

⑧ 左利(ひだりき)きゴルフ客用(きゃくよう)のクラブはありますか。

왼손잡이 골프객용 클럽이 있습니까?

申(もう)し訳(わけ)ございません。準備(じゅんび)しておりません。全(すべ)て右利(みぎき)き用(よう)です。

미안합니다만 준비되어 있지 않습니다. 모두 오른손잡이용입니다.

⑨ 女性用(じょせいよう)のクラブはありますか。

여성용으로 클럽이 있습니까?

それらは男性用(だんせいよう)だけです。

그것들은 남성용(뿐)입니다.

⑩ どの打席(だせき)で打(う)たれますか。

어느 타석에서 치시겠습니까?

3番 打席(だせき)がいいです。

3번 타석이 좋습니다.

⑪ ボールを一箱(ひとはこ)だけ利用(りよう)できますか。

볼을 반 박스(만) 이용할 수 있습니까?

はい、可能(かのう)でして料金(りょうきん)は4,000ウォンです。

네, 가능하며 요금은 4,000원입니다.

⑫ お手洗(てあら)いはどこにありますか。

화장실은 어디에 있습니까?

(こちらの)　ゴルフ場が工事のためロビーか客室のうち一カ所をご利用下さい。

(이곳) 골프장이 공사로 인하여 로비나 객실 중에 다른 한 곳을 이용하시기 바랍니다.

⑬ ホテルへ行く道はどちらの方がもっと早いですか。

호텔로 가는 길이 어느 쪽이 더 빠릅니까?

改補修工事のため（多分）内部を通って行かれるよりも来られた道を帰られる方が近道です。

개보수 공사로 인하여 (아마) 내부를 통해 가려고 하시는 것(보다도) 오셨던 길로 돌아가시는 게 지름길입니다.

⑭ ゴルフの練習場はどこにありますか。

골프연습장이 어디 있습니까?

外に出られて右側の道を進んで下さい。

밖으로 나가셔서 오른쪽으로 길을 가시면 됩니다.

⑮ 室内ゴルフ場だけありますか。

실내 골프장(만) 있습니까?

はい、ですが、フィールドに行かれたければゴルフクラブの予約部署でお客様のために予約をして差し上げます。

예, 그러나 필드를 가시기를 원하시면 골프클럽 예약부서에서 고객을 위해서 예약을 해 드릴 것입니다.

⑯ 他の人がゴルフをしている時はうろうろしないで下さい。

다른 사람이 골프를 치고 있을 때 서성거리지 마십시오.

けがをする可能性があります。

다치게 될 가능성이 있습니다.

⑰ ゴルフレッスンもしてくれますか。

골프레슨도 해주나요?

ゴルフレッスンはしておりません。

골프레슨은 하지 않습니다.

⑱ 小銭にお金を両替してもらえますか。

잔돈으로 돈을 교환해 주시겠습니까?

もちろんでございます。

물론입니다.

⑲ 騒音を了解していただければありがたいです。

소음을 양해해 주시면 고맙겠습니다.

⑳ エアコンが作動しません。扇風機をご利用願います。

에어컨이 작동되지 않습니다. 선풍기를 이용해 주십시오.

㉑ ご不便な点がございましたら、躊躇わずに私どもにお知らせ下さい。

불편하신 점이 있으시면 주저하지 마시고 저희들에게 알려주십시오.

단어풀이

借りる(빌리다) : 借りれる(빌릴 수 있다), 都合(형편, 사정) : 都合のいいとき(편리한 시간), 躊躇う(망설이다) : 躊躇わずに = 躊躇わなくて(주저 없이)

3) サウナ(사우나)

① こんにちは！
안녕하십니까?

② ロッカールームはこちら（あちらで）でございます。
락카 룸은 이쪽(저쪽)입니다.

③ タオルはこちらに（そちらに）ございます。
타월은 바로 여기(저기)에 있습니다.

④ プールをご利用(りよう)の際(さい)はバスタオルをお持(も)ち下(くだ)さい。
수영장을 이용할 시에는 베스타월을 가져가십시오.

⑤ 衛生上(えいせいじょう)の理由(りゆう)により水着(みずぎ)はレンタルしておりません。
(= 衛生上(えいせいじょう)の理由(りゆう)で水着(みずぎ)のレンタルはできません)
위생상의 이유로 수영복은 대여하지 않습니다.
(= 위생상 이유로 수영복 대여는 불가능합니다)

⑥ ロッカールームで水着(みずぎ)や運動服(うんどうふく)に着替(きが)えて下(くだ)さい。
락카 룸에서 수영복이나 운동복을 갈아입으십시오.
プールに行(い)かれる時(とき)はガウンを羽織(はお)ってください。
수영장에 가실 때는 가운을 입으시기 바랍니다.

⑦ シャワー施設(しせつ)とプールにはフェイス用(よう)、ヘア用(よう)の化粧品(けしょうひん)が備(そな)えらえております。
샤워시설과 풀장에서는 face용, hair용 화장품이 준비되어 있습니다.

⑧ 体育館(たいいくかん)に行(い)かれる時(とき)は運動靴(うんどうぐつ)を着用(ちゃくよう)願(ねが)います。
체육관에 가실 때는 운동화를 착용하시기 바랍니다.

⑨ 浴槽に入られる前にはシャワーをして下さい。
탕을 이용하시기 전에는 샤워를 하시기 바랍니다.

⑩ サウナ内では雑誌や新聞はご覧になれません。
사우나 독 내에서는 잡지나 신문은 볼 수 없습니다.

⑪ タオルかごに濡れたタオルをお入れ下さい。
타월 바구니에 젖은 타월을 버리십시오.

⑫ 垢こすりサービスをご希望の場合はこちらでご予約願います。
때밀이 서비스를 원할 경우에 여기서 예약을 해주십시오.

⑬ ご使用されたスリッパはロッカーの中にお入れ下さい。
사용하신 슬리퍼를 락카 안에다 넣어주십시오.

⑭ 入れ墨がある方はサウナをご利用いただけません。
문신이 있는 사람은 사우나를 이용하실 수 없습니다.

⑮ こちらは禁煙区域です。指定された禁煙地域ですので、おたばこはご遠慮ください。
이곳은 금연구역입니다. 지정된 금연지역이기에, 담배를 삼가주시기 바랍니다.

⑯ ご使用されたロッカーキーをレセプションデスクに返却して下さい。
사용하신 락카 키를 리셉션 데스크로 반납해 주십시오.

⑰ こちらの施設をご利用するにあたり、ご不便な点がございましたら助けを求められたりこちらのスタッフをお呼び下さい。
저희 시설을 이용하는 데 있어서 불편하신 점이 있으시면 도움을 요청하시거나 저희 직원을 불러주십시오.

⑱ 応急治療を願われる場合はガウンを着てこちらの医務室をご利用下さい。

응급치료를 원하시는 경우에 가운을 입고서 저희 의무실을 이용해 주십시오.

⑲ お客様の奥様（ご主人、お子様）が、レセプションデスクでお待ちです。

손님의 부인(남편, 자녀)께서 리셉션 데스크에서 기다리고 계십니다.

お客様がご希望するお時間が可能かどうか私が確認いたします。

고객님이 요청하신 시간이 가능한지 제가 확인해 보겠습니다.

マッサージや垢こすりの料金はレセプションデスクでお支払下さい。

마사지나 때밀이 요금에 대해서는 리셉션 데스크에서 지급하십시오.

단어풀이

羽織る: (겉옷을 걸치다), 備える(준비하다) : 備えらえる(준비되다), ご覧になる(보시다), 濡れる(젖다), 利用するにあたり(이용에 즈음하여), 求める(구하다), レンタル(rental) = 貸す(빌려주다)

4) ボーリング(볼링)

従業員: (只今)こちらにはそのサイズはございません。お客様に一サイズ大きい(小さい)物を差し上げます。

종업원: (지금) 저희는 그 치수가 없습니다. 제가 고객님께 한 치수 큰(작은) 것으로 드리겠습니다.

ボールをラックの外に離して置いて下さい。(= ボールを取って下さい。)

볼을 랙 밖에서 벗어나게 해 놓으십시오. (= 볼을 빼주세요)

ゲーム終了後にお支払い下さい。

게임 끝난 후에 지급하세요.

ゲームをもっとなさいますか。

게임을 더 하시겠습니까?

お手洗いは出られて右側です。

화장실은 나가셔서 우측입니다.

出られる前に靴を履替えて下さい。

나가시기 전에 신발은 갈아 신으세요.

レーン２つでご利用下さい。

레인 2개로 이용하세요.

一レーンで六名までプレーすることができます。

한 레인에서 6명까지 칠 수 있습니다.

２つのレーンを使わなければならないんですが、今は一つだけ空いています。

2개의 레인을 사용하지 않으면 안 되는데, 그러나 지금은 (단지) 하나만 비어 있습니다.

各自別々にゲームをなさいますか。

각자 별도로 게임을 하실 겁니까?

別々にお会計なさいますか。

별도 계산을 하실 겁니까?

一人当り10,000ウォンでございます。

1인당 10,000원입니다.

お客様のお名前をおっしゃっていただけますか。
당신의 이름을 말씀해 주시겠습니까?

こちらは8ポンドから16ポンドのボールまでございます。
저희는 8파운드부터 16파운드 볼까지 있습니다.

こちらのボールは8ポンドから16ポンドの重さのボールがございます。
(여기) 볼은 8파운드부터 16파운드 무게의 볼이 있습니다.

(こちらにある)ボールは8ポンドから16ポンドまでの重さがございます。
(여기 있는) 볼은 8파운드부터 16파운드까지 무게가 있습니다.

時間になるので私がお客様をリーグボーリングまでお送りいたします。
시간이 다 되어가기 때문에 제가 고객님을 리그볼링으로 돌려드리겠습니다.

こちらで喫煙は許可されておりません。
이곳에서 흡연은 허용이 되지 않습니다.

スミス様フロントへお越し下さい。
Smith씨 프런트로 와주십시오.

단어풀이

離す(떼다, 풀다), 履く(신다) : 履替える(갈아 신다), 言う(말하다) : おっしゃる(말씀하시다), ~い形 ⇨ ~い (さ)명사형으로 변형 : 重い (무겁다) => 重さ(무게), 寒い(춥다) ⇨ 寒さ(추위)

5) レセプション＆インフォメーション＆サウナ&プール(Reception & information & sauna & swimming pool)

① こんにちは。いらっしゃいませ。どうなさいましたか。

안녕하십니까? 무엇을 도와드릴까요?

② 営業時間(えいぎょうじかん)は朝(あさ)6時(じ)から夜(よる)9時(じ)30分(ぷん)まででございます。こちらのクラブは年中無休(ねんじゅうむきゅう)オープンでございます。

영업시간은 아침 6시부터 저녁 9시 30분까지입니다. 저희 클럽은 연중무휴 오픈합니다.

③ こちらはサウナ施設(しせつ)で男女(だんじょ)サウナと室内(しつない)ゴルフ練習場(れんしゅうじょう)とテニスコートがございます。

저희는 사우나 시설로서 남녀사우나와 실내골프 연습장과 테니스장이 있습니다.

④ プールは工事中(こうじちゅう)ですが、（完成(かんせい)したら）屋根(やね)をドームで覆(おお)って全天候(ぜんてんこう)にご利用(りよう)できます。

ドームは冬(ふゆ)は閉(し)め、そして夏(なつ)には開(あ)けられます。

それからプールの規格(きかく)は国際規格(こくさいきかく)である(25m x)と一致(いっち)します。

プールの深(ふか)さは～です。

수영장은 공사 중에 있는데 (완공이 되면) 지붕을 돔으로 씌워 전천후로 이용됩니다. 돔은 겨울에 닫고 그리고 여름에는 열게 됩니다. 그리고 수영장 규격은 국제규격인 (25m x)와 일치합니다. 수영장 깊이는 ~입니다.

⑤ 入場料(にゅうじょうりょう)は10,000ウォンでご使用(しよう)期間(きかん)については制限(せいげん)がございません。

입장료는 10,000원이고 사용기간에 대해서는 제한이 없습니다.

⑥ お客様は貴重品を受付に安全にお預けすることができます。
고객께서는 귀중품을 접수처에 안전하게 맡길 수 있습니다.

⑦ ロッカーの鍵は出られる時返却しなければなりません。鍵を紛失された場合お客様に紛失キーに対する料金をご負担して頂きます。
락카 키는 나오실 때 반납하여야만 합니다. 키를 분실하실 경우 저희는 고객님께 분실키에 대해서 요금을 부담해서 받습니다.

⑧ 入れ墨をされた人達と飲酒をされた人達はクラブにご入場できません。
문신을 가진 사람들과 음주를 하신 사람들은 클럽에 들어올 수 없습니다.

⑨ 改補修されたクラブは完全に違う構造になりました。
개보수된 클럽은 완전히 다른 구조를 가지게 되었습니다.

⑩ 女子のロッカールームの出入り口はホールにそって真っ直ぐ行かれるとございます。
여자 락카 룸의 출입구는 홀을 따라 곧바로 가시면 찾을 수 있습니다.
男子ロッカーと体育館の入り口は階段（右側）に上がられるとございます。
남자 락카와 체육관의 입구는 계단(오른쪽)을 올라가시면 찾을 수 있습니다.

⑪ プールは来年5～6月に開場予定です。
수영장은 내년 5~6월에 개장 예정입니다.

⑫ (マッサージ時間以降の) 時間に予約がなければ24時間サービスを受けることができます。
(마사지 시간 이후의) 시간에 예약이 없으면 24시간 서비스를 받을 수 있습니다.

⑬ 美容マッサージは例えばオイルマッサージと共に美容室で実施しております。

미용 마시지는 가령 오일 마사지와 같이 미용실에서 하고 있습니다.

⑭ マッサージサービスをご希望されるなら躊躇わずにハウスキーピングにご連絡下さい。スタッフがお客様をお手伝いいたします。

마사지 서비스를 원하시면 주저하지 마시고 하우스키핑으로 연락하십시오. 어떤 직원이 고객님을 도와드릴 겁니다.

⑮ 3種類のサウナがございますが、乾式サウナ、湿式、赤外線サウナがございます。

3종류의 사우나가 있는데 - 건식 사우나, 습식, 적외선 사우나가 있습니다.

⑯ テニスコートは予約制で運営しております。

테니스코트는 예약제로 운영됩니다.

⑰ 申し訳ございませんが、コートは予約でいっぱいでございます。

죄송하지만 코트는 예약이 (다 차) 있습니다.

次に空いた時私たちに連絡して下さい。

다음에 비어 있을 때 저희에게 연락하십시오.

⑱ お客様は万が一キャンセルが出ましたら、キャンセルされたコートでもされる意向がございますか。

고객님께서 만약 취소가 생기면 취소된 코트자리라도 하실 의향이 있습니까?

⑲ 現在、クラブはお客様が多いためご利用できません。

현재 클럽은 손님이 많기 때문에 이용하실 수 없습니다.

6時以降にもう一度お越し頂けますか。

6시 이후에 다시 와주시겠습니까?

その時間あたりが（お客様が）クラブをご利用されるには楽かと思われます。なぜなら混雑しない時間だからです。

그 시간대가 (고객님이) 클럽을 이용하시기에 편하실 겁니다. 왜냐하면 번잡하지 않은 시간이기 때문입니다.

⑳ このカードは有効期限が過ぎました。

이 카드는 유효기간이 지났습니다.

カードを再発行して下さい。そちらがお客様が（最初に）カードの発行を受けた所です。

카드를 재발급하십시오. 거기가 고객님이 (최초에) 카드를 발급받았던 곳입니다.

㉑ こちらではその方を探せません。多分その方は外で運動しておられます。こちらに電話番号をお教えいただけたら、私がその方に連絡が取れ次第、彼にお客様のお電話に連絡をするように伝えます。

저희들은 그분을 찾을 수가 없습니다. 아마 그분은 밖에서 운동하고 계실 겁니다. 저희들에게 전화번호를 알려주시면 제가 그분께 연락이 취해지는 대로, 그분에게 고객님의 전화로 연락을 할 수 있도록 전달하겠습니다.

㉒ 申し訳ございませんが、こちらでは（お客様が無くされた）その物を探すことができません。

말씀드리기 죄송합니다만 저희들은 (고객님이 분실하셨던) 그 물건을 찾을 수가 없습니다.

お役に立てなくて申し訳ございません。

도움을 드리지 못해서 죄송합니다.

㉓ (お客様がご希望される) ロッカーは他のお客様が使用していらっしゃいます。

(고객님께서 원하시는) 락카는 다른 손님이 사용하고 계십니다.

(お客様がご希望された) (ロッカーの横)ロッカーキーは只今使われております。

(고객님이 원하셨던) (락카 옆) 락카 키는 지금 사용이 되고 있습니다.

私が別のロッカーを差し上げます。それでしたらご不便を感じられないと思います。

제가 다른 락카를 드리겠습니다. 그러면 불편함을 느끼지 않으실 겁니다.

단어풀이

覆う(덮다, 씌우다), 深い(깊다) : 深さ(깊이), 開ける(열다) : 開けられる(열려지다), 違う(다르다), ~に沿(そ)って(~을 따라서), 躊躇う(주저하다) : 躊躇わずに = 躊躇わないで(주저하지 않고), 手伝う(돕다), 万が一(=まんいち)(만일), 過ぎる(지나다), 受ける(받다), 探す(찾다) : 探せる(찾을 수 있다), 次第(~하는 대로, 차츰), 無くす(잃다, 없애다), 役に立つ(도움이 되다) : 役に立てる(도움이 되게 하다), 感じる(느끼다) : 感じられる(느껴지다)

6) コンビニ(편의점)

- レジで(계산대에서) -

店員: (買い物を) 終えられましたか。
점원: (물건 사기를) 끝마쳤습니까?

お客: ええ、お会計お願いします。
고객: 예, 계산해 주세요.

店員: 全て合わせまして合計が12,650ウォンになります。
점원: 모두 합쳐서 합계가 12,650원이 되겠습니다.
(店員が20,000ウォンをお客からもらう)
(점원이 20,000원을 고객에게 받는다)

店員: 20,000ウォンお預かりします。7,350ウォンのお返しでございます。ありがとうございます。
どうぞ楽しい一日を！
점원: 20,000원 받았습니다. 거스름돈 7,350원 여기 있습니다. 감사합니다.
즐거운 하루 되십시오.

- お客が商品の位置を知りたい時(고객이 상품의 위치를 알기를 원할 때) -

お客: コーヒーはどこにありますか。
고객: 커피가 어디에 있어요?
コーヒーを探すのを手伝ってもらえませんか。
커피 찾는 것을 도와주시겠어요?
コーヒーを探しているんですが、手伝ってもらえませんか。
커피를 찾고 있어요. 도와주시겠어요?

店員: 7番通路にございます。左側にございます。

점원: 7번 통로에 있습니다. 왼쪽에 있습니다.

(下の方にございます。)

(아래쪽에 있습니다)

(降りて行かれましたらございます。)

(내려가서 있습니다)

- お客がある商品を買いたい時、-コンビニで取り扱っていない商品 -

(고객이 어떤 상품을 사기를 원할 때, 즉 편의점에서 취급하지 않는 상품)

お客: シャンプーとリンスはどこにありますか。

고객: 샴푸와 린스는 어디서 찾습니까?

店員: 申し訳ございません。シャンプーとリンス、その他に使い捨て用の用品は環境保護のためこちらでは取り扱っておりません。代りにこちらではソフ、石鹸を置いています。右側の6番通路にございます。

점원: 죄송합니다. 샴푸와 린스나 그 외에 일회용 용품을 환경보존의 이유로 저희는 취급하지 않습니다.

대신에 저희들은 소프트 비누를 비치하고 있습니다. 오른쪽에 6번 통로에 있습니다.

- お客が少しの救急薬を買いたい時 -

(고객이 약간의 구급약을 사기를 원할 때)

お客: 子供が熱がひどく高く出ているんですが、Hリゾート内で解熱剤を買えますか。

고객: 아이가 열이 몹시 많이 나는데 H 리조트 안에서 해열제를 살 수 있나요?

店員: はい、解熱剤はコンビニで購入できます。
점원: 예, 간단한 해열제는 편의점에서 구입이 가능합니다.

단어풀이

終える(끝마치다) : 終えられる(끝마치시다), 預かる(받다, 보관하다), お返し(거스름돈) : 返す(돌려주다), 降りる(내리다), 取り扱う(취급하다), レジ(계산대) : (レジスター 의 줄인 말 = register)

7) ベビーシッター(Baby sitting)

お客: スキーを乗りに行こうと思うんですが、幼児を預かってくれるサービスがありますか。
고객: 스키를 타러 나가려고 하는데 어린아이 돌보는 서비스가 있습니까?

従業員: はい、幼児のためのプレイルームがございます。お子様は2歳以上からお預けできます。
チケットをお買い求めになり、フロントの前の階段を上がられると幼児プレイルームがございます。
종업원: 예, 유아를 위한 놀이방이 있습니다. 아이는 2세 이상부터 허용됩니다.
티켓을 구입하시고서 프런트 앞 계단으로 올라가시면 유아놀이실을 찾을 수 있습니다.
幼児プレイルームは幼児教育の専門家の監督の元で運営されています。
유아놀이실은 유아교육 전문가의 감독하에 운영되고 있습니다.

お客: 費用はいくらですか。

고객: 비용이 얼마죠?

従業員: 料金は半日基準で付加(計算)されます。午前の料金は10,000ウォンで午後の料金は12,000ウォンでございます。

종업원: 요금은 반일 기준으로 부가됩니다. 오전 요금은 10,000원이고 오후 요금은 12,000원입니다.

단어풀이

預かる(맡기다), プレイルーム(play room)

8) クリニック(Clinic : 의무실)

(1) 痛みを表現する(통증 표현하기)

① 痛い部位(아픈 부위)

背中(등), 耳(귀), 腕(팔), 手首(팔목), 脚(다리), 足(발), 膝(무릎), 喉(목구멍), 目(눈), 首(목), お腹(배), 胃(위), 手(손), 指(손가락), 鼻(코), 打撲傷の炎症(타박상 염증), 擦りむく(까짐), ひりひりする(쓰라림), 傷の痛み(상처 쑤심), 目が痛い(눈이 아프다), 喉が痛い(목이 아프다)

看護士: どのように痛いですか。そこが痛いですか。

간호사: 어떻게 아프십니까? 그곳이 아프십니까?

患者: ひどく痛みます。

환자: 몹시 아픕니다.

ずきずきするように痛みます。

쑤시듯 아픕니다.

きりきりと痛みます。

찌르듯 아픕니다.

看護士: どうされましたか。

간호사: 어디가 아프십니까?

患者: 寒気がします。

환자: 떨리고 한기가 느껴집니다.

風邪薬を下さい。

감기약을 좀 주세요.

看護士: 申し訳ございませんが、風邪薬を調剤してあげることができません。

간호사: 죄송합니다만 감기약을 조제해 드릴 수가 없습니다.

抗生剤のような薬は医師の処方箋なしに買うことはできません。

항생제 같은 약은 의사의 처방전 없이 살 수 없습니다.

例えば鎮痛剤やアスピリンのように処方箋が必要ない薬はコンビニで買えます。

가령 진통제나 아스피린처럼 처방전 필요 없는 약은 편의점에서 살 수 있습니다.

医師の診察を受けなければなりません。

의사의 진찰을 받으셔야 합니다.

ご希望でしたら119で救急車をお呼びします。

원하시면 119로 앰뷸런스를 부르겠습니다.

단어풀이

吐(は)く(토하다), 寒気(さむけ)(오한)

9) その他(た)の表現(ひょうげん)(기타 표현)

① 私(わたし)は魚(さかな)のアレルギーがあります。

저는 생선에 알레르기가 있습니다.

② 全身(ぜんしん)が痒(かゆ)くて我慢(がまん)できません。

온몸이 가려워 견딜 수가 없습니다.

③ 蕁麻疹(じんましん)がひどいです。

두드러기가 심합니다.

④ そこに効(き)くいい薬(くすり)がないですか。

거기에 필요한 좋은 약이 없을까요?

⑤ この傷(きず)はいつ出来(でき)ましたか。

이 상처는 언제 생겼습니까?

⑥ 腫(は)れているのを見(み)ると炎症(えんしょう)を起(お)こしているようです。私(わたし)が簡単(かんたん)な治療(ちりょう)をして差(さ)し上(あ)げます。

부어오른 것을 보니 염증이 생긴 것 같습니다. 저희가 간단한 치료를 해드리겠습니다.

⑦ 下痢(げり)を何回(なんかい)しましたか。

설사를 몇 번이나 하셨습니까?

昨日何を召し上がりましたか。

어제 무엇을 드셨습니까?

⑧ 血圧が高いです。(患者さんは) 血圧の薬を服用されていますか。

혈압이 높습니다. 고객님은 고혈압 약을 복용하시고 계신가요?

⑨ ベッドに横になって休んでください。

침대에 누워서 휴식을 취하십시오.

⑩ 血圧をもう一度測ってみましょうか。

혈압을 다시 재볼까요?

⑪ 血圧が高いです。病院に行って下さい。

혈압이 높습니다. 병원에 가보십시오.

⑫ もし (お客様が) 現在薬を服用中でしたら、今その薬を飲んで下さい。

만약 고객님이 지금 약을 복용 중에 있으면 지금 그 약을 드십시오.

⑬ (私に)傷を見せて下さい。少し血が出ていますね。

저희에게 상처를 보여주십시오. 조금 피가 나는군요.

傷を消毒後に治療します。

상처를 소독 후에 치료할 겁니다.

⑭ ひどく血が流れています。まず、出血を止めなければなりません。

심하게 피를 흘립니다. 우선 출혈을 멈추게 해야 합니다.

⑮ 先に私が当直の支配人に連絡してあげますよ。お車の準備ができたら病院へ一緒に行くことができます。

먼저 저희들이 당직지배인에게 연락해 드리지요. 차가 준비되면 병원으로 함께 갈 수 있습니다.

⑯ あまり心配しないで下さい。この傷には（ほんの）2~3針の縫合が必要です。

너무 염려 마십시오. 이 상처에 대해서 (단지) 2~3바늘 봉합이 필요합니다.

⑰ 熱があります。体温を測りましょうか。

열이 있습니다. 체온을 재볼까요?

⑱ 風邪薬を差し上げます。毎食後に薬を飲んでください。

감기약을 드리겠습니다. 매 식사 후에 약을 드십시오.

⑲ アレルギーがありますか。アスピリンか、でなければ他の薬に対してありましたら、(こちらに)お知らせ下さい。

알레르기가 있습니까? 아스피린이나 아니면 다른 약에 대해 있으시면 저희들에게 알려주십시오.

熱が高いです。摂氏39度です。(熱が低い)

열이 높아요. 섭씨 39도입니다.(≠ 열이 낮다)

⑳ こちらで解熱剤を差し上げます。お部屋に戻られてからこの薬を飲んで下さい。

저희들이 해열제를 드리겠습니다. 방으로 돌아가셔서 그리고 이 약을 드십시오.

額にアイスパックをのせて安静にして下さい。

이마 위에다 얼음 팩을 대고 그리고 안정을 취하십시오.

㉑ こちらに横になって下さい。口をお開け下さい。

여기에 누우십시오. 입을 벌리십시오.

袖をまくって下さい。腕を血圧計の中にお入れ下さい。

소매를 걷어주십시오. 팔을 혈압계 안에 넣으십시오.

㉒ 頭の方を低くして横になって下さい。

머리 쪽을 낮추고 누우십시오.

단어풀이

我慢する(참다), 効く(듣다, 효과가 있다), 腫れる(붇다), 起こす(일으키다), 横になる(눕다), 休む(쉬다), 測る(재다), 耐える(견디다), 止まる(정지하다) : 止める(정지시키다), のせる(올리다), まくる(걷어올리다)

6. インフォメーション(인포메이션)

1) お客がベリーコンド方向を尋ねる時(고객이 벨리콘도 방향을 물을 때)

お客様: ここからどうやってコンドに行けますか。

고객: 여기에서 어떻게 콘도로 갈 수 있나요?

従業員: お車をお持ちになりましたか。

직원: 차를 가져오셨습니까?

お客様: ええ、持って来ました。

고객: 예, 가져왔습니다.

従業員:　そうしましたら,お客様が来られた道を車でお戻り下さい。その道を降りて行くと左側に橋が見えて来ます。

직원:　그러면 (고객님께서 오셨던) 길로 차를 돌려서 돌아가십시오. 그 길로 내려가면 왼쪽에 다리가 보일 겁니다.

この建物に沿って橋を渡って下さい。そうしましたら、道路が曲がっています。その次にコンドが見えて来ます。

이 건물을 따라 다리를 건너서요. 그러면 도로가 굽어 있습니다. 그런 다음에 Condo가 보일 것입니다.

단어풀이

尋ねる(묻다) : ~に尋ねられる, 聞かれる(~에게 물으시다)

2) 記念品を買う(기념품 사기)

お客様:　どこで記念品（お土産）が買えますか。

고객:　어디서 기념품을 살 수 있나요?

従業員:　Hホテルのスポーツショップでそれらをお買い求めになれます。

직원:　H호텔 스포츠 숍에서 그것들을 살 수 있습니다.

または、お土産屋でお買い求めになれます。万一お土産屋に行かれる場合は、スーパーの外に出られて角を曲がりますと見えます。

(또한) 기념품점에서 살 수 있습니다. 만약 기념품점에 가실 경우, 슈퍼마켓 밖으로 나오셔서 코너를 돌면 보이실 겁니다.

단어풀이

~を買う(~을 사다) : ~が買える(~를 살 수 있다)

3) 観光バスのチケットを買う(관광버스표 사기)

お客様: バスのチケットをどこで買えますか。

고객: 버스표를 어디서 살 수 있나요?

従業員: (シーズン) 外に出られて角を左に曲がって下さい。バスのチケット売り場がございます。

自動ドアの横にスキー場側の方向です。チケットはそちらでお買い求めになれます。

직원: (성수기) 밖으로 나가서 모퉁이에서 왼쪽으로 도세요. 버스 매표소가 있습니다. 자동문 옆에 스키장 쪽 방향입니다. 티켓을 거기서 구입하실 수 있습니다.

(シーズンオフ) シーズンオフの間はチケット売り場はオープンしておりません。

ただ、バスに乗ることはできます。バス乗り場はスカイコンドの前で午後4時でございます。

そうしましたら運転手に料金をお支払下さい。

(비수기) 비수기 동안에는 매표소는 오픈하지 않습니다. (다만) 버스를 타실 수 있습니다. 버스승강장이 스카이콘도 앞이고 오후 4시입니다.
그러면 운전수에게 요금을 지급하세요.

4) 脱衣室を探す(탈의실을 찾기)

お客様: この建物にどこか脱衣室はありますか。
손님: 이 건물에 어디에 탈의실이 있나요?

従業員: 申し訳ございませんが、脱衣室はございません。ですが、お手洗いをご利用できます。
(十分に) きれいで衛星的です。階段の後ろ側にございますが、角から左側に曲がって出られるとございます。
직원: 죄송합니다만 탈의실이 없습니다. 그러나 고객님께서는 화장실을 이용하실 수 있습니다.
(충분히) 깨끗하고 위생적입니다. 계단 뒤쪽에 있는데, 모퉁이에서 왼쪽으로 돌아서 나오면 있습니다.

단어풀이

きれいな(깨끗한 : ~な形)

5) スカイコンドのフロントへ行く方法を問い合わせる(스카이콘도의 프런트로 가는 방법을 문의하기)

お客様: スカイコンドのフロントはどこにありますか。
고객: 스카이콘도의 프런트가 어디 있습니까?

従業員: お出口を通って廊下へ行かれて下さい。右側にエレベーターがございます。

それに乗って2階へ上がられて通路に沿って進まれて下さい。

そうしましたらフロントに到着します。

직원: 출구를 통해 복도로 가십시오. 오른쪽에 엘리베이터가 있습니다. 그것을 타고 2층으로 올라가셔서 그리고 통로를 따라 나아가십시오.
그러면 프런트에 도착할 겁니다.

단어풀이

~に乗る(~을 타다)

6) 宿泊施設について問い合わせる(숙박시설에 대해 문의하기)

お客様: パインコンドがどこにありますか。

고객: Pine condo가 어디에 있나요?

従業員: そのようなコンドはHリゾート内にはございません。(こちらの)
Hリゾート内にはHホテル、
スカイコンド、マウンテンコンド、ベリーコンドそれからユースホステルがございます。
私が思いますには、名前を（もう一度）ご確認された方がよろしいかと思われます。

직원: 그런 콘도는 H 리조트 안에 없습니다. (이곳) H리조트 안에 H호텔, 스카이콘도, 마운틴콘도, 벨리콘도, 그리고 유스호스텔이 있습니다.
제 생각으로는 이름을 (다시) 확인해 보시는 게 좋을 것 같습니다.

7) テレホンカードを買う(전화카드 사기)

お客様: 公衆電話カードを売っていますか。
고객: 공중전화 카드를 판매합니까?

従業員: テレホンカードはホテルのロビーラウンジで販売しております。
직원: 전화카드는 호텔 로비라운지에서 판매합니다.
左側のエレベーターを通り過ぎて下さい。そうしましたらそちらに到着します。
왼쪽 엘리베이터를 지나가십시오. 그러면 그곳에 도달할 겁니다.

お客様: ありがとうございます。
고객: 감사합니다.

従業員: どういたしまして。
직원: 천만에요.

8) 公衆電話があるところを問い合わせる(공중전화가 있는 곳을 문의하기)

お客様: テレホンカードを扱ってますか。
고객: 전화카드를 취급합니까?

従業員: はい、只今こちらには10,000ウォンのカードだけございますが。(ご利用できます。)
직원: 예, 현재 저희는 10,000원짜리 카드(만) 있습니다만.(이용하실 수 있습니다).

お客様: 私にそれを下さい。それを買いましょう。

고객: 저에게 그것으로 주세요. 그걸로 사지요.

従業員: こちらカードと500ウォンのお返しでございます。ありがとうございます。

カードご利用電話は二カ所にございます。一カ所はベルデスクの横で、それから別の場所はフロントの前にございます。お客様が小銭専用の公衆電話をご利用なさる場合ホテル内で電話機をご利用ください。

スポーツショップの隣にございます。

직원: 여기 카드와 500원의 잔돈이 있습니다. 감사합니다. 카드-이용전화는 2곳에 있습니다. 한 곳은 벨 데스크 옆이고 그리고 다른 곳은 프런트 앞에 있습니다. 고객님께서 동전-전용공중전화기를 이용하실 경우 호텔 안에서 전화기를 이용하세요. 스포츠숍 옆에 있습니다.

こちらの開店時間は午前8時から夜11時まででございます。

저희 개점시간은 오전 8시(에서) 밤 11시까지입니다.

右側のお出口をご利用下さい。

오른쪽 출구를 이용하십시오.

단어풀이

扱う(취급하다)

9) 付帯施設(부대시설)

お客様: そこのリゾートにはスロープが何個ありますか。
고객: (그곳) 리조트에는 슬로프가 몇 개 있나요?

フロントクラーク: スロープ19個とゴンドラ一つと15機のリフトがございます。
프런트 클락: 슬로프 19개와 곤돌라 1개 15기의 리프트가 있습니다.

お客様: スキー場の他に別の商業施設や公共施設はありますか。
고객: 스키장 외에 다른 편의시설이 있습니까?

フロントクラーク: 室内プール、サウナ、ボーリング場、スクリーンゴルフ、それからその他いろいろございます。
프런트 클락: 실내수영장, 사우나, 볼링장, 스크린골프, 그리고 다른 여러 가지가 있습니다.

お客様: いい食堂はありますか。
고객: 괜찮은 식당은 있나요?

フロントクラーク: はい、もちろんございます。ホテルとコンド全てにございます。
프런트 클락: 예, 물론입니다. 호텔과 콘도 모두 있습니다.

お客様: スキーレンタルとリフトの料金はいくらですか。
고객: 스키 렌탈과 리프트가 요금은 얼마인가요?

お客様: 子供も料金が一緒ですか。
고객: 어린이에게도 요금이 같습니까?

フロントクラーク: そうではございません。お子様は12歳未満に割引がございます。
프런트 클락: 그렇지 않습니다. 어린이 12세 미만에게 할인이 됩니다.

10) 付帯施設 インフォメーション(부대시설 정보)

お客様: (そちらのスキー場で) 一年でこの時期にどんなことが運営されていますか。
고객: (그곳 스키장에서) 연중 이맘때 어떤 것이 운영되나요?

フロントクラーク: ゴルフがございます。
프런트 클락: 골프가 있습니다.

お客様: 何ホールですか。
고객: 몇 홀입니까?

フロントクラーク: 2つのコースがございますが、9ホールと18ホールです。先にお越しになられた順番（先着順）でコースを回れますが、18ホールは会員制だけに運営されています。
프런트 클락: 두 개의 코스가 있는데 9홀과 18홀입니다. 먼저 오시는 순서대로(*선착순) 코스를 돌 수가 있습니다만, 18홀은 회원제로(만) 운영되고 있습니다.

お客様: 私は18ホールに興味があります。
고객: 저는 18홀에 흥미가 있습니다.

フロントクラーク: お客様が会員の中でお一人を同伴なさる場合平日のティータイム（ゴルフ）が可能でございます。
프런트 클락: 고객께서 회원 중 한 분을 동반하실 경우 주중티타임(골프)이 가능합니다.

お客様: 予約室の電話番号が何番ですか。
고객: 예약실의 번호가 어떻게 됩니까?

フロントクラーク: 033-330-5001でございます。
프런트 클락: 033-330-5001입니다.

お客様: 他に楽しめそうな施設はありますか。
고객: 다른 즐길 만한 부대시설이 있나요?

フロントクラーク: はい、ございます。他に運動場所（施設）がございます。全て体育活動に敵した場所です。
프런트 클락: 예, 있습니다. (또한) 운동 장소가 있습니다. 모든 체육활동에 적합한 장소입니다.

단어풀이

楽しむ(즐기다) : 楽しめる(즐길 수 있다)

11) レクリエーション施設案内(레크리에이션 시설 안내)

お客様: こちらのリゾートの娯楽施設についておっしゃっていただけますか。
고객: 이 리조트 위락시설에 대해서 말씀해 주시겠어요?

フロントクラーク: アルペンスライド、テニス場、室内プール、サウナ、ボーリング場、スクリーンゴルフ、ゴルフ練習場、フィットネスクラブ、カラオケがございます。
프런트 클락: 알파인 슬라이드, 테니스장, 실내수영장, 사우나, 볼링장, 스크린골프, 골프 연습장, 헬스장, 노래방이 있습니다.

ラケットボール場、ビリヤード場、娯楽室またその他にもたくさんございます。

라켓볼장, 당구장, 오락실 또한 그 외에 많이 있습니다.

12) 交通の便 1(교통편)

お客様: 明日のソウルの交通の便について情報をちょっと知りたいんですが。
고객: 내일 서울 교통편에 대해서 정보를 좀 알아보고 싶어요.

フロントクラーク: お客様のための観光デスクがございます。仮に7660番にお電話いただけますと、そちらでお客様に詳しい情報を教えてくれると思います。
프런트 클락: 고객을 위해 관광데스크가 있습니다. 만약 7660번 전화로 주시면 그쪽에서 고객님에게 자세한 정보를 줄 것입니다.

フロントクラーク: 観光デスクは１階のオークコンドの建物のショッピングセンターにございます。
프런트 클락: 관광데스크는 1층 오크 콘도 건물 쇼핑센터에 있습니다.

13) 交通の便 2(교통편)

お客様: このリゾートにどうやって行きますか。
고객: 이 리조트에 어떻게 갑니까?

フロントクラーク: ソウル市内で定期路線観光バスがございます。
프런트 클락: 서울 시내에서 정기노선 관광버스가 있습니다.

お客様: いくらですか。
고객: 얼마입니까?

フロントクラーク:　往復(おうふく)で50,000ウォンでございます。平日(へいじつ)にはバスがございますが、10時(じ)に出発(しゅっぱつ)します。

それから週末(しゅうまつ)には2台(だい)のバスがございますが、出発(しゅっぱつ)が9時(じ)と14時(じ)でございます。

프런트 클락: 왕복에 50,000원입니다. 주중에는 버스가 있는데 10시에 출발합니다. 그리고 주말에는 2대의 버스가 있는데 출발이 9시와 14시입니다.

お客様(きゃくさま):　どこでバスに乗(の)れますか。

고객: 어디서 버스를 탈 수 있나요?

フロントクラーク:　カンナムバスターミナルがどちらにあるかご存(ぞん)じですか。

프런트 클락: 강남버스터미널이 어디에 있는지 아시는지요?

お客様(きゃくさま):　ええ、知しっています。

고객: 예, 알고 있어요.

フロントクラーク:　はい、バンポアパート地域(ちいき)からターミナルを渡(わた)ってニュータウンのショッピングセンターの前で観光(かんこう)バスか出発(しゅっぱつ)します。

프런트 클락: 예, 반포아파트지역에서 터미널을 건너서 뉴타운 쇼핑센터 앞에서 관광버스가 출발합니다.

お客様(きゃくさま):　他(ほか)に交通(こうつう)の便(べん)はないですか。

고객: 다른 교통편은 없습니까?

フロントクラーク:　またはトンソウルターミナルからムハク町(まち)までバスに乗(の)ることができます。

そこから当(とう)リゾートまでタクシーでお越(こ)しになれます。

프런트 클락: 고객께서 (또한) 동서울터미널에서 무학마을까지 버스를 타실 수 있습니다. 거기서 저희 리조트까지 택시로 오실 수 있습니다.

14) 交通の便 3(교통편)

お客様: スキー場まで行くのに一番楽な方法は何ですか。

고객: 스키장까지 가는데 가장 편한 방법이 있나요?

フロントクラーク: (リゾートまで行く) 一番便利な方法は観光バスをご利用なさることです。

8つの経験がある旅行社がございます。それからそれら8つの旅行社がシーズン期間に(定期的に) 観光バスを運行しております。

프런트 클락: (리조트까지 가는) 가장 편리한 방법은 관광버스를 이용하시는 겁니다. 8개의 경험이 있는 여행사가 있어요. 그리고 이들 8개 여행사가 시즌기간에 (정기적으로) 관광버스를 운행하고 있습니다.

観光バスがみなさまをスキー場まで安全で快適にお連れいたします。

관광버스가 여러분을 스키장까지 안전하고 쾌적하게 모실 겁니다.

お客様: どこで何時に観光バスが出発しますか。

고객: 어디서 몇 시에 관광버스가 출발합니까?

フロントクラーク: バスは月曜日から金曜日まで10時と15時にスキー場を出発します。

日曜日は5時と10時にバスがバンポニューコアから出発します。

프런트 클락: 버스는 월요일에서 금요일까지는 10시와 15시이고 스키장을 출발합니다. 일요일은 5시와 10시에 버스가 반포 뉴코아에서 출발합니다.

단어풀이

連れる(데리고 가다, 동행하다) : お連れ + する(모시고 가다)

15) 交通の便 4(교통편)

お客様: ソウルから〇〇〇スキー場まで利用しやすい交通の便がありますか。
고객: 서울에서 〇〇〇 스키장까지 이용할 만한 교통편이 있습니까?
そこに行くために一番いい方法は何ですか。
거기에 도착하기 위해서는 가장 좋은 방법은 무엇입니까?

オペレーター: 旅行社の観光バスが運行しております。
오퍼레이터: 여행사 관광버스가 운행하고 있습니다.

お客様: 料金はいくらですか。
고객: 요금이 얼마입니까?

オペレーター: 往復チケットが40,000ウォンでございます。詳しい事柄は観光案内デスクへご連絡頂くようお願いいたします。私がお電話を観光案内デスクにお回しします。
오퍼레이터: 왕복표가 40,000원입니다. 자세한 사항은 관광안내 데스크로 연락을 취해 보시기 바랍니다. 제가 전화를 관광안내 데스크로 돌려드리겠습니다.
私がお客様にソウル旅行社のお電話番号をお教えします。
제가 고객님께 서울 여행사 전화번호를 드리겠습니다.
02-647-1534でございます。
02-647-1534입니다.

お客様: そこまで行くのにどれくらいかかりますか。
고객: 거기까지 가는데 얼마나 걸립니까?

オペレーター: 約3時間30分ぐらいかかります。
오퍼레이터: 약 3시간 30분 정도 소요됩니다.

お客様: ソウルターミナルからスキー場まで（すぐ）行きたいんですが、どんなバスがありますか。
고객: 서울터미널에서 스키장까지 (바로) 갑니다만, 어떤 버스가 있습니까?

オペレーター: いいえ、スキー場まで（直接）行くバスはございません。
오퍼레이터: 아니요, 스키장까지 (직접) 가는 버스는 없습니다.

トンソウルターミナルからムンマク町までバスにお乗り下さい。
동서울터미널에서 문막마을까지 버스를 타시기 바랍니다.

それからムンマク町で別のバスにお乗り換え下さい。そしてムハク町でお降り下さい。
그리고서 문막마을에서 다른 버스를 갈아타세요. 그리고서 무학마을에서 내리세요.

そちらからシャトルバスがございますが、当ホテルで提供しております。
그곳에서 셔틀을 타실 수 있는데 저희 호텔에서 제공하고 있습니다.

お客様: どのくらい（頻繁に）シャトルが運行されていますか。
고객: 얼마나 (자주) 셔틀이 운행되고 있나요?

オペレーター: 午前9時30分から午後5時30分まで30置きにございます。
오퍼레이터: (오전) 9시 30분부터 (오후) 5시 30분까지 매 30분 간격으로 있습니다.

それからソウルから列車の便をご利用いただけます。列車はチョンリャンリ駅から出発します。

그리고 서울에서 열차편을 이용할 수 있습니다. 열차는 청량리역에서 출발합니다.

新しくできた高速列車で1時間でリゾート付近の町に到着することができます。

새로 생긴 고속열차로 1시간 만에 고객님께서 리조트 인근 마을에 도착이 가능합니다.

단어풀이

~(ます形 やすい(~하기 쉽다) : 利用する(이용하다), 利用し(ます)やすい: ~하기 쉽다, 分かり + やすい(알기 쉽다), 回す(돌리다)

16) 交通アクセス(access : 교통수단)

お客様: ソウルからSリゾートまで行く方向（行き方）を教えてもらえますか。

고객: 서울에서 S리조트까지 가는 방향을 말씀해 주실 수 있습니까?

(1) 乗用車で(승용차로)

① ソウル(서울)

ソウルを出発してヨンドン高速道路を利用し○○○を経由した

後、○○○インターチェンジに進入しそこから左に曲がりますとSリゾートに到着できます。（表示板が見えます。）

서울을 출발하여 영동고속도로를 이용하여 ○○○를 경유한 다음 ○○○ 인터체인지로 진입하셔서 거기서부터 왼쪽으로 돌면 S리조트에 도착할 수 있습니다. (표시판을 볼 수 있습니다)

② テジョン(대전)

テジョンを出発してキョンブ高速道路に乗ってナミインターチェンジから抜け出し、チュンブ高速道路へ入って来られたらホボッインターチェンジで降りてヨンドン高速道路へ入って来られますと○○○を経由することになりますが、約3時間30分程でSリゾートに到着できます。

대전을 출발하면 경부고속도로를 타고서 남이 인터체인지에서 빠져나와 중부고속도로로 들어오시면 되며 호법 인터체인지에서 나와 영동고속도로로 들어오시면 ○○○를 경유하게 되는데, 약 3시간 30분 정도에 S리조트에 도착을 할 겁니다.

(2) 観光バスで(관광버스로)

バスは月曜日から金曜日まで午前9時に運行します。土曜日は午前5時それから午後3時で、日曜日は午前9時だけございます。バスはヒョンデアパートから出発します。

버스는 월요일부터 금요일까지 오전 9시에 운행합니다. 토요일은 오전 5시 그리고 오후 3시이며 일요일은 오전 9시에만 있습니다. 버스는 현대아파트에서 출발합니다.

Sリゾートまで行くのに、どう行くのが一番楽な方法ですか。

S리조트까지 가는데 어떤 것이 가장 편리한 방법입니까?

観光バスは８つの専門観光バス会社で運行がなされています.

관광버스는 8개의 전문 관광버스회사에서 운행이 이루어지고 있습니다.

17) 観光の情報(관광정보)

Sリゾートの周辺に行くに値する（おすすめの）観光地について教えて頂けますか。

S리조트 주변에 가볼 만한 관광지에 대해서 말씀해 주시겠습니까?

まずSリゾートはテベク山の山脈に位置しておりますので、 周辺にくさんの有名な遺跡がございます。

먼저 S리조트는, 태백산 줄기에 위치하고 있으므로, 주변에 많은 유명한 유적지가 있습니다.

例えば○○○国立公園、○○○湖とその他に多数ございます。

예를 들면 : ○○○ 국립공원, ○○○호수와 그 외에 다수가 있습니다.

どのくらい時間が掛りますか。

얼마나 시간이 걸립니까?

仮に出発されますと○○○国立公園まで行くのに25分掛ります。

만일 출발하시면 ○○○ 국립공원까지 가는 데 25분이 소요됩니다.

단어풀이

アクセス(접근, 목적지까지의 교통수단), 値(값어치, ~할 만함), 薦める(추천하다), 薦め(추천)

18) ゴルフコースの情報(golf course 정보)

お客様:　Sゴルフクラブに予約をしたいんですが。

고객:　S골프클럽에 예약을 하고 싶습니다.

フロントクラーク:　Sゴルフクラブは会員のみがご利用いただけます。

프런트 클락: S골프클럽은 회원만 됩니다.

非会員はSゴルフクラブの会員と一緒に同伴しなければなりません。

それからSゴルフクラブには9ホールゴルフ場がございます。9ホールは先着順でございます。

비회원은 S골프클럽 회원과 함께 동반해야 됩니다. 게다가 S리조트에 9홀 골프장이 있습니다. 그리고 9홀은 선착순입니다.

お客様:　ファブリックゴルフ場で9ホールの料金はいくらですか。

고객: 퍼블릭 골프장에서 9홀 요금은 얼마입니까?

フロントクラーク:　平日はグリーンフィー料金が40,000ウォンでございます。

カートレンタル料が10,000ウォンで、ゴルフクラブのレンタル料が25,000ウォンでございます。

프런트 클락: 주중에는 그린피 요금이 40,000입니다. 카트대여료가 10,000원이며 골프채 대여료가 25,000원입니다.

週末には料金が上がりますが、電動カーのレンタル料は平日と週末全て20,000ウォンでございます。

주말에는 요금이 올라갑니다만 전동카 대여금은 주중과 주말 모두 20,000원입니다.

19) ユースホステルの情報(Youth hostel information)

Sホステルを予約したいんですが。

S호스텔을 예약을 하고 싶습니다.

Sホステルはホテルの右側に位置しております。

S호스텔은 호텔의 우측에 위치하고 있습니다.

当Sホステルは5人用オンドルと10人用それから15人用を保有しております。

저희 호스텔은 5인용 온돌과 10인용을 그리고 15인용을 보유하고 있습니다,

私どもはまた (多くのお客様のために) 700セットのロフトベッドを保有しております。

저희는 (또한) (많은 고객들을 위한) 70C 셋트의 방카 침대를 보유하고 있습니다.

各階ごとに共同シャワー室がございます。それから共同炊事場がございます。

각 층마다 공동 샤워실이 있습니다. 그리고 공동 취사장이 있습니다.

フィットネスセンター、コンビニがすぐ隣の建物に位置しています。

휘트니스센터, 편의점이 (바로) 옆 건물에 위치해 있습니다.

ですから、お客様は（そちらで）何の問題もなく（ご不便なく）お過ごし頂けます。

그래서 고객님께서 (거기서) 아무런 문제없이(불편함이 없이) 지낼 수 있습니다.

客室料金はいくらですか。

객실요금은 얼마입니까?

5人用のオンドルにつきましては70,000ウォンを10人用のオンドルにつきましては130,000ウォンをロフトベッド1台当りは10,000ウォンを頂いております。

5인용 온돌에 대해서는 70,000원을 10인용 온돌에 대해서는 130,000원을 벙커 침대 1개당으로 10,000원을 받고 있습니다.

단어풀이

ロフト(고미, 다락), 過ごす(지내다)

20) スロープ(ゲレンデ 게렌데)の状態(슬로프 상태)

お客様: ここのスキー場の現在の気温とスロープの状態を確認できますか。

고객: 이곳 스키장의 현제 기온과 슬로프 상태를 확인할 수 있나요?

オペレーター: もちろんでございます。現在の気温は12度（程）でございます。全てのスロープがオープンしておりまして、良好な状態です。

오퍼레이터: 물론입니다. 현제 기온은 12℃ (정도)입니다. 모든 슬로프가 열려 있고 양호한 상태입니다.

はい、現在の気温はプラス5度程度でして、スロープの下の方(下段部分）が少し溶けている状態でございます。

예, 현제 기온은 영상 5℃ 정도이고 슬로프 하단부가 조금 녹아 있는 상태입니다.

スキー案内デスクにお繋ぎいたします。

스키 안내데스크로 연결해 드리겠습니다.

단어풀이

ゲレンデ(독일어 : Gelände 게렌데) : 스키장 슬로프(slope), 溶ける(녹다), 繋ぐ(연결하다)

21) 薬局と医務室の位置(약국과 의무실 위치)

お客様: ここの近くに薬局（病院）がありますか。

고객: 여기 근처에 약국(병원)이 있습니까?

オペレータ: 申し訳ございません。こちらの周辺には病院はございません。私がホテルの医務室へお繋ぎいたします。

오퍼레이터: 죄송합니다. 여기 주위에는 병원은 없습니다. 제가 호텔 의무실로 연결해 드리겠습니다.

幾らかの薬品が衣類売り場でご購入できます。

약간의 약품을 의류매장에서 구입하실 수 있습니다.

お客様: どこにありますか。

고객: 어디에 있나요?

オペレーター: スキー場にあるレンタルハウスの後ろにございます。

오퍼레이터: 스키장에 있는 렌탈하우스 뒤에 있습니다.

ホテルのプールの入り口付近にございます。

호텔 수영장 입구 가까이에 있습니다.

단어풀이

幾らか(조금, 얼마간)

7. よく聞く質問の例(자주 묻는 질문의 예)

A: コンドミニアム、ホテルの価格はいくらですか。

콘도, 호텔 가격대가 어떻게 됩니까?

B: ホテルに関しては200,000ウォンから400,000ウォンまでの料金をお支払頂いております。

호텔에 대해서 200,000원에서 400,000원까지 요금이 지급됩니다.

A: 団体割引ができますか。

단체 할인이 됩니까?

B: 30人以上の場合ですと,

30인 이상 경우라면,

A: チェックインとチェックアウトの時間は何時ですか。

체크인과 체크아웃 시간이 어떻게 됩니까?

B: (ホテル) チェックインのお時間は12時から20時までで、またチェックアウトのお時間は12時でございます。

(호텔) 체크인 시간은 12:00~20:00이며 또한 체크아웃 시간은 12:00입니다.

A: 私の予約をキャンセルしようと思うんですが。

저의 예약을 취소하고자 합니다.

B: いつお客様がご予約なさいましたか。

언제 고객님께서 예약을 하셨습니까?

はい、奥様。お名前、お電話番号、日付（お客様がご予約する日付）をおしゃっていただけますか。

예, 사모님, 성함, 전화번호, 날짜(고객님께서 예약하신 날짜)를 말씀해 주시겠습니까?

はい、奥様。お客様のご予約が取り消されました。

예, 사모님, 고객님의 예약이 취소되었습니다.

お客様のご予約7月19日の日付が取り消されました。

고객님의 예약 7월 19일 날짜가 취소되었습니다.

A: 私の予約を変更したいんですが。

저의 예약을 변경하고 싶습니다.

B: お名前は?

성함이 어떻게 되십니까?

A: エリザベスクラウスです。
Elizabeth Klaus입니다.

B: かしこまりました。日付(ひづけ)はいつにご変更(へんこう)なさいますか。
알겠습니다. 날짜는 언제로 변경하시겠습니까?

A: 7月(がつ)23日(にち)にしてください。
7월 23일로 해주세요.

B: はい、変更(へんこう)いたしました。
예, 변경되었습니다.

A: ありがとうございます。
고맙습니다.

B: Sリゾートへお電話(でんわ)頂(いただ)きありがとうございました。
S리조트에 전화 주셔서 감사합니다.

A: ホテルとコンドミニアムに食堂(しょくどう)はありますか。
호텔, 콘도에 식당이 있습니까?

B: はい、韓国料理(かんこくりょうり)、洋食(ようしょく)、和食(わしょく)の3種類(しゅるい)の食堂(しょくどう)がございます。
예, 한식, 양식, 일식의 3종류의 식당이 있습니다.

A: ホテルにフィットネスクラブがありますか。
호텔에 헬스클럽이 있습니까?

B: はい、2階(かい)にございます。お隣(となり)にプールでございます。
예, 2층에 있습니다. 옆에는 수영장입니다.

A: どんなタイプのコンドミニアムがありますか。
어떤 타입의 콘도가 있습니까?

B: スカイ、マウンテン、バリの3種類(しゅるい)がございます。
스카이, 마운틴, 벨리 3종류가 있습니다.

A: スキーショップ、お土産屋、その他どんなコーナーがありますか。

스키숍, 기념품점, 그 외에 어떤 코너가 있습니까?

見ごたえのある観光地がありますか。(そこで何ができますか。)

볼 만한 관광지가 있습니까?(거기서 무엇을 할 수 있습니까?)

B: 私がキャンセル待ちのリストにお客様を挙げておきます。

お客様が万一ご予約が確定しましたら十日前にお電話差し上げます。

제가 대기자명단에 고객님을 올려놓겠습니다. 저희들이 고객님께 만일 예약이 확정되면 10일 전에 전화 드리겠습니다.

단어풀이

取り消す(취소하다), 見ごたえ(=見がい 볼 만한 가치), 挙げる(올리다)

8. その他の情報(기타 정보)

1) インフォメーション 1(Information 1)

観光デスクはフィットネスセンター1階に位置しております。

관광 데스크는 휘트니스센터 1층에 위치하고 있습니다.

電話番号は7665でございます。

전화번호는 7665입니다.

レンタルハウスはスキースロープの下の方に位置しております。

렌탈하우스는 스키슬로프 아래쪽에 위치하고 있습니다.

リフトは午前9時から運行を始めます。
리프트는 오전 09시부터 운행을 시작합니다.

ごゆっくり、どうぞ。
편히 쉬십시오.

ご必要な物がございましたら、ハウスキーピングやフロントにお電話ください。
필요한 것이 있으시면 하우스키핑이나 프런트로 전화 주십시오.

40坪はオンドル部屋一つ、それからリビング兼キッチンで構成されております。
40평은 온돌방 1 그리고 거실 겸 주방으로 구성되어 있습니다.

ご利用料は一泊で30坪につき200,000ウォンでございます。
이용료는 1박에 30평에 대해 200,000원입니다.

駐車券をハンドルの前の方に置いてください。
주차권을 핸들 앞쪽에 놓아두십시오.

客室料金をご存じですか。
객실요금을 알고 계십니까?

申し訳ございません。私が確認してお客様にお知らせいたします。
죄송합니다. 제가 확인하고서 고객님께 알려드리도록 하겠습니다.

モーニングコールサービスを頼むには9番を回してください。
모닝콜 서비스를 요청하기 위해 9번을 돌리세요.

ありがとうございます。スカイコンド、フロント ○○○でございます。(電話(でんわ)で)
감사합니다. sky콘도 프런트○○○입니다.(전화상으로)

そのかたは2101号室(ごうしつ)にお泊(と)まりでいらっしゃいます。
그분은 2101호실에 투숙하고 계십니다.

どなたをお探(さが)しですか。
누구를 찾으십니까?

お客様(きゃくさま)はどなたとご連絡(れんらく)をお取(と)りになりたいですか。
고객님께서는 어느 분과 연락을 취하고 싶습니까?

切(き)らずにお待(ま)ちください。私(わたくし)がその方のお部屋(へや)にお繋(つな)ぎいたします。
끊지 말고 기다리세요. 제가 그분의 방으로 연결시켜 드리겠습니다.

私(わたくし)がその方のお部屋(へや)に電話(でんわ)いたします。
제가 그분의 방에 전화를 하겠습니다.
お客様(きゃくさま)にお電話(でんわ)が来(き)ております。お繋(つな)ぎいたします。
고객님한테 전화가 와 있습니다. 연결하겠습니다.

返事(へんじ)がございません。(＝お電話(でんわ)を取(と)られません。)
대답이 없습니다.(= 전화를 받으시지 않습니다.)

단어풀이

知(し)らせる(= 知(し)らす 알리다) : お知(し)らせする(알려드리다), 知(し)らせ(알림, 통지), 切(き)る(끊다) : 切(き)らず(+ 切(き)らない, 끊지 않고)

2) インフォメーション 2(Information 2)

部屋がとても暑いです。
객실이 (너무) 덥습니다.

何かご必要な物がございましたら、ハウスキーピング7121へお電話ください。
어떤 필요한신 것이 있으며 하우스키핑 7121로 전화해 주십시오.

お客様のご健康のためご飲料水は沸かしてお召し上がりくださるようお勧めします。
고객님의 건강을 보호하기 위해 마시는 물을 끓여 드시도록 권합니다.

午前12時からチェックインが可能でございます。チェックアウトは午前11時でございます。
오전 12시부터 체크인을 시작할 수 있습니다. 체크아웃 시간은 오전 11시입니다.

レイトチェックアウトに対する追加料金がございます。
늦은 체크아웃 시에 대해서 추가요금이 있습니다.

宝石類や貴重品がございましたら、こちらのフロントへお預け下さい。
보석류나 귀중품이 있으시면 저희 프런트에 맡기시기 바랍니다.

そうでなければこちらでは盗難品に対する責任は負いかねます。
그렇지 않으면 저희들은 도난품에 대해서는 책임지지 않습니다.

休息をとられているのでお静かに願います。
휴식을 취하시고 있기에 정숙을 유지해 주시기 바랍니다.

当ホテルでは各客室ごとにお客様の数を4名様に制限しております。
저희 호텔에서는 각 객실마다 고객 수를 4명으로 제한하고 있습니다.

お名前、ご住所、お電話番号、パスポート番号をご宿泊カードへご記入ください。
이름, 주소, 전화번호와 여권번호를 숙박카드에 적어주세요.

ご予約なさいましたか。ご予約番号をお願いいたします。
예약을 하셨습니까? 예약번호를 주시겠습니까?

エレベーターは右側にお乗り下さい。
엘리베이터는 오른쪽에 타시기 바랍니다.

当施設をご利用頂きありがとうございます。またご利用ください。お気を付けて。
저희 시설을 이용해 주셔서 감사합니다. (또) 이용해 주십시오. 안녕히 가십시오.

단어풀이

沸かす(끓이다) : 沸く(끓다), 勧める(권하다), 預ける(맡기다), とる(취하다, 잡다) : とられる(취하시다), 名 + の + ので /動詞 기본형 + ので(~하기 때문에), 気を付けて(관용어 : 조심하세요, 조심해 가세요)

3) インフォメーション 3(Information 3)

ありがとうございます。スカイコンドでございます。
감사합니다. Sky콘도 프런트입니다.

私がご案内いたします。私がお客様にご必要な情報をお伝えします。

제가 안내해 드리겠습니다. 제가 고객님에게 필요한 정보를 드리겠습니다.

私は英語が得意ではありません。(私が)どなたか意思疎通を英語でできる方にご連絡いたします。

저는 영어가 능숙하지 못합니다. 제가 누군가 의사소통을 영어로 할 줄 아는 사람에게 연락을 드리도록 하겠습니다.

少々お待ちくださいませ。お客様にすぐご連絡いたします。

잠시만 기다려주십시오. 고객님께 즉시 연결해 드리겠습니다.

お名前をもう一度おっしゃっていただけますか。

성함을 다시 한번 말씀해 주시겠습니까?

(只今)通話中でございます。(後程また)お掛け頂けますか。

(지금) 통화 중입니다. (잠시 후 다시) 걸어주시겠습니까?

ホテル内の施設のお電話番号をお知りになりたい場合は9番をお回しください。

호텔 내 편의시설에 대해서 전화번호를 원하실 경우 9번을 돌리시기 바랍니다.

リフトの当日券は費用が72,000ウォンでございます。

당일권 리프트는 비용이 72,000원입니다.

両替所はホテルのフロントにございます。

환전소는 호텔 프런트에 위치하고 있습니다.

お客様の安全な送迎のために（こちらでは）ソウルまでバスを運行しております。

고객님의 안전한 수송을 위해서 저희는 서울까지 버스를 운행하고 있습니다.

特別に外国人のための外人専用スキー保管所が観光デスクにございます。
특별히 외국인을 위한 외국인전용 스키 보관소가 관광 데스크에 있습니다.

シルバーとゴールドスロープは（唯一）高級者用でございます。こちらでは初級者にその人達から離れるようにアドバイスしております。
실버와 골드 슬로프는 (유일하게) 고급자용입니다. 저희들은 초보자들에게 그들로부터 떨어져 있도록 조언합니다.

こちらでは初級者に気をつけるようにアドバイスしております。
저희들은 초보자들에게 조심하도록 조언합니다.

スカイコンドのスカイラウンジはのんびりとした雰囲気でカクテルと他のお飲み物を真夜中まで提供しております。
스카이콘도 스카이라운지는 안락한 분위기를 갖추고 있으면서 칵테일과 다른 음료수를 자정까지 제공합니다.

今晩、スキースロープで花火大会がございます。
오늘밤 스키슬로프에서 불꽃놀이를 합니다.

万一お客様が他に何かお知りになりたいことがございましたらおしゃって下さい。
만약 고객께서 다른 어떤 궁금하신 것이 있으시면 말씀해 주세요.

단어풀이

外人専用(외국인 전용), アドバイス(advice 조언), 花火大会(불꽃놀이)

4) インフォメーション 4(Information 4)

スキー保管サービスは下の階でご利用下さい。
스키보관 서비스는 아래층에서 이용해 주십시오.

ロビーではブーツをお脱ぎ下さい。
로비에서는 부츠를 벗어주십시오.

午前のスキーは朝9時から始まります。そして午後のスキーは1時から始まります。
오전 스키시간은 아침 9시부터 시작합니다. 그리고 오후 스키는 오후 1시부터 시작합니다.

コンドミニアムの客室内にスキーを搬入することはご遠慮ねがいます。
콘도 객실 안으로 스키반입은 삼가시기 바랍니다.

不注意によるスキーの紛失はこちらでは責任を負いかねます。
부주의로 인하여 스키분실에 대해서 저희는 책임지지 않습니다.

ホテルのお客様のためにこちらではスキーの保管サービスを運営しております。
호텔 고객의 편의를 위해서 저희는 스키 보관서비스를 운영하고 있습니다.

週末にナイタースキーを営業しております。
주말에 야간 스키(night ski)를 운영하고 있습니다.

ホワイトグリーンコースがオープンします。
White, green코스가 오픈됩니다.

構内の交換は9番をお回し下さい。
구내 교환은 9번을 돌리세요.

外部へ電話をするためにはまず0番を押してから長距離電話をかけることができます。
외부전화를 하기 위해서는 먼저 0번을 누르고 나서 장거리 전화를 걸 수 있습니다.

ただし、地域番号と電話番号をスカイリゾートの代表電話にされてからお部屋をご予約ください。
단, 지역번호와 전화번호를 스카이리조트 대표전화로 하셔서 객실을 예약하시기 바랍니다.

スカイリゾートホームページをご利用頂けます。
스카이리조트 홈페이지를 이용하실 수 있습니다.

ご予約はソウル予約事務所1588-7700で承っております。
예약은 서울예약사무실 1588-7700에서 받습니다.

当コンドミニアムの全客室はオンドル暖房のシステムになっております。
저희 콘도의 모든 객실은 온돌난방 시스템으로 되어 있습니다.

단어풀이

許す(허용하다) : 許される(허용되다), 負う(지다, 짊어지다), 〔かねる〕: 1. (動詞 ~ます形에 붙여서)(사정이 있어서) 그렇게 하기 어렵다, 2. ~을 겸하다

5) インフォメーション 5(Information 5)

客室の最終点検を受けられましたか。

객실의 최종 점검을 받으셨습니까?

点検を頼まれる場合は0番を押して頂き、それから点検を終えられましたら点検表をお持ち下さい。

점검을 요청하시려면 0번을 누르시고서, 그리고 점검이 끝난 후에 점검표를 가지고 오시기 바랍니다.

右（左）側から階段で降りて（上がって）いらして下さい。

우(좌)측에서 계단으로 내려(올라)가십시오.

只今、食堂は営業しておりません。

지금 식당은 영업하지 않습니다.

단어풀이

頼む(부탁하다) : 頼まれる(부탁하시다), 終える(끝마치다) : 終わる(끝나다)

6) インフォメーション 6(Information 6)

お客様: ここにサウナがありますか。

고객: 이곳에 사우나가 있습니까?

フロントクラーク: はい、ございます。エレベーターにお乗りになり1階に行かれて、カフェラウンジを過ぎて左に曲がって下さい。そうしますとサウナがございます。

프런트 클락: 예, 있습니다. 엘리베이터를 타고서 1층까지 가셔서 카페라운지를 지나서 왼쪽으로 도세요. 그렇게 하시면 사우나가 있습니다.

お客様: ありがとうございます。

고객: 고맙습니다.

7) インフォメーション 7(Information 7)

お客様: どこにプールとフィットネスクラブがあるのか教えてもらえますか。

고객: 어디에 수영장과 헬스클럽이 위치해 있는지 말씀해 주시겠어요?

フロントクラーク: はい、1階までエレベーターをお乗り下さい。外のタワーコンドの正面にホテルが見えると思います。ホテル1階にプールとフィットネスクラブはございます。

水質は（非常に）きれいです。フィットネスクラブはいろいろな運動施設を備えております。

オープン時間は午前9時から午後5時まででございます。

프런트 클락: 예, 1층까지 엘리베이터를 타십시오. 바깥 쪽 타워콘도 정면으로 호텔이 보이실 겁니다. 호텔 1층에 수영장과 헬스클럽은 있습니다. 수질은 (매우) 깨끗합니다. 헬스클럽은 여러 가지 운동시설을 갖추고 있습니다. 오픈시간은 오전 9시부터 오후 5시까지입니다.

お客様: 入場料はいくらですか。

고객: 입장료가 어떻게 됩니까?

フロントクラーク: 料金(りょうきん)はプールご使用(しよう)の際(さい)は10,000ウォンで、それから
フィットネスクラブは無料(むりょう)でございます。

프런트 클락: 요금이 수영장 이용 시에는 10,000원이고 그리고 헬스클럽은 무료입니다.

단어풀이

備(そな)える(갖추다, 준비하다). フィットネスクラブ(fitness club)

제7장 顧客の苦情処理(고객 불만 처리)

제1절 役立つ表現(유용한 표현)

1. 飲食に関して(음식에 관해)

① 代りの物をお持ちいたします。

다른 것으로 가져다드리겠습니다.

② 私が他の物で準備いたします。

제가 다른 것으로 준비하도록 하겠습니다.

お一つはどれになさいますか。

하나는 어떤 것으로 하시겠습니까?

③ (そちらを)もう少し火をお通ししますか。

(그것들을) 좀 더 익혀주시겠어요?

④ 大変申し訳ございません。ご希望でしたらその他の物（代りの物）をお持ちいたします。

정말로 죄송합니다. 원하시면 그 밖의 다른 것으로 드릴 수 있습니다.

⑤ 料理長に話をして、可能かどうか伺って参ります。

주방장에게 이야기해서 가능한지 어떤지를 물어보고 오겠습니다.

⑥ (お一つを、何かを、わずかですが) 料理長が無料でお客様にご提供いたします。

(하나를, 어떤 것을, 약간을) 주방장이 무료로 고객님께 제공해 드립니다.

단어풀이

役立つ(도움이 되다 = 役に立つ), 苦情(고충) / * 호텔에서 불평, 불만(コンプレイン : complain, 컴플레인), 伺う(윗사람 등의 의견 · 지시를 받으려고) 물어보다; 듣다의 겸양어), わずか(조금, 얼마 안 되는 모양, 룰과)

2. サービスに対して(서비스에 대해)

① 準備するのにかなり時間がかかります。

준비하는 데 꽤 시간이 걸립니다.

② お客様がご注文された料理を厨房に確認いたします。お待ち頂く間 何か召し上がりますか。

고객님께서 주문하신 요리를 주방에 확인해 보겠습니다. 기다리시는 동안 어떤 것을 드시겠습니까?

③ 申し訳ございません。(奥様)　お客様がご注文なさった物をすぐにお持ちします。

죄송합니다. (사모님). 고객님께서 주문하신 것을 여기로 곧 가져오겠습니다.

お客様: なんでこんなに時間が長くかかるんですか。今20分も待ってるんですけど。

고객: 왜 이렇게 시간이 오래 걸려요? 지금 20분이나 기다리고 있어요.

まだ注文とってないんですが。＝私たちにまだ誰も注文を取りに来ないんですが。

아직까지 주문 못 받았어요! = 우리들에게 아직 아무도 주문을 받으러 오지 않아요.

ウェーター: 申し訳ございません。すぐに伺います。今、ご注文をお受けしてもよろしいでしょうか。

웨이터: 죄송합니다, 고객님. 바로 가겠습니다. 지금 주문을 받아도 되겠습니까?

お客様: そうしてください。ポテトスープ、グリーンサラダと一緒にヒレステーキ下さい。

고객: 그래요, 감자 수프(potato soup), 그린 샐러드(green salad)와 함께 안심스테이크(beef steak) 줘요.

ウェーター: ステーキは約15分ほどお待ちいただかなければなりません。

웨이터: 스테이크는(약) 15분 정도 기다리셔야 합니다.

お客様: すみません。私が注文した物じゃないんですが。

고객: 저기요, 내가 주문한 것이 이거 아닌데요!

ヒレステーキを注文したんですが、ロースですね。

내가 안심스테이크를 주문했는데 등심(로스구이)이네요.

ウェーター: 申し訳ございません。私が間違えて注文を承りました。

웨이터: 죄송합니다. 제가 잘못 주문받았습니다.

よろしければヒレステーキにお取り替えさせて頂いてもよろしいでしょうか。

ですが、調理するのに最大15分ほど掛かるんですが。

괜찮으시면 안심으로 교체해 드려도 되겠습니까? 그러나 요리하는데 최대 15분 정도 소요됩니다만.

お客様: ええ、お願いします。それまで待ちます。

고객: 네, 부탁해요. 그때까지 기다릴게요.

ウェーター: できるだけ早く(お客様の)お食事をお持ちいたします。

웨이터: 되도록이면 빨리 고객님의 식사를 가져다드리겠습니다.

お客様: スープに変な虫が入っていますが。

고객: 수프에 이상한 벌레가 들어 있어요.

ウェーター: 奥様、申し訳ございません。すぐに別の物をお持ちいたします。

웨이터: 사모님, 죄송합니다. 바로 다른 것으로 갖다드리겠습니다.

단어풀이

役立つ(도움이 되다, 유용하다), 代り(대리, 대신), させる(~하게 하다, 시키다), 火を通す(열을 가하다, 데우다), ~じゃない(= ではない), ヒレステーキ(filet stake), ロースト(roast)

제2절 客室の問題(객실문제)

お客様: もしもし、こちらはホテル217号ですが。私がテレビの修理を頼んだんですが、それを直しに(まだ)誰も来ないんですが。

고객: 여보세요, 여기는 호텔 217호인데요. 제가 TV수리를 요청했는데, 그런데 그걸 조치하려고 (아직까지도) 아무도 오지 않았어요.

フロントクラーク: 大変申し訳ございません。

프런트 클락: (정말로) 죄송합니다.

私が担当の者に連絡をしてすぐにそちらへ伺わせます。

제가 담당직원에게 연락을 취해서 즉시 그쪽에 방문토록 하겠습니다.

ハウスキーパー: ハウスキーピングです。いらっしゃいますか。

하우스키퍼: 하우스키핑입니다. 계십니까?

テレビを修理しに参りました。

TV를 수리하러 왔습니다.

大変遅くなりまして申し訳ございません。

너무 늦게 도착해서 죄송합니다.

このようなクレームがないように次回からは、最善を尽くします。

그러한 불편함(클레임)이 없도록 다음부터는 최선을 다하겠습니다.

단어풀이

~(ます形)に来る(~하러 오다) : 食べ(ます), に来る(먹으러 오다), クレーム(클레임), 尽くす(다하다)

제3절 食べ物に対する苦情(음식에 대한 불만)

お客様: すみません。
고객: 저기요.

ウェーター: はい、お客様。
웨이터: 예, 고객님?

お客様: この肉焼けてないですよ。私がよく火を通すように言ったじゃないですか。
고객: 이 고기 덜 익었어요! 제가 잘 익혀달라고 말했잖아요!

ウェーター: お客様、大変申し訳ございません。
私が料理長に持って行き、ちょうど良く調理してお持ちします。
웨이터: 그객님, 정말로 죄송합니다. 제가 주방장에게 가져가서 적당하게 익혀서 갖다 드리겠습니다.

お客様: どれくらい掛りますか。
고객: 얼마나 걸립니까?

ウェーター: 少々お待ち頂ければ準備いたします。お待ちの間パンを召し上がりますか。
웨이터: 잠깐이면 됩니다. 기다리시는 동안 빵을 드시겠습니까?

お客様: ええ、ください。それからバターも少しください。
고객: 예, 주세요. 그리고 버터도 좀 주세요.

ウェーター: はい、かしこまりました。
웨이터: 예, 잘 알겠습니다.

お客様: このコーヒーが濃すぎるんですが。
고객: 이 커피가 너무 진해요.

ウェーター: 申し訳ございますせん。代りのものをお持ちいたします。
웨이터: 죄송합니다. 다른 것으로 고객님께 가져오겠습니다.

ウェーター: お魚が何かおかしいでしょうか。(どうなさいましたか。)
웨이터: 생선이 뭔가 잘못됐습니까? (왜 그러신지요?)

お客様: 魚が変な味がします。
고객: 생선에 이상한 맛이 나요.

ウェーター: 大変申し訳ございません。お客様。私が料理長に話してよろしかったら代りの物をお持ちいたします。
웨이터: 정말 죄송합니다. 고객님. 제가 주방장에게 말해서 괜찮으시다면 다른 것으로 가져오겠습니다.

お客様: すいません。まだ注文を取りにこないんですが。
고객: 미안하지만 아직까지 주문을 받으러 오지 않았어요!

ウェーター: 申し訳ございません。少々お待ち下さいませ。すぐに参ります。
웨이터: 죄송합니다. 잠시만 기다려주십시오. 바로 가겠습니다.

お客様: すいません。これ私が注文したものじゃないんですが。
고객: 저기요, 이거 내가 주문한 게 아닌데요!

ウェーター: さようでございますか。奥様、申し訳ございません。そうしましたら何をご注文されましたか。

웨이터: 그렇습니까? 사모님, 죄송합니다. 그러시다면 어떤 것을 주문하셨습니까?

お客様: ニューヨークステーキセットを注文したんですがこれは魚(料理)ですね。

고객: 뉴욕 스테이크 세트를 주문했는데 이것은 생선(요리)이네요.

ウェーター: 申し訳ございません。奥様。こちらのミスでございます。

웨이터: 죄송합니다, 사모님. 저희 실수입니다.

お客様のお食事を出来る限り早くお持ちいたします。

고객님의 식사를 되도록이면 빨리 가져다드리겠습니다.

お客様: すいません。スープに変な虫が入っているんですが。

고객: 저기요, 수프에 이상한 벌레가 들어 있어요.

ウェーター: 申し訳ございません。奥様、すぐに新しいものをお持ちいたします。

웨이터: 죄송합니다, 사모님. 바로 다른 것으로 갖다드리겠습니다.

단어풀이

濃い(진하다), おかしい(이상하다)

제4절 紛失物(忘れ物)の管理(분실물 관리)

お客様: 今朝私が財布を部屋に置いて来たんですが、無くなってしまったんです。

고객: 오늘 아침에 제 지갑이 내가 방안에다 두고 왔는데 없어졌어요.

当直支配人: お財布はどちらに置かれましたか。

당직지배인: 지갑을 어디에다 놓았습니까?

お客様: 私の記憶では財布を確かにベッドの上に置いたんですが。

고객: 제가 기억하기로 지갑을 분명히 침대 위에다 놓아두었는데.

私の部屋に誰が入って来たのか確認して下さい。

제 방에 누가 들어왔는지 확인해 주세요.

当直支配人: こちらでCCTVを調査いたしました。どなたもお客様のお部屋に入られておりません。(但し)ルームメイドがお客様のお部屋を掃除しました。

당직지배인: 저희들이 CCTV를 조사하였습니다. 아무도 고객님의 방에 들어가지 않았고 (단지) 룸 메이드가 고객님의 방을 청소하였습니다.

メイドが申すには、ベッドの上には何も見当たらなかったそうです。

메이드가 말하기를 침대 위에서 아무것도 보지 못했다고 합니다.

お客様: それなら警察を呼んで下さい。

고객: 그러면 경찰을 불러주세요.

(しばらく後で)

(잠시 후)

当直支配人: ホテルのロビーでどなたかがお財布を拾ったと届出が入りました。

당직지배인: 호텔로비에서 누군가가 지갑을 습득하였다고 신고가 들어왔습니다.

お忘れ物センターで（只今）お財布を保管しております。どんな特徴のお財布でしょうか。

ご説明頂けますか。

분실물센터에서 (지금) 지갑을 보관하고 있습니다. 어떤 특징의 지갑인지요? 설명해 주시겠습니까?

お客様: 黒のストライプの模様をした財布です。

고객: 검은 줄무늬의 모양을 가진 지갑입니다.

当直支配人: 合っております。

당직지배인: 맞습니다.

お忘れ物センターで身分確認の手続きをなさった後にそちらを受け取ることができます。

분실물센터에서 신분확인 절차를 하신 후에 그것을 찾아가실 수 있습니다.

お客様: すみませんね。私が錯覚して。

고객: 미안하군요. 제가 착각을 해서.

当直支配人: とんでもございません。(謝罪・感謝の言葉に対する丁寧な答え方で)

당직지배인: 괜찮습니다.(사과 · 감사의 말에 대한 정중한 대답으로)

단어풀이

片付ける(정리하다), 拾う(떨어진 것을 줍다, 택시를 잡다), 届け出る〔(관청에) 신고하다, 신청하다〕

제5절 間違った情報(잘못된 정보)

お客様: 今日プールが営業していると聞いたんですが、プールの門(もん)が閉まってますね。

고객: 오늘 수영장이 영업한다고 저는 들었는데 그런데 수영장 문이 닫혀 있네요.

当直支配人: 大変申し訳ございません。プールは一ヶ月間、補修工事のため営業をしておりません。

당직지배인: 정말로 죄송합니다. 수영장은 한 달간 보수공사로 인하여 영업을 하지 않습니다.

お客様: どうしてくれるんですか。うちの家族の休暇が台無しになったよ。

고객: 어떻게 해주실 겁니까? 우리 가족의 휴일이 엉망이 되었어요.

当直支配人: お客様にご理解頂きたいんですが。

당직지배인: 고객님께서 이해를 해주실 것을 바랍니다.

お客様が次回こちらへお越しの際にご利用いただけるようこちらで無料ご利用券を差し上げます。

고객님이 다음에 여기에 방문 시에 이용할 수 있게끔 저희들이 가족들을 위해 무료이용권을 드리겠습니다.

제6절 ルームサービス注文の遅れ(룸서비스 주문에 대한 지연)

お客様: ピザをルームサービスで注文したんですが、しばらく待っているんですが来ないんですが。

고객: 피자를 룸서비스로 주문했는데 오래 기다렸지만 오지 않았어요.

私が注文してから3回も電話してピザが2時間後に届いたんですが。

내가 주문하고 나서 3번이나 전화했고 피자가 2시간 후에 도착했어요.

そしたら、ピザが（完全に）冷めて乾いて固くなってしまってこんな物どうやって食べるんですか。

그런데 피자가 (완전히) 식어서 말라 딱딱해졌는데 이와 같은 것을 어떻게 먹어요?

ウェイトレス達がとても不親切でサービスも(本当に)めちゃくちゃですね。

웨이트리스들이 너무 불친절하고 서비스도 (정말로) 엉망이네요.

あなたのホテルにとても失望しました。

당신네 호텔에 대하여 너무 실망했습니다.

当直支配人: この度の件に関しまして大変申し訳ございませんでした。お詫び申し上げます。

당직지배인: 그런 일들에 대해 정말로 죄송하며, 사과드립니다.

こちらでピザを新しくアツアツに焼いて出来立てをすぐにお持ちいたします。

저희들이 피자를 새로 뜨겁게 구워서 즉시 가져오겠습니다.

단어풀이

償う(보상하다, 변상하다), 冷める(식다) : 冷やす(식히다), 届く(도달하다), 乾く(건조하다), 固い(딱딱한), 出来立て(물건 · 음식이) 갓 나온〔된〕 상태, アツアツ〔熱熱〕(매우 뜨거움)

제7절 ビュッフェレストランでの食べ物の問題(뷔페식당에서의 음식문제)

当直支配人: はい、どうなさいましたか。
당직지배인: 예, 무엇을 도와드릴까요?

お客様: 私はジェインスですが、2012号に宿泊しています。
고객: 저는 제임스인데, 2012호에 투숙하고 있어요.

昨日の夕方、私の家族と一緒にビュッフェで夕食を食べたんですが、私が下痢をして吐きました。

어제 저녁에 저희 가족과 함께 뷔페에서 저녁을 먹었는데, 제가 설사를 하고 토하였습니다.

ずっと夕食の後から今朝まで何にも食べられませんでした。

계속 저녁 이후부터 오늘 아침까지 아무것도 먹지 못했어요.

脱力状態になりました。

탈진상태가 되었어요.

ビュッフェで生ガキを食べた後に腹痛がひどくなりました。

뷔페에서 생굴을 먹고 난 후에 복통이 심했어요.

臭いがしました。まるでそれが腐っていように見えました。

냄새가 났어요. 마치 그것이 상한 것같이 보였어요.

当直支配人: まずお部屋にこちらから、おかゆをお持ちいたします。

당직지배인: 우선 객실로 저희들이 죽을 올려드리겠습니다.

現在はいかがでしょうか。お医者さんに行かれましたか。

지금은 어떻습니까? 의사선생님께 가보셨습니까?

(今もなお) お腹の具合いがよくなければ、こちらでお近くの病院にお連れいたします。

(지금도 여전히) 속이 안 좋으시면 저희들이 인근병원으로 모시겠습니다,

お客様: そうですか。いずれにしても病院に行って見なければと思います。

고객: 그래요, 아무래도 병원에 가봐야 할 것 같아요.

いずれにしても腐ったカキのせいで食中毒にかかったみたいです。

아무래도 상한 굴 때문에 식중독인 것 같습니다.

こちらに部屋代と治療費それから私が精神的な苦痛を受けたことに対する補償を支払ってもらわなければなりません。

저에게 객실료와 치료비 그리고 제가 정신적인 고통을 입은 것에 대한 보상을 지급해 주셔야 합니다.

当直支配人: 他のお客様がビュッフェでカキを召し上がりましたが、(他のお客様は)何の異常もございませんでした。

당직지배인: 다른 고객들이 뷔페에서 굴을 먹었지만 다른 고객들한테는 아무런 이상이 없었습니다.

ですが、確定された医師の診断書に対して(だけは)私どもは補償して差し上げることができます。

그러나 확정된 의사의 진단서에 대해서(만이) 저희들은 보상해 드릴 수 있습니다.

万が一医者がそれが飲食物による食中毒であることが確定した場合はこちらで申告をしなければなりませんし, 公衆保健所に

お客様の吐瀉物を回収して疫学検査をしなければなりません。

만약 의사가 그것이 음식물 식중독에 의한 것이라고 확정을 할 경우는 저희들이 신고를 해야 하고, 공중보건소로 고객님의 토사물을 수거해서 역학조사를 실시해야 합니다.

一部のお客様が何か特定の食べ物アレルギーにより症状を訴えたりしています。

일부 고객들이 어떤 특정한 음식 알레르기로 인해 증상을 호소하기도 합니다.

まず、どうか診察をお受けください。

먼저 부디 진찰을 받으시기 바랍니다.

단어풀이

腐る(상하다, 부패하다), いよう(異様)に(이상하게), 具合い(형편, 상태), ~のせいで(~때문에: 나쁜 원인, 이유, 탓), 訴える(호소하다, 소송하다)

제8절 シャトルバスの運転手に乗車を断られる (셔틀버스기사에게 승차 거부당함)

お客様: 私たちの一行10名が町でシャトルバスに乗ろうとしたんですが、バスの運転手が全員の席がないと断られました。

고객: 저희 일행 10명이 마을에서 셔틀버스를 탑승하려고 했는데 버스운전기사가 우리 일행 모두를 버스 안에 자리가 없다며 거절했어요.

私たちはバスに乗ろうとして運転手といざこざを起こしました。

우리는 버스 안에 탑승하려고 기사와 실랑이를 벌였습니다.

バスは私たち全員を残して出発してしまいました。

버스는 우리 모두를 뒤로 남겨놓고 출발해 버렸어요.

私たちはまた次のシャトルに乗るためにブルブル震えながら30分も待たなければなりませんでした。

저희들은 또다시 다음 셔틀을 타기 위해 추위에 벌벌 떨면서 30분이나 기다려야만 했어요.

子供たちはみんな風邪を引きました。どうしてあなた達は外国人の客にこんなことが出来るんですか。

아이들 모두가 감기에 걸렸고요. 어떻게 당신네들이 외국손님들에게 이럴 수가 있나요?

運転手が私たちにした行動に対して気分が悪いです。

운전기사가 우리들에게 한 행동에 대해서 기분이 나빠요.

運転手の無礼な行動とご迷惑をお掛けしたことを心からお詫び申し上げます。

운전기사의 무례한 행동과 불편함을 끼쳐드려서 저희들이 진심으로 사과드립니다.

シャトルバスのブラックボックスを確認いたしまして、こちらでその運転手に注意をいたします。

また同じことが起らないよう、その運転手にサービス教育をさせます。

셔틀버스 블랙박스를 확인하고 나서, 저희들이 그 운전기사에게 주의를 시킬 것입니다. 또다시 같은 일이 일어나지 않도록 그 운전기사에게 서비스 교육을 시킬 것입니다.

シャトルバスを（また）ご利用されたり、でなければどんな事でもお助け出きることがあればこちらにおしゃって下さい。

셔틀버스를 (다시) 이용하시거나 아니면 어떤 것이라도 도울 일이 있으면 저희들에게 말씀해 주십시오.

단어풀이

断る(거절하다) : 断られる(거절당하다), 震える(추위로 떨리다) : 震う(떨리다, 흔들리다), ふるえ(떨림)

제8장 カジノ(카지노)

제1절 カジノのテーブルでディーラー勤務交代

(카지노 테이블에서 딜러 근무교대)

ディーラー: どうぞ。ゲームをお楽しみ下さい。

딜러: 부디, 즐거운 게임이 되십시오.

私は今回の勤務者ディーラーのキムスジンです。

저는 이번 근무자 딜러 김수진입니다.

ベッティングなさって下さい。

베팅하십시오.

申し訳ございませんが、こちらのベッティングリミットに(よく)

従って下さるよう願います。

죄송합니다만. 저희 베팅 리미트(betting limit)를 (잘) 따라주시기 바랍니다.

ゲームにご参加下さりありがとうございます。

게임에 참가해 주셔서 감사합니다.

どうぞ、楽しい時間をお過ごし下さい。

즐거운 시간이 되시기 바랍니다.

申し訳ございません。こちらは最後のディーリングでございます。

죄송합니다. 이것은 마지막 딜링(dealing)입니다.

1) ディーラーがスケジュール上の休憩時間を取ろうとするとき(딜러가 스케줄상의 휴식시간을 가지려고 할 때)

ディーラー: お客様、私は少しだけ席を外します。

딜러: 고객님, 저는 잠시 동안 자리를 비우게 됩니다.

今回のスタッフはパクドンソクでゲームを続けて進行させて頂きます。

이번 직원은 박동석으로 게임을 계속 진행할 겁니다.

2) 次の勤務班のディーラーとディーラーが交代で休む時(다음 근무조 딜러와 딜러가 교대로 쉬게 될 때)

お客様とゲームができて楽しかったです。どうぞ、いいお時間を。

고객님과 게임을 하게 되어 즐거웠습니다. 좋은 시간 되십시오.

단어풀이

従う(따르다), 席を外す(자리를 비우다)

1. チップ購入(chips 구입)

従業員: いらっしゃいませ。
직원: 어서 오십시오.

お客様: どこでチップが買えますか。
고객: 어디서 칩을 살 수 있나요?

従業員: ゲームテーブルでチップをご購入できます。お客様がゲームをなさるテーブルです。
직원: 게임 테이블에서 칩을 살 수 있습니다. 고객께서 게임을 하시고자 하는 테이블입니다.

お客様: わかりました。それならゲームが終わった後はどこで、チップ(余ったチップ)を現金に換えられますか。
고객: 알겠어요. 그러면 게임을 종료한 후에는 어디서 제가 칩을 (남은 칩을) 현금으로 바꿀 수 있나요?

従業員: キャッシャーデスクでチップを現金に換えられます。
직원: 캐셔 데스크에서 칩을 현금으로 바꿀 수 있습니다.

お客様: キャッシャー窓口はどこにありますか。
고객: 캐셔 창구는 어디 있나요?

従業員: 右側の角にございます。
직원: 오른쪽 모퉁이에 있습니다.

단어풀이

余る(남다), 換える(교환하다) : 換えられる(교환할 수 있다)

2. キャッシャー窓口(cashier 창구)

お客様: 私のチップ全部を現金に換えたいんですが。
고객: 제 모든 칩을 현금으로 바꾸고 싶어요.

従業員: はい、かしこまりました。お客様。チップを頂けますか。
종업원: 예, 고객님. 칩을 주시겠습니까?

お客様: ここにあります。
고객: 여기 있어요.

従業員: 少々お待ちくださいませ。私がお客様のチップを数えます。
종업원: 잠시만 기다려주십시오. 제가 고객님의 칩을 세어보겠습니다.

大変お待たせして申し訳ございません。

계속 기다리게 해서 죄송합니다.

10万ウォンのチップが6枚、1万ウォンのチップが25枚、チップの金額は全部で850,000ウォンでございます。

10만 원 칩 6장, 만 원 칩이 25장, 칩 금액이 총 850,000원입니다.

金額をご確認なさいますか。

금액을 확인하시겠습니까?

お客様(きゃくさま): 合(あ)ってます。ありがとう。
고객: 맞네요. 고마워요.

従業員(じゅうぎょういん): ありがとうございました。
종업원: 감사합니다.

단어풀이

数(かぞ)える(세다, 헤아리다)

3. マネーカウント(チェンジ)〔money count(change)〕

ディーラー: こんにちは。お客様(きゃくさま)。
딜러: 안녕하세요, 고객님.
席(せき)にお掛(か)けください。
자리에 앉으십시오.

プレーヤー: チップを買(か)おうと思(おも)うんですが。
플레이어: 칩을 사려고 합니다.

ディーラー: はい、お客様(きゃくさま)。おいくらでしょうか。
딜러: 예, 고객님. 얼마입니까?

プレーヤー: 900,000ウォンです。
플레이어: 900,000원입니다.

ディーラー: 900,000ウォンちょうだい致します。
딜러: 900,000원 받았습니다.
お間違いございません。(金額確認後)
정확합니다.(금액 확인 후)
チップをどのように差し上げましょうか。
칩을 어떻게 드릴까요?

プレーヤー: 100,000ウォンチップ7枚と、10,000ウォンチップ20枚下さい。
플레이어: 100,000원 칩 7개와 10,000원 칩 20개를 주세요.

ディーラー: はい、かしこまりました。900,000ウォンお取り替えいたします。
딜러: 예, 알겠습니다. 900,000원 바꿔드리겠습니다.
チェック、プリーズ！ マネーチェンジ!(手を挙げて)
첵 프리즈!(check please!) 머니체인지!(money change) (손을 들고서)
900,000ウォンペイ!(フロアパーソンのオーケーサインを受けた後)
900,000원 페이!(pay!)(Floor person의 오케이 사인을 받은 후)
チップス900,000ウォンでございます。ご確認ください。
칩스 900,000원입니다. 확인해 보시기 바랍니다.

단어풀이

間違う(틀리다), 取り替える(교체하다), 挙げる(들다)

4. ベッティング(베팅)

ディーラー: こんにちは。お席にお掛けください。

딜러: 안녕하십니까. 자리에 앉으시기 바랍니다.

私は～と申しまして、こちらの勤務班のディーラーでございます。

저는 ○○○인, 여기 근무조 딜러입니다.

ゲームをなさいますか。

게임을 하시겠습니까?

プレーヤー: ええ、そうですね。

플레이어: 예, 그래요.

ディーラー: 始めます。チェックプリーズ!(ゲームの始まりを知らせるチェックコール)

딜러: 시작하겠습니다. 첵 프리즈!(게임 시작을 알리는 첵 콜링)

bet down please!(ベットダウンプリーズ)

ベッティング願います。

베팅 바랍니다.

プレーヤー: 400,000ウォン、ベッティングします。

플레이어: 400,000원 베팅하겠습니다.

ディーラー: 申し訳ございませんが、(どうぞ) こちらのテーブルリミットにお従い下さい。

딜러: 죄송합니다만, (부디) 저희 테이블 베팅 리미트(limit)를 따라주시기 바랍니다.

プレーヤー: テーブルリミットがどうなってますか。

플레이어: 테이블 리미터가 어떻게 되나요?

ディーラー: こちらのテーブルリミットは 10,000ウォンがミニマムで、300,000ウォンがマキシマムでございます。

딜러: 여기 테이블 리미터는 10,000원이 미니멈(minimum)이고 300,000원이 맥시멈(maximum)입니다.

プレーヤー: あ、そうですか。それなら300,000ウォンをベッティングします。

플레이어: 아, 그래요. 그러면 300,000원을 베팅하겠습니다.
(しばらくして)
(잠시 후)

ディーラー: any more bet!(エニ モア ベット)

딜러: ベッティングまだなさいますか
베팅 더 하시겠습니까?
no more bet!(ノー モア ベット)
これ以上(いじょう)ベッティングできません。
더 이상 베팅을 할 수가 없습니다.
チップにお手(て)を触(ふ)れないで下(くだ)さい。
칩에 손대지 마시기 바랍니다.

プレーヤー: そうですか。

플레이어: 그래요.

단어풀이

従(したが)う(따르다), 触(ふ)れる(만지다, 건드리다)

제2절 ブラックジャックテーブルゲーム(Blackjack table game)

1. ヒット & ステイ(hit & stay)

ディーラー: bet down please!(ベット ダウン プリーズ)

딜러: ベッティング願います。= どうぞあがけ 下さい。

베팅하시기 바랍니다.

プレーヤー: はい、30万ウォンベッティングします。

플레이어: 예, 30만 원 베팅하겠습니다.

ディーラー: any more bet!(エニ モア ベット)

딜러: ベッティングまだございますか。= ほかに がける方(かた)は いらっしゃいたせんか。

베팅 더 있습니까?

no more bet!(ノー モア ベット)

これ以上ベッティングはございません。

더 이상 베팅은 없습니다.

(* 初めの二枚のカードが回ってきた後で / 数字8と数字5のカードの合計が13が出る)

(* 첫 두 장의 카드가 돌고 난 후에 / 숫자 8과 숫자 5의 카드 합이 13이 나온다.)

ディーラー: 追加でもっともらいますか。でなければ、もらいませんか。

딜러: 추가로 더 받으시겠습니까? 아니면 더 안 받으시겠습니까?

プレーヤー: ヒット。(レイアウトを手のひらで軽く叩きながら)

플레이어: hit. (Lay out을 손바닥으로 가볍게 두드리면서)

ディーラー: ヒット。(繰り返して言いながら)

딜러: hit. (반복해서 말하면서)
ワンモアカード。
원 모어카드(one more card).

プレーヤー: う～ん。18ね。スタンドします。(手を左右に振りながら)

플레이어: 음. 18이군. 스탠드할게요.(손바닥을 좌우로 흔들면서)

ディーラー: 17。プレーヤーの勝ち! おめでとうございます。

딜러: 17. 플레이어 윈. 축하드립니다!

단어풀이

もらう(받다) : もらわれる(받으시다), 叩く(두드리다), 繰り返す(반복하다), 振る(흔들다)

2. ブラックジャック(Blackjack)

ディーラー: bet down please!(ベット ダウン プリーズ)

딜러: ベッティング願います。
베팅하시기 바랍니다.

プレーヤー: 私は100,000ウォン掛けます。

플레이어: 저는 100,000원 걸겠습니다.

ディーラー: any more bet!(エニ モア ベット)
딜러: まだベッティングなさいますか。
더 베팅하시겠습니까?
no more bet!(ノー モア ベット)
これ以上ベッティングはだめです。
더 이상 베팅은 안 됩니다.
(*プレーヤーの初めの2枚のカードが合計“21”になるとブラックジャック)
(플레이어의 첫 2장의 카드가 합계 “21”이 되어 블랙잭)

ディーラー: プレーヤー、ブラックジャック！
딜러: 플레이어 블랙잭!
(*ディーラーがエースのオープンカードを持っている)
(* 딜러가 에이스 오픈카드를 가지고 있다)

ディーラー: 支払い金〔掛け金の同一金額 (1倍)〕をお受け取りになりますか。
딜러: 지급금〔베팅금액의 동일한 액수(1배)〕을 받으시겠습니까?

プレーヤー: そうですね。いいえ。カードを配ってください。
플레이어: 글쎄, 아니요. 카드를 돌리세요.

ディーラー: またはブラックジャック。
딜러: 또한 블랙잭.
(* 軽くたたいてレイアウトのハンドカードの下を二度プッシュ)
(* 가볍게 두드리고서 레이아웃의 핸드카드 아래를 두 번 푸시)

단어풀이

掛ける(걸다), 配る(돌리다)

3. スプリット(Split)

ディーラー: スプリットなさいますか。(*プレーヤーの初めのカード2枚が同じ数字が出る)

딜러: 스플릿하시겠습니까? (* 플레이어의 처음 카드 2장이 같은 숫자가 나온다)

プレーヤー: あ！2枚がエースカードだ。

플레이어: 야! 두 장이 에이스(ace)카드군!

スプリットして下さい。(*レイアウトの上でV字型の形で手信号を送る)

스플릿해 주세요.(*lay out 위에서 V자형 모양으로 수신호를 보낸다)

ディーラー: スプリット。(プレーヤーの言葉を復唱する)

딜러: 스플릿.(플레이어의 말을 복창한다)

新しいカードにベッティングなさって下さい。

새 카드에 베팅하십시오.

プレーヤー: 同じ金額で100,000ウォン、ベッティングします。

플레이어: 같은 금액으로 100,000원 베팅하겠습니다.

ディーラー: 元のハンド ――――→ カード7。合計17。

딜러: 원래의 핸드 ――――→ 카드 7, 총합 17.

新しいハンド――――→ カード9。合計19。

새 핸드 ――――→ 카드 9, 총합 19.

ディーラー: 17。全(すべ)てお客様(きゃくさま)が勝(か)ちました。= お客様(きゃくさま)の勝(か)ちでございます。
おめでとうございます。

딜러: 17, 모두 다 고객님이 이겼습니다.
축하드립니다.

プレーヤー: 私(わたし)が勝(か)った！やったあ！

플레이어: 내가 이겼어! 앗싸!

단어풀이

勝(か)つ(이기다)

4. ダブルダウン(Double down)

プレーヤー: あっ！初(はじ)めの2枚(まい)のカードの合計(ごうけい)が9だな。ダブルダウンします。

플레이어: 아! 내 첫 두 장의 카드가 총합이 9군. 더블다운하겠습니다.

ディーラー: ダブルダウン!(プレーヤーの言葉(ことば)を復唱(ふくしょう)する)

딜러: 더블다운!(플레이어의 말을 복창한다)

追加(ついか)カード10。合計(ごうけい)19。

추가카드 10. 총합 19.

ディーラー: 18。お客様(きゃくさま)の勝(か)ちでございます。おめでとうございます。

딜러: 18, 고객님, 이겼습니다. 축하합니다.

5. インシュランス(Insurance)

ディーラー: bet down please!(ベット ダウン プリーズ)

딜러: ベッティングなさって下さい。

베팅하십시오.

プレーヤー: 私のハンドに20万ウォンをベッティングします。

플레이어: 제 핸드에 20만 원을 베팅하겠어요.

ディーラー: any more bet!(エニ モア ベット)

no more bet!(ノー モア ベット)

딜러: もうベッティングはございませんか。

더 이상 베팅 없으십니까?

もうベッティングはございません

더 이상 베팅은 없습니다.

プレーヤーのカードが(まだ)ブラックジャックではない状態で。

플레이어의 카드가 (아직까지) 블랙잭이 아닌 상태에서.

ディーラーのオープンカードがエースの時

딜러의 오픈 카드가 에이스일 때

ディーラー: お望みでしたら保険をお掛けになってもよろしいですよ。

딜러: 원하시면 보험에 걸어도 됩니다.

プレーヤー: 保険ベッティングを掛けます。

플레이어: 보험베팅에 걸겠습니다.

단어풀이

望む(바라다)

6. サレンダー(Surrender : 서랜더)

ディーラー: bet down please!(ベット ダウン プリーズ)

딜러: ベッティング願(ねが)います。

베팅하시기 바랍니다.

プレーヤー: そうしましょう。

플레이어: 그러죠!

ディーラー: any more bet!(エニ モア ベット)

no more bet!(ノー モア ベット)

딜러: ベッティングまだございますか。

베팅 더 있으십니까?

ベッティング締(し)め切(き)ります。

베팅 마감합니다.

プレーヤー: 2枚(まい)のカード合(あ)わせて14だな！う～ん。良(よ)くはないね。

플레이어: 2장의 카드 합이 14군! 음, 좋지는 않네.

ディーラー: では、サレンダーなさいますか。

딜러: 그럼, 서랜더하시겠습니까?

プレーヤー: サレンダー（放棄(ほうき)）します。

플레이어: 서랜더(포기)하겠어요.

ディーラー: かしこまりました。お客様(きゃくさま)のベッティング金額(きんがく)の半分(はんぶん)を持(も)って行(い)きます。

딜러: 알겠습니다. 고객님 베팅금액의 절반을 가져가겠습니다.

プレーヤー: そうですか。仕方ないな。
플레이어: 그래요. 어쩔 수 없군.

단어풀이

締め切る(마감하다)

제3절 ブラックジャックのゲームルール(Blackjack game rule)

1. ブラックジャック(Blackjack)

ブラックジャックは21ゲームと呼ばれている。
블랙잭은 21게임으로 불린다.

目的はカードの点数が21に近いことだ。
목적은 카드의 점수가 21에 가까운 것이다.

初めのカード二枚がエースと10のカード（10、ジャック、キング、クウィーン）がでると、合わせた自分の手（ハンド）が21となりブラックジャックと言う。
첫 카드 2장이 에이스와 10카드(10, 잭, 킹, 퀸)가 되면 합친 핸드가 21로서 블랙잭이라 부른다.

元のベッティング額に支払額は1.5倍を受け取ることになる。
원래의 베팅금액에 지급금은 1.5배를 받게 된다.

万が一ハンドとディーラーの両方がブラックジャックの場合、スタンドオフまたはプッシュといい、ゲームはお互い引き分けになる。
만약 핸드와 딜러 모두가 블랙잭이 될 경우 스탠드 오프 또는 푸쉬라고 하며 게임은 서로 비기게 된다.

단어풀이

ハンド(hand = player), スタンドドオフ(stand off), プッシュ(push)

2. スプリット(Split)

初めのカード2枚が同じ数字の場合プレーヤーは一つのハンドを二つのハンドに分離することができる。
それをスプリットと呼ぶ。
처음 카드 2장이 똑같은 숫자일 경우 플레이어는 한 개의 핸드를 두 개의 핸드로 분리하여 나눌 수 있다.
그것을 스플릿이라 부른다.

プレーヤーは新しいハンドに元々のハンドと同じく同額をベッティングしなければならない。
플레이어는 새 핸드에 원래 핸드에서와 똑같이 동일한 금액을 베팅해야 한다.

2枚のカードがエースの場合、それぞれのカードにエースカードをスプリットする場合はカード1枚だけ受け取ることができる。
두 장의 카드가 에이스일 경우 각각의 카드에 에이스카드를 스플릿할 경우에 카드 한 장(만) 받을 수 있다.

3. ダブルダウン(Double down)

「ダブルダウン」はベッティング額を追加して掛けることで元々のベッティング額と同額で掛けなければならない。その場合はある初めのカード2枚の合計が9や10か、11の場合である。それは初めのカード2枚に限り許される。
“더블다운”은 베팅금액을 추가로 더 거는 것으로 원래 베팅액과 동일하게 걸어야 한다. 그 경우는 어떤 첫 카드 두 장의 카드 합이 9, 10이거나 11일 경우이다. 그것은 첫 카드 2장에 한해서만 허용된다.

단어풀이

限る(한하다), 許す(허용하다)

4. インシュランス(Insurance ： 보험)

ディーラーの初めのオープンカードがエースの場合、プレーヤーは最初にベッティングした金額の半分までの金額でディーラーのカード側にプレーヤーが保険に掛けるか掛けないかを決めてから、保険を掛けることができる。ディーラーのカードがブラックジャックだったら保険を掛けたベッティング金額に対して二倍の配当金が支払われ,しかし（元々の）ベッティングした金額は無くなる。もしディーラーのカードがブラックジャックでなければ、保険ベッティング金額は無くなりゲームは続けて進行される。
딜러의 첫 오픈카드가 에이스일 경우, 플레어는 최초 베팅한 금액의 절반까지의 금액으로 딜러의 카드 쪽에 플레이어가 보험에 걸지, 걸지 않을지를 결정하고 나서, 보험에 걸 수 있다. 딜러의 카드가 블랙잭이면 보험에 건 베팅 금액에 대한 두 배의 배당금이 지급되고, 그러나 (원래) 베팅했던 금액은 잃게 된다. 만약 딜러의 카드가 블랙잭이 아니면 보험베팅 금액은 잃게 되고 게임은 계속 진행된다.

단어풀이

無くなる(없어지다), 続ける(계속되다) : 続く(계속하다)

5. サレンダー(Surrender)

プレーヤーの初めの2枚のカードが（充分に）勝ち目がない可能性があればプレーヤーがゲームを放棄することを、サレンダーと言う。プレーヤーがサレンダーした場合、ディーラーが元のベッティング額の半分を持って行くようになる。

플레이어의 첫 2장의 카드가 (충분히) 승산이 없을 가능성이 있으면 플레이어가 게임을 포기를 하는데, 그것을 서랜더라고 부른다. 플레이어가 서랜더한 경우 딜러가 원래의 베팅액수의 절반을 가져가게 된다.

6. イーブンマネー(Even money)

ディーラーのオープンカードがエースでプレーヤーがすでにブラックジャックを持っている時、ディーラーはプレーヤーにベッティング額と同額を受け取りたいのかどうかを他のプレーヤーに3回目のカードを配る前に聞くことができる。プレーヤーが同意したら1倍の配当金をもらえる。

딜러의 오픈카드가 에이스이고 플레이어가 (이미) 블랙잭을 가지고 있을 때, 딜러는 플레이어에게 베팅액수와 동일한 금액을 지급받기를 원하는지 어떤지를 다른 플레이어에게 3번째 카드를 돌리기 전에 물어볼 수 있다. 플레이어가 동의를 하면 그는 1배의 배당금을 지급받게 된다.

제4절 バカラテーブルゲーム(Baccarat table game)

ディーラー: Bet down, please.
딜러가 베팅을 유도.

딜러: ベッティング願います。(ディーラーがベッティングを誘導)
베팅 바랍니다.(딜러가 베팅을 유도)
Any more bet, sir.
(*딜러가 마지막으로 베팅을 유도할 때의 calling)
まだベッティングなさいますか。(ディーラーが最後にベッティングを誘導するときの呼び掛け)
더 베팅하시겠습니까?
No more bet, please.
ベッティング締め切ります。
베팅 마감합니다.
(*初めのカード2枚を引くとき : 첫 카드 두 장을 뽑을 때)
Card for player, card for banker, player's, banker's.
カード フォ プレーヤー、カード フォ バンカー、プレーヤーズ、バンカーズ
카드 포 플레이어, 카드 포 뱅크, 플레이어스, 뱅크스.
Player, stand on 6, banker 5.
プレーヤー スタンドオン6、バンカー5
플레이어, 스탠드 온 6, 뱅크 5
One more bank — Draw 7 - Makes 2 — Player win.
원모어 뱅크- 드로 7-메이크스 2 — 플레이어 윈
もう一度バンカー - ドコー7 - メイクス 2 - プレーヤーの勝ち
☞ プレーヤー、バンカーが 6、7の場合「スタンドオン」と呼び

掛ける。

플레이어, 뱅크가 6, 7일 경우 stand on이라고 calling

バンカーが6の場合「スタンドオン」と呼び掛けない

banker가 6일 경우 stand on이라고 calling하지 않음

단어풀이

呼び掛ける(큰 소리로 부르다)

ディーラー: Bet down, please.(ベットダウンプリーズ)

딜러: ベッティング願います。

베팅 바랍니다.

Any more bet? No more bet.(エニモアベット? ノーモアベット)

もっとおかけになさぃますが。ベッティングを締め切ります。

더 베팅하시겠습니까? 베팅을 마감하겠습니다.

Card for player, card for banker, player's, banker's.

カード フォ プレーヤー、カード フォ バンカー、プレーヤーズ、バンカーズ

카드 포 플레이어, 카드 포 뱅크, 플레이어스, 뱅크스.

Player natural 9, banker 4. — Player win.

プレーヤー側 ナチュラル9、バンカー側4—プレーヤーの勝ち

플레이어 측 네추럴 9, 뱅크 측 4. — 플레이어 윈

☞ (それぞれのプレーヤー、バンカーが8、9で勝った時 naturalと呼び掛ける)

(각각의 플레이어, 뱅크가 8, 9로 이겼을 때 natural이라고 calling)

ディーラー: Bet down, please.(ベットダウンプリーズ)

딜러: ベッティング願います。

베팅 바랍니다.

Any more bet? — No more bet.(エニモアベット? ノーモアベット)

もうベッティングはございませんか。- ベッティングを締め切ります。

더 이상 베팅 없으십니까? — 비팅 마감하겠습니다.

Card for player, card for banker, player's, banker's.

Player 1, banker 2.

(カードフォー プレーヤー、カード フォー バンカー、プレーヤーズ、バンカーズ, プレーヤー1、バンカー2)

카드 포 플레이어, 카드 포 뱅크, 플레이어스, 뱅크스, 플레이어 1, 뱅크 2.

One more player, draw 8, makes 9.☞ 数字の合計が変わった場合

ワンモアプレーヤー、 /ドロー8、 /メイクス9

(숫자의 합이 변했을 경우)

☞ プレーヤー、バンカーそれぞれ2枚づつ引いた後、三回目の追加カード

(Player, Banker 각각 2장씩 뽑은 후 세 번째 추가 카드)

One more banker, draw 5, makes 7. — Player win

(ワンモアバンカー、ドロー5、メイクス7-プレーヤーウィン)

단어풀이

* ワンモアプレーヤー、 /ドロー8、 /メイクス9
〔원모어 플레이어(추가카드) / 드로 - 8, / 메이크스(합이) 9〕
= もう一度 プレーヤ- (追加 カード) / ドロー8 / メイクス (合計) 9)

* ワンモアバンカー、 / ドロー5、 /メイクス7 / プレーヤーウィン
〔원모어 뱅크, /드로 5, / 메이크스 7. /플레이어 윈(승리)〕
= もう一度 バンカー、/ドロー5、 /メイクス7 / プレーヤーの勝ち

ディーラー: Bet down, please.(ベットダウンプリーズ)

딜러: ベッティング願います

베팅 바랍니다.

Any more bet? — No more bet.(エニモアベット? ノーモアベット)

もうベッティングはございませんか。- もうベッティングはできません。

더 이상 베팅 없으십니까? — 더 이상 베팅은 안 됩니다.

Card for player, card for banker, player's, banker's.

カードフォ　プレーヤー、カード　フォ　バンカー、プレーヤーズ、バンカーズ

카드 포 플레이어, 카드 포 뱅크, 플레이어스, 뱅크스.

Player 4, banker 3.

プレーヤー4、バンカー3

플레이어 4, 뱅크 3.

One more player, draw 0, still 4. ☞ 数字の合計が変わらない場合

(ワンモアプレーヤー、ドロー0、スティル4)

(숫자의 합이 변하지 않았을 경우)

追加カードプレイヤー、ドロー0、スティル4

추가카드 플레이어, 드로 0, 스틸 4.

One more banker draw 8, makes 1. — Player win.

(ワンモアバンカー、ドロー8、メイクス1-プレーヤーウィン)

追加カードバンカー、ドロー8、 合計1 - プレーヤー側の勝ち

추가카드 뱅크, 드로 8, 합이 1. — 플레이어 측 승리.

ディーラー: Bet down, please.(ベットダウンプリーズ)

딜러: ベッティング願います。

プレーヤー1: 私はプレーヤー側に20,000ウォンベッティングします。

플레이어 1: 저는 플레이어 쪽에 20,000원 베팅하겠습니다.

ディーラー: Any more bet? - No more bet.(エニモアベット? ノーモアベット)

딜러: もうベッティングはございませんか。- ベッティングを締め切ります。

더 이상 베팅 없으십니까? — 베팅 마감합니다.

少し後でディーラーの締め切りのコールが終わってから

잠시 후 딜러의 마감 콜이 끝나고서

プレーヤー2: ちょっと待って下さい。バンカー側に50,000ウォンを掛けます。

플레이어2: 잠시만요, 저는 뱅크 쪽에 50,000원을 걸겠습니다.

ディーラー: カードが配られた後からはもうベッティングはできません。

딜러: 카드가 돌아간 후에는 더 이상 베팅은 안 됩니다.

プレーヤー2: あ、そうですか。

플레이어2: 아, 그래요.

ディーラー: Card for player, card for banker, player's, banker's.

Player natural 8, Banker also 8, tie hand.

(カードフォープレーヤー、カードフォーバンカー、プレーヤーズ、バンカーズ, プレーヤー ナチュラル8, バンカーオールソー 8, タイハンド)

딜러: プレーヤー用カード、バンカー用カード、プレーヤーズ、バンカーズ

카드 포 플레이어, 카드 포 뱅크, 플레이어스, 뱅크스.

プレーヤー ナチュラル8、バンカー オールソー 8、タイハンド

플레이어 내추럴 8, 뱅크 올소 8, 타이핸드.

☞ カード二枚で同じ数字の場合 オールソー

카드 두 장으로 같은 숫자일 경우 also

☞ 同じ数字の場合 ラストコーリング タイハンド (* タイハンド = tie hand 비김)

같은 숫자일 경우 last calling tie hand

ディーラー: Bet down, please (ベットダウンプリーズ)

딜러: ベッティング願います。

베팅하시기 바랍니다.

プレーヤー: 私はバンカー側に50,000ウォンベッティングします。

플레이어: 저는 50,000원을 뱅크에다 베팅하겠어요.

ディーラー: Any more bet? - No more bet. (エニ モア ベット?-ノーモア ベット)

もうベッティングはございませんか。- ベッティングを終了いたします。

딜러: 베팅 더 하시겠습니까? — 베팅 마감합니다.

Card for player, card for banker, player's, banker's.

(カードフォープレーヤー、カードフォーバンカー), プレーヤーズ、バンカーズ)

카드포 플레이어, 카드포 뱅크, 플레이어스, 뱅크스.

Player stand 7, Banker natural 9

(プレーヤー スタンド7、バンカーナチュラル9)

플레이어 스탠드 7, 뱅크 네츄럴 9.

Banker win. - おめでとうございます!

バンカーの勝ち(뱅크 윈) - 축하드립니다!

プレーヤー: オーイェイ！私達が勝ったぞ！

플레이어: 오, 예, 우리가 이겼어.

ディーラー: コミッション計算のためベッティングチップを確認いたします。

딜러: 커미션 계산을 위해 베팅 칩을 확인하겠습니다.

5パーセントのコミッションを差引きます。

5%의 커미션을 떼겠습니다.

47,500ウォン。配当金でございます。

47,500won. 배당금 여기 있습니다.

プレーヤー:　2,500ウォンはチップです。
플레이어:　2,500won은 팁입니다.

ディーラー:　ありがとうございます。
딜러:　감사합니다.

*****

☞ 주의사항

① ワンモアプレーヤー、ドロー（数字）、メイクス（数字）*数字の合計が変わる場合

One more player, drew (숫자), makes (숫자) *숫자의 합이 변할 경우

② ワンモアバンカー、ドロー（数字）、スティル（数字）* 数字の合計が変わらない場合

One more banker, draw (숫자), still (숫자) *숫자의 합이 변하지 않을 경우

③ ワンモアプレーヤー、ドロー（数字)、オールソー（数字)、タイハンド。*両方が同一の数の場合

One more player draw (숫자), also (숫자), tie hand. *양쪽 모두가 동일수일 경우

プレーヤー(数字)、バンクオールソー(数字)、タイハンド。

Player (숫자), bank also (숫자), tie hand.

④ 10, J, Q, Kが1枚の場合ゼロと言う。

10, J, Q. K가 1장일 경우 zero라고 call

⑤ 2枚の合計が0の場合のノッシングと言う。

2장의 합이 0일 경우 Nothing이라고 call

⑥ 3枚の合計が0の場合メイクスバカラと言う。

3장의 합이 0일 경우 Makes Baccarat라고 call

단어풀이

差引く(빼다, 공제하다)

제5절 バカラゲームのルール説明(Baccarat game rule 설명)

① バンカーとプレーヤーの意味は（ただ単に）名目上の呼び名を使用している。バンカーとプレーヤーのハンドは2つの別のハンドを区分するために使用する。

뱅커와 플레이어의 의미는 (단지) 명목상 명칭을 사용하고 있다. 뱅커와 플레이 핸드는 2개의 다른 핸드를 서로 구분하기 위해 사용된다.

② バンカーはハウスを意味することではない。バカラゲームの全てのプレーヤー達は選択権を持っているが、プレーヤーかバンカーのハンドどちらか一カ所にベッティングができる。

뱅크는 하우스를 의미하는 것이 아니다. 바카라게임의 모든 플레이어들은 선택권을 가지는데 플레어나 뱅크 핸드 둘 중 한 곳에 베팅할 수 있다.

一つはバンカーのハンドでもう一つはプレーヤーのハンドである。プレーヤーは二つのハンドのどちらにもベッティングできる。

だが、チップはカードが配られる前にベッティング参加者達が定位置に掛けることで、プレーヤーかバンカーのどちらか一カ所に置かなければならない。

하나는 뱅크 핸드이고 다른 하나는 플레이어 핸드이다. 플레이어는 두 핸드의 어느 쪽에도 베팅할 수 있다.

그러나 칩들은 카드가 돌아가기 전에 베팅참가자들이 제자리에 건 것으로 플레이어나 뱅크 둘 중 한 곳에 놓아야 한다.

③ 二枚のカードはプレーヤーとバンカーの両方にむけられている。まずディーラーがシューをつかんでカード一枚を滑らすように取り出し、プレイヤーの空間ゲームテーブル上の指定された所にカードを置く。

第二に、テーブルの上のバンカーのマスにバンカーハンドの最初のカードが置かれる。

第三に、それからハウスは二番目のプレーヤーカードとバンカーカードをじゅん(順)に回す。

ディーラーが最初に配るのは2枚で構成されているが、プレーヤーとバンカーの二カ所両方だ。

두 장의 카드는 플레이어와 뱅크 양쪽 모두에게 돌려진다. 먼저 딜러가 슈를 잡고서 카드 한 장을 미끄러지듯 꺼내어 플레이어의 공간 게임테이블 위의 지정된 곳에 카드를 펴 놓는다.

둘째, 테이블 위의 뱅크의 칸에 뱅크 핸드의 첫 번째 카드가 놓인다,

셋째, 그리고서 하우스는 두 번째 플리이어 카드와 뱅크 카드를 차례로 돌린다.

딜러의 첫 번째 돌리기는 2장으로 구성되어 있는데 플레이어와 뱅크 두 곳 모두이다.

④ 10とフェース・カード(キング、クイーン、ジャック)は0の値を持ち、そしてその他のカードは額面数字のとおりで、エースは1の数字と同じ

だ。もし全体の合計が10以上なら二桁の数字はハンドのバリューだ。そのハンドは9に近い　全体の合計だ。例えば、二つの数が9と6なら合計が15となり、5点のハンドを作る。ゲームに勝つためにはバカラゲーム参加者たちは賭けをしなければならない。

10과 페이스카드(킹, 퀸, 잭)는 0의 값을 가지며 그리고 나머지 다른 카드는 액면숫자와 같으며 에이스는 1의 숫자와 같다. 만약 전체 합이 10 이상이면 두 자리 숫자는 핸드의 밸류(value)이다. 그 핸드는 9에 가까운 전체의 합이다. 가령 두 수가 9와 6이면 총합이 15가 되어 5점의 핸드를 만든다, 게임에 이기기 위해서는 바카라게임 참가자들은 베팅을 걸어야 한다.

⑤ ナチュラルウィン(natural win)の意味

もし数字の合計が8か9の場合プレーヤーかバンカー二つのうちで、配られた初めの2枚のカードをナチュラルウィンと呼ばれ、ゲームは終了する。支給額はプレーヤーが賭けたものが支払われる。

네츄럴 윈의 의미

만약 숫자의 총합이 8이거나 9일 경우 플레이어나 뱅크 둘 중에 돌아간 첫 2장의 카드로 그것을 네츄럴 윈이라 부르며 게임은 종료된다. 지급액은 플레이어들이 베팅한 것이 지급된다.

⑥ プレーヤーは数字の合計を見て、三番目のカードをもらうかどうかを決定することができる。

プレーヤーのハンドによって(まず) 追加カードの有無は決定される。合計が8か9ならプレーヤー側はこれ以上カードをもらわない。プレーヤーは合計が6か7でスタンドをする。バンカーが8か9じゃない場合に他のある合計が0~5の場合、プレーヤーは3番目のカードを　もらう。しかし、バンカーが3か9の場合はこれ以上追加で配られることはなくバンカーハンドは勝利する。

플레이어는 숫자 총합을 보고서 3번째 카드를 받을지를 결정할 수 있다.
플레이어의 핸드에 의해 (먼저) 추가카드 여부는 결정된다. 총합이 8이나 9이면 플레이어 쪽이 더 이상의 카드를 받지 않는다. 플레이어는 총합이 6이나 7에서 스탠드를 한다. 뱅크가 8이나 9가 아닐 경우에 다른 어떤 총합이 0-5일 경우 플레이어는 3번째 카드를 받는다. 그러나 뱅크가 8, 9일 경우에 더 이상 추가로 돌리지 않고서 뱅크 핸드는 승리한다.

⑦ バンカーの三番目のカードの結果によってルールを理解する。

もしプレーヤーに二枚のカードだけ配られたらバンカーはハンドの合計が0～5で受け取る。それからハンドの合計が6か7なら固守する。他のすべてのハンドはプレーヤーが引いた3番目のカードにかかっている。

뱅크의 3번째 카드 결과에 따라서 규칙을 이해한다.
만약 플레이어에게 두 장의 카드만 돌려진다면 뱅크는 핸드의 총합이 0~5에서 받고, 핸드의 총합이 6이나 7에서 고수를 한다. 다른 모든 핸드는 플레이어가 뽑은 3번째 카드에 달려 있다.

- プレーヤーの3番目のカードが9、10、フェース・カードやエースならバンカーがもらう。バンカーハンドが 0~3を持っている時は4~7にステイする。

플레이어의 3번째 카드가 9, 10, 페이스카드이거나 에이스이면 뱅크가 받는다. 뱅크핸드가 0~3을 가질 때 4~7에 스테이한다.

- プレーヤーの三番目のカードが8ならバンカーはもらって、バンカーハンドが0~2になる時は3~7にステイする。

플레이어의 3번째 카드가 8이면 그러켠 뱅커는 받고 뱅크핸드가 0~2가 될 때 3~7에 스테이한다.

- プレーヤーの三番目のカードが6か7ならバンカーはもらって、バンカーハンドが0～6になる時7にステイする。

플레이어의 3번째 카드가 6이거나 7이면 뱅커는 받고 뱅크핸드가 0~6이 될 때 7에 스테이한다.

- プレーヤーの三番目のカードが4か5ならバンカーはもらって、バンカーハンドが0～5になる時6～7にステイする。

  플레이어의 3번째 카드가 4이거나 5이면 뱅커는 받고 뱅크핸드가 0~5가 될 때 6~7에 스테이한다.

- もしプレイヤーの三番目のカードが2か3ならバンカーはもらって、バンカーハンドが 0～4で 5～7にステイする。

  만약 플레이어의 3번째 카드가 2이거나 3이면 뱅커는 받고 뱅크핸드가 0~4에서 5~7에 스테이한다.

⑧ 全てのカードが配られた後で勝つ方のハンドを算定する方法を理解する。
모든 카드가 돌아가고 난 다음에 이기는 쪽 핸드를 산정하는 방법을 이해한다.
もし片方のハンドの合計が9に最も近ければ、勝利のハンドになる。タイ(同じ点数)の場合、どちらのハンドも勝ち負けはない。勝った方のバンカーハンドに賭けた時、場合によってコミッションを支払うことがある。
만약 한쪽 핸드의 총 합계가 9에 가장 가까우면 승리의 핸드가 된다. 타이(같은 점수)일 경우 어느쪽 핸드도 이기거나 패하지 않는다. 이기는 쪽의 뱅크핸드에 걸었을 때, 경우에 따라 커미션이 지급될 수 있다.
ほとんどのバカラテーブルでは バンカーにベッティングをすることになれば、コミッションを引かれる。
しかし、たとえバンカーが勝った場合であってもプレーヤーとバンカーの両方にベッティングしていたら、そのコミッションはなくなる。
대부분의 바카라 테이블에서 뱅크에 베팅을 하게 되면 커미션을 뗀다. 그러나 설령 뱅크가 이겼다 할 경우라도 그런 경우에 플레이어와 뱅크 모두에 걸었다면 그 커미션은 잃게 된다.

단어풀이

向く(향하다, 방향을 돌리다) : 向ける〔향하(게)〕하다, 돌리다, とおり(그대로, ~와 같이), タイ(tie) その通り(그와 같이), 近い(가까운), 勝つ(이기다) ≠負ける(지다), 引く(끌다, 빠지다) : 引かれる(이끌리다), ~ても(~하더라도, ~해도 뒷부분은 조건에 반대로 나타남

☞ 雨が降っても出発する(비가 와도 출발한다), ~したら(~했다면), なくなる(없어지다)

제6절 バカラゲームのタイプ(Baccarat game type)

ミニバカラ: ゲーム参加者たちにはカードを触ることは許されていない。

미니 바카라: 게임 참가자들에게는 카드를 움켜잡고 보는 것이 허용되지 않는다.

ミドルバカラ·メインバカラ: ゲーム参加者の中で最も多くベッティングしたプレーヤーが選択権を持ち、配られた カードをめくって見ることができる。

미들 바카라 · 메인 바카라: 게임 참가자 중에 가장 많이 베팅한 플레이어가 선택권을 가지고서 돌려진 카드를 뒤집어서 움켜잡고 볼 수 있다.

단어풀이

触る(손대다, 가볍게 닿다), 許す(허락하다), めくる(넘기다, 젖히다)

제7절 ルーレットゲーム(룰렛 게임)

プレーヤー: 300,000ウォンをチップに交換してください。

플레이어: 300,000원을 칩으로 교환해 주세요.

ディーラー: チップをどのように差し上げましょうか。

딜러: 칩을 어떻게 드릴까요?

プレーヤー: それらをプレイチップ100,000ウォン、そしてマネーチップを200,000ウォンにしてください。

플레이어: 그것들을 플레이 칩 100,000원 그리고 머니칩(money chip)을 200,000원으로 해 주세요.

プレイチップの色の種類が、どれが残っていますか?

플레이 칩 색깔 종류가, 어느 것들이 남아 있습니까?

ディーラー: 7種類の別のカラーチップ(1,000ウォン券)と、3種類のマーキングチップは(5000ウォン券, 10万ウォン券)がございますが、三つのプレイチップは、緑,青,茶色だけが残っています。

딜러: 7가지의 다른 칼라 칩(1,000원권)과 3종류의 마킹 칩(5,000원권, 10,000원권)이 있는데 3개의 플레이 칩은 그린, 블루, 브라운만 남아 있습니다.

プレーヤー: 青をください。それから残りは全部マネーチップに換えてください。

플레이어: 블루를 주세요. 그리고 나머지 모두를 머니 칩으로 바꿔주세요.

ディーラー: チェック!(300,000ウォンをゲームテーブルの上に置いてコールする)

딜러: check! (300,000원을 game table 위에 놓고서 calling한다)

300,000ウォン、支払い！(マネージャーに確認後、顧客に支払う)

300,000원 지급! (Manager에게 확인 후 고객에게 pay)

bet down please!

ベッティング願います。(ベッティング開始)

베팅 바랍니다!(베팅 시작)

No more bet!(ノーモアベット)

ベッティングを締め切ります。(ベッティング終了のコール)

베팅 마감합니다!(베팅 마감 call)

ボールが落ちます。(後ほどボールが落ちる頃に)

볼이 떨어집니다! (잠시 후 ball이 떨어질 즈음에)

16番！(Calling後マークを16番の上に載せて置く)

16번!(Calling 후 마크를 16번 위에 올려놓는다)

☞ ① マーキングチップ: ゲーム参加の顧客数が多い場合、区別を簡単にするために使用

마킹 칩: 게임 참가 고객 수가 많을 경우 구별을 쉽게 하기 위하여 사용

② マーキングチップ: (5,000券/10,000券 ： ミニチップを使用するプレーヤー数がマネーチップの種類の数字より多い時の代用品としてマーキングチップを使用する)

마킹 칩: (5,000권/10,000권 : 미니 칩을 사용하는 플레이어 숫자가 머니 칩 종류의 숫자보다 많을 때 대용으로 마킹 칩을 사용한다)

③ マネーチップ: Table limitによってインサイドとアウトサイドのベッティングが可能。

머니 칩: Table limit에 따라 인사이드 및 아웃사이드 베팅이 가능

단어풀이

残る(남다) : 残す(남기다)

제8절 ルーレットゲーム手順の理解(룰렛 게임 순서의 이해)

ルーレットはウィール（回転盤）ゲームでどちらか反対方向に回転する車輪と小さな玉を回す。

룰렛은 휠게임으로 어느 반대방향으로 회전하는 바퀴와 작은 구슬을 돌린다.

ゲーム参加者たちは番号の群集や色の上に賭けることができる。

게임 참가자들은 번호의 군집이나 색깔 위에 베팅할 수 있다.

ルーレットで使用可能な二つのチップはプレーチップとマネーチップだ。

룰렛에서 사용가능한 2개의 칩은 플레이 칩과 머니 칩이다.

プレーチップは金銭的に価値を持っていない。

플레이 칩은 금전적으로 가치를 가지지 않는다.

ルーレット · テーブルで六つ以上の他の色のプレーチップが使用できる;

ホワイト、レッド、イエロー、ブルー、グリーン、ブラウン。

룰렛 테이블에서 6가지 이상의 다른 색깔의 플레이 칩이 사용될 수 있다 ;

화이트, 레드, 엘로, 블루, 그린, 브라운색으로.

それぞれのプレーヤーは一つの色のチップだけを使用することができる。

각각의 플레이어는 한 가지 색상의 칩만을 사용할 수 있다.

他の色の目的はプレーヤーを区分するためである。

다른 색상의 목적은 플레이어를 구분하기 위해서이다.

他のプレーヤーたちと各プレイチップの価値は1,000ウォンから2,500ウォンほどでカジノごとに異なる。

다른 플레이어들과 각 플레이 칩의 가치는 1,000원에서 2,500원 정도로 카지노마다 다르다.

全てのチップは同一の価値である。

칩 모두는 동일한 가치이다.

ルーレット盤には1から35までの数字とまた、0と00が書かれている。

룰렛 휠에는 1에서 35까지 숫자와 또한 0과 00이 적혀 있다.

ウィールには、数字は18個の赤色と18個の黒色及び0と00の二つの緑色が含まれている。

휠에는, 숫자는 18개의 적색과 18개의 흑색 및 0과 00의 2개의 녹색을 포함하고 있다.

36までの数字のうち18個は偶数で、18個は奇数である。

36까지의 숫자 중 18개는 짝수이며 18개는 홀수이다.

단어풀이

~ごとに(~마다), 異なる(다르다), 含む(포함하다) : 含まれる(포함되다)

제9절 ルーレット盤(Roulette Wheel : 룰렛 휠 판)

ルーレット盤のポケットは0から36まで数字がつけられている。

룰렛 휠 포켓은 0에서 36까지 숫자가 매겨져 있다.

番号は1~36まで多様で奇数と偶数そして赤と黒が混ざっている。

번호는 1~36까지 다양하고 홀수와 짝수 그리고 빨강과 검정이 섞여 있다.

グリーンポケットは0の数字がつけられている。 アメリカのルーレットではセカンドグリーンポケットがあるが、00と表示されている。

그린 포켓은 0의 숫자가 매겨져 있다. 미국 룰렛에서는 세컨드 그린 포켓이 있는데 00으로 표시되어 있다.

단어풀이

ルーレットホイールナンバー シークエンス(roulette wheel number sequence : 룰렛 휠 연속 숫자판), sequence : (カジノ用語) シークエンス: (一連の)連続的な事件〔行動/数字など〕, (카지노용어) 시퀀스 (일련의) 연속적인 사건들〔행동들/숫자들 등〕, 番号をつける 번호를 매기다〔붙이다〕, つける(붙이다) : つけられる(붙여지다), 混ざる(=まじる 섞이다)

제10절 ルーレットテーブルのレイアウト

(Roulette table layout : 룰렛 테이블 레이아웃)

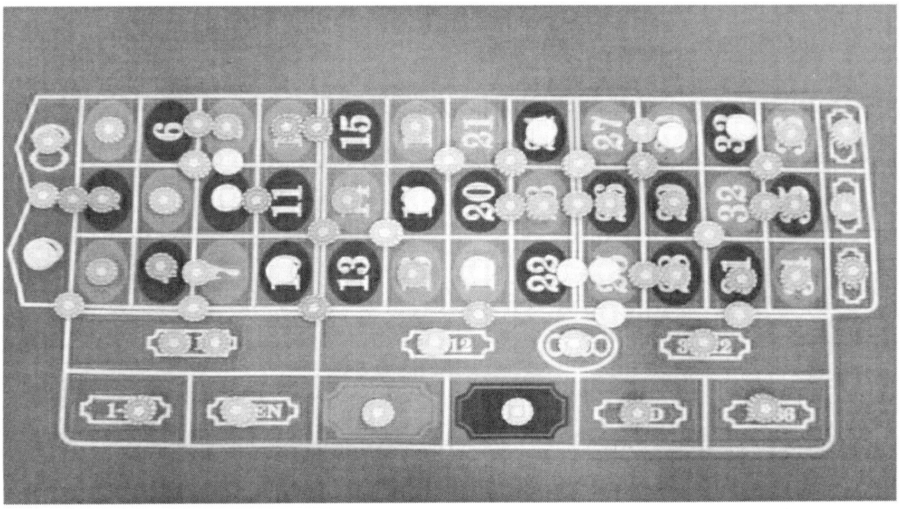

レイアウトはシングル0かダブルゼロ00となっている。シングル0は欧州式レイアウトで採択され，(確率は37/1)

레이아웃은 싱글 0이거나 더블 제로 00로 되어 있다. 싱글 0는 유럽식 레이아웃에서 채택이 되고(확률은 37/1)

ダブル00は米国式レイアウトでの採択をしている。(確率は38/1だ)

더블00은 미국식 레이아웃에서 채택하고 있다.(확률은 38/1이다)

2種類の賭け方がある: つまりインサイドとアウトサイドベッティング方式だ。

2가지 종류의 베팅이 있다 : 즉 인사이드와 아웃사이드 베팅 방식이다.

ベッティングルールは、次のとおりだ。

베팅 룰은 다음과 같다.

1. インサイドベッティング(인사이드 베팅)

勝率では高い配当金と低い勝率。

승률에서 높은 배당금과 확률이 낮다.

インサイドベッティングは38/1～38/5の勝率の確率を持つ。

인사이드 베팅은 38/1～38/6의 승률의 확률을 가진다.

Types(タイプズ)	Inside betting rules(インサイド ベッティング ルール)	pays ペイズ
• One number bet / Straight bet シングル数字ベッティング (싱글 숫자 베팅)	シングルの数字に(だけ)ベッティングする : 싱글 숫자에 베팅을 한다 一つの番号の匹角の中にチップを置く (한 개의 번호의 자리 안에 칩을 놓는다)	35:1

• Two number bet /Split bet 二桁の数字ベッティング (두 자리 숫자 베팅)	(7-8 or 8-9, 32-33) 二つの縦と横に隣接した番号にベッティングする 2개의 가로/세로로 인접한 번호에 베팅 番号を共に共有した同一の線に線にチップを置く 번호를 함께 공유한 동일 선에 칩을 놓는다	17:1
• Three number bet / Street bet • 三桁の数字ベッティング (3자리 숫자 베팅)	三つの番号にベッティング 세 개의 숫자에 베팅 (少なくとも)0一つを含めて : 적어도 0 하나를 포함하고서) 0-1-2(レイアウトのどちらでも可能 : 레이아웃 어느 쪽이든 가능) 0-2-3(シングル0だけで : 싱글 0에서만) 0-00-2 or 00-2-3 (ダブル・ゼロでのみ) : 더블0에서만 コーナーに三つの選択した番号を共有したところ (코너에 3개의 선택한 번호를 함께 공유한 곳) 三つの連続番号に横線のあるところにベッティングする (3개 연속번호로 가로선에 있는 곳에 베팅한다) (4-5-6, 10-11,12, 25-26-27) 数字の外側の端にどちらであれ線の終りにチップを置く (숫자의 바깥 가장자리에 어느 쪽이든 선의 끝에서 칩을 놓는다)	11:1
• Four Number bet / Corner bet / Square bet / Quarter bet 四桁の数字ベッティング (4자리 숫자 베팅)	四つの数のコーナーで出会うところにベッティングする 4개의 수의 코너에서 만나는 곳에 베팅한다. (e.g. 10-11-13-14) 共通のコーナーにチップを置く 공통 모서리에 칩을 놓는다. (13-14-16-17, 25-26-28-29)	8:1
• Five number bet / • 五桁の数字ベッティング (5자리 숫자 베팅) * (米国式00レイアウトでのみ) 미국식 /00레이아웃에서만	0-00-1-2-3にベッティング(0-00-1-2-3에 베팅) 外のコーナーで、0-1や00-3を共有 바깥 코너로 0-10이나, 00-3을 공유	6:1

• Six number (line)bet / Double street • 六桁の数字ベッティング (6자리 숫자 베팅)	六つの連続番号に二つの横線が共有するところにベッティングする 6개의 연속번호에 2거의 가로선을 공유하는 곳에 베팅한다. (13-14-15-16-17-18, 19-20-21-22-23-24) 外のコーナーに番号を共有したところで番号の一番左か一番右にチップを置く 바깥 코너에 번호를 공유한 곳으로 번호의 제일 왼쪽이나 제일 오른쪽에 칩을 놓는다.	5:1
• First four (Single-zero) / 欧州式レイアウトにでのみ 유럽식 레이아웃에만 있음	0-1-2-3にベッティング (0-1-2-3에 베팅) 外コーナー0-1か0-3を共有するところ 바깥코너 0-1이나 C-3을 공유한 곳	

단어풀이

One number bet(ワン ナンバーベット) / Straight bet(ストレートベット) / Bet on (only) a single number(ベット オン オンリー ア シングル ナンバー) / Two number bet, Split bet (ツゥ ナンバー ベット, スプリット ベット) / 横線(가로선) / Four Number bet(フォー ナンバー ベット) / Corner bet(コーナー ベット) / Square bet(スクエア ベット) / Quarter bet(クウェーター ベット) / First Four(ファースト · フォー) / single zero(シングルゼロ)

2. アウトサイドベッティング(아웃사이드 베팅)

少額配当金と高い確率を持つ。しかし、0が出ればすべての賭けは失うことになる。

소액 배당금과 높은 확률을 가진다. 그러나 0이 나오면 모든 베팅은 잃게 된다.

アウトサイドベッティングは33%～50%の勝率の確率を持つ。

아웃사이드 베팅은 33%～50%의 승률의 확률을 가진다.

Types (タイプズ)	Outside Betting rules (アウトサイド ベッティング ルール)	Pays (ペイズ)
• Column bet(カラムベット(縦隊ベッティング종대 배팅)	ベッティング12個の垂直縦隊にある番号をプレーヤーが選ぶ 베팅은 12개의 수직 중에 있는 번호를 플레이어가 선택한다. 1-4-7-10で始めて34まで最後の番号の下の空間の連続する数字にチップを置く。 1-4-7-10으로 시작해서 34까지 마지막 번호 아래 공간의 연속되는 숫자에 칩을 놓는다.	2:1
• Low number bet (ローンナンバーベット) 低い番号ベッティング (낮은 번호 베팅)	ベッティングは低い番号(1~18)の領域にプレーヤーが選んだところの番号 플레이어가 선택한 낮은 번호(1~18)의 영역에 베팅	1:1
• High number bet (ハイ ナンバーベット) 高い番号ベッティング (높은 번호 베팅)	プレーヤーが選んだ高い領域の番号(19~36)にベッティング 플레이어가 선택한 높은 영역의 번호(19~36)에 베팅	1:1
• Red or black レッドかブラック (레드나 블랙)	プレーヤーが選んだ色の番号にベッティング 플레이어가 선택한 색깔 번호에 베팅	1:1
• Even or odd (イーブン オワ オッデゥ) 偶数または奇数 (짝수 또는 홀수)	ベッティングは偶数や奇数番号のタイプにプレーヤーが選んだ番号タイプ。 베팅은 짝수나 홀수 번호 타입에 플레이어가 선택한 타입의 번호	1:1
• Dozen bet (ドゼン ベット) 12個のまとまった数にベッティング (12개 묶음 수에 베팅)	プレーヤーが選んだ12個の番号のまとまりにベッティング 플레이어가 선택한 12개의 번호 묶음에 베팅 (1-12 or P12), (13-24 or M12), (25-30 or D12)	2:1

제11절 タイサイ(Tai sai)

1. タイサイテーブルで(Tai sai table에서)

ディーラー: Bet down please!(ベット ダウン プリーズ)

ベッティング願(ねが)います。(顧客(こきゃく)へベッティング誘導(ゆうどう))

딜러: 베팅하시기 바랍니다.(고객에게 베팅유도)

顧客(こきゃく)がベッティング後(ご)

고객이 베팅 후

No more bet.(ノー モア ベット)

ベッティングを締(し)め切(き)ります。(ディーラーのベッティング締(し)め切(き)りコール)

베팅 마감합니다.(딜러의 베팅마감 call)

ディーラーボタンをして、サイコロが跳(は)ねる

딜러가 버튼을 누르고, 주사위가 튄다.

止(と)まった後(あと)サイコロの数字(すうじ)2, 3, 4が出(で)る

정지 후 주사위 숫자 2, 3, 4가 나온다.

ディーラー: 2, 3, 4(ディーラーがcallingする)

딜러: Two, Three, Four.(딜러가 calling 한다)

ディーラーが電工掲示板(でんこうけいじばん)のボタンを押してダイサイ盤(ばん)に電気(でんき)がつく。

딜러가 전광판 버튼을 눌러 다이사이판에 불이 들어온다.

五名様(ごめいさま),手(て)をお挙(あ)げ下(くだ)さい! (ゲーム参加者(さんかしゃ)が多(おお)くて当選者(とうせんしゃ)の確認(かくにん)が不可能(ふかのう)な場合(ばあい)、要請(ようせい))

5분 손을 들어주십시오. (게임 참가자가 많아서 당첨자 확인이 불가능할 경우 요청)

2. ゲームのルール(Game rule : 게임 룰)

ダイサイゲームでカラーチップは特別なチップセットとして、チップに同一のマークが刻まれているが、それらをカラーチップと他のテーブルで使用されているものと区別するためである。

다이사이 게임에서 칼라 칩은 특별한 칩 세트로, 칩에 동일한 마크가 새겨져 있는데 그것들을 칼라 칩과 다른 테이블에서 사용되고 있는 것들과 구별하기 위해서이다.

단어풀이

サイコロ(주사위), 押す(누르다), 跳ねる(튀다, 뛰어오르다), 刻む(조각하다, 새기다) : 刻まれる(새겨지다)

3. ゲーム方法の説明(게임방법의 설명)

- まず、ディーラーが"bet down please!(ベッティング願います")と知らせると、ゲームが始まる。

  먼저, 딜러가 ("베팅 바랍니다")라고 알리면 게임이 시작된다.

- 各プレーヤーは勝利の確率が高いと考えられる区域にマネーチップや、プレーチップ、マーキングチップを置くことができる。

  각 플레이어는 승리의 확률이 높다고 생각되는 구역에다 머니 칩이나, 플레이 칩, 마킹 칩을 놓을 수 있다.

(☞ ダイサイゲームにゲーム参加者が多い場合、マーキングチップの使用が可能である。)

다이사이게임에 게임 참여자가 많을 경우, 마킹 칩 사용이 가능하다.

- 次にディーラー が "no more bet"("ベッティング終了いたします")と告げ、ベッティングの締め切りが実施される。

  다음으로 딜러가 "베팅 마감합니다"라고 알리면서 베팅 마감이 실시된다.

- ディーラーはダイサイ容器を閉めて作動させる。

  딜러는 다이사이 용기를 덮고서 작동시킨다.

- シェーカーボタンを押してサイコロを三回以上シェーカーの中で跳ねさせる。

  셰이커 버튼을 눌러 주사위를 3번 이상을 셰이커 안에서 튀긴다.

- 勝利の組み合わせ数は三つのサイコロの数字の値(=加えた数、各々の数)の結果によって決定される。

  サイコロシェイカー容器の蓋が開きながらサイコロはサイコロシェイカーの底にきちんと置かれていなければならない。

  승리의 조합 수는 3개의 주사위 숫자 값(= 더한 수, 각각의 수)의 결과에 의해 결정된다. 주사위 셰이커용기의 덮개가 벗겨지면서 주사위는 주사위 셰이커의 밑바닥 부분에 반듯하게 놓여 있어야 한다.

단어풀이

告げる(알리다), 締め切る(마감), 加える(더하다), きちんと(정확히, 깔끔히, 규칙 바르게)

シェイカー (shaker)〔何かを入れて揺する時に使う容器 : (무엇을 담아) 흔드는 데 쓰는 용기〕

4. ゲームの進行中に予期せぬ事態が発生した場合(게임 진행 중에 돌발사태 발생 시)

次の状況はノーゲームとみなされる。

다음의 상황은 노게임(no game)으로 간주된다.

- サイコロ二つが重なっている。一つのサイコロがもう片方の上に重なっている。
  주사위 2개가 포개져 있다. 한 개의 주사위가 다른 한쪽의 주사위 위에 포개져 있다.
- サイコロが割れたり、サイコロシェーカーが三回転がっていないとき。
  주사위가 깨지거나 주사위 셰이커가 3번 구르지 않을 때.
- サイコロが傾いた状態でサイコロシェイカーカバーが開いた後に発見される。
  주사위가 비스듬해져 있는 상태로 주사위셰이커 커버가 벗겨지고 나서 발견이 된다.

責任者(pit boss)が三つのサイコロをきちんと置けるようにするため、シェイカー容器の近くで何度かテーブルを軽くたたいた後もサイコロがきちんと置かれていない場合。

책임자(pit boss 핏보스)가 3개의 주사위를 반듯하게 놓이도록 하기 위해 셰이커용기 가까이서 여러 번 테이블을 가볍게 톡톡 두드린 후에도 주사위가 반듯하게 놓여져 있지 않을 경우.

そうなると、責任者を呼んで来てマネージャーはノーゲームを宣言する。 ゲームで全ての参加者たちはまた機械が与えられ、ベッティングができるようにゲームは進行される。

그러면 책임자를 부르고서 매니저는 노게임을 선언한다. 게임에서 모든 참가자들은 다시 기회가 주어지고 베팅할 수 있게 게임은 진행된다.

ディーラーは(再び)サイコロシェイカーを作動させる。

딜러는 (다시) 주사위 셰이커를 작동시킨다.

前のゲームで出た三つの同一の数字をそのままにして平らにしておく

앞 게임에서 나왔던 3개의 동일한 숫자를 그대로 해서 평평하게 해 놓는다.

しかし、このルールは(ゲームの継続を進めるかどうか)カジノごとに異なり適用される。

그러나 이 룰은(게임의 계속 진행 여부) 카지노마다 다르게 적용이 된다.

- ディーラーが"No more bets"と知らせた後は,それ以上のベッティングはできず、プレーヤーたちはベッティングしたところに 手を出すことが禁止されている。

  딜러가 "No more bets"라고 알린 후에는 더 이상의 베팅은 하지 못하며 플레이어들은 베팅한 곳에 손을 대는 것이 금지된다.

단어풀이

予期する(예기하다) : 予期しない= 予期せぬ(예기치 않는), 重なる(겹치다), 片方(한쪽), 割れる(깨지다), 傾く(비스듬하다, 기울다), 軽い(가벼운), たたく(두드리다, 때리다), 与える(주다, 수여하다, 할당하다) : 与えられる(주어지다), 平ら(평평함), 異なる(다르다)

5. 支払金(지급금)

- 各勝利(しょうり)ベティングの 確率(かくりつ) : 각 승리 베팅의 확률

Types of Tai Sai Game

(ダイサイ ゲーム タイプズの種類 : 다이사이 게임의 종류)

Betting Rules(ベッティングルール)		Pays (支払い)
• Even Bet(偶数 ベッティング : 짝수 베팅)		1 : 1
• Odd Bet 奇数ベッティング(홀수 베팅)		1 : 1
• Small(Total of 4-10 except Triple) 小(トリプルを除いた計4-10 : 트리플을 제외한 총 4-10)		1 : 1
• Big(Total of 11-17 except Triple)大(トリプルを除いた計11-17 : 트리플을 제외한 총 11-17)		1 : 1
• Pair Dice Bet(ペアダイス・ベット)		8 : 1
• Any Triple Bet (どんなトリプルベットに関係なく適用 : 어떤 트리플벳에 관계없이 적용) (1, 1, 1 / 2, 2, 2 / 3, 3, 3 / 4, 4, 4 / 5, 5, 5)		24 : 1
• Specific Straight Triple Bet 特定のストレートトリプルベット (特別な一カ所にのみ賭ける: 특별한 1곳에만 베팅) / (同一番号三つ : 동일번호 3개)		150 : 1
• Single Dice Bet (シングルダイス・ベット)	一つのサイコロに現れた番号ベッティング(サイコロ三個のうち) 1개의 주사위에 나타난 번호 베팅(주사위 3개 중)	1 : 1
	二つのサイコロに現れた番号ベッティング 2개의 주사위에 나타난 번호 베팅	2 : 1
	三つのサイコロに現れた番号ベッティング 3개의 주사위에 나타난 번호 베팅	3 : 1
• Total Number Bet (トータルナンバーベット)	Combination of Numbers(4 or 17) 数の組み合わせ : 숫자 조합(4 or 17)	50 : 1
	数の組み合わせ(5 or 16)	30 : 1
	数の組み合わせ(6 or 15)	18 : 1
	数の組み合わせ(7 or 14)	12 : 1
	数の組み合わせ(8 or 13)	8 : 1
	数の組み合わせ(9, 10, 11,12)	6 : 1

ダイサイのレイアウト(Tai sai layout)

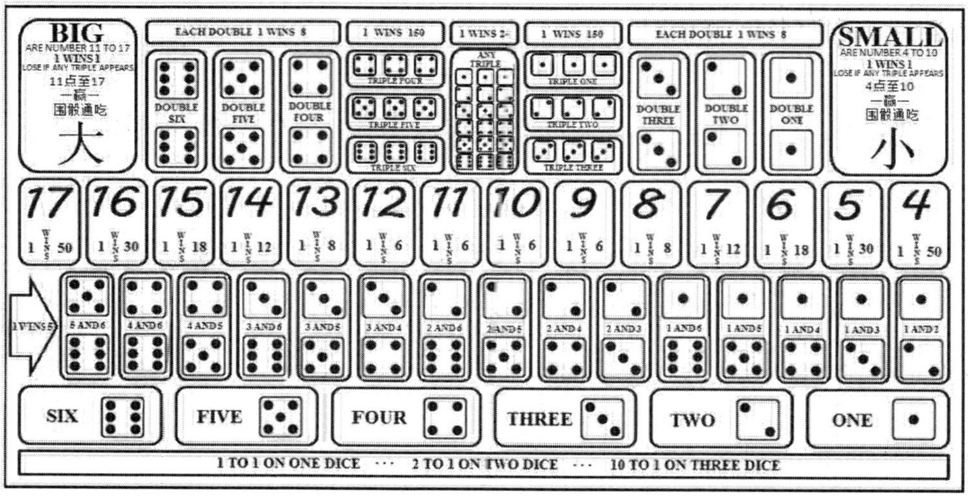

저자약력

정천석

강릉원주대학교 일반대학원 관광과 박사 수료
강릉원주대학교 경영정책대학원 관광경영학 석사
일본 오사카 국제일본어학교 졸업
강원랜드 Duty Manager
용평리조트 사내외국어 강사, 각종 국제대회 통역운영위원
오대산호텔 아웃소싱 인력관리 이사
일본 오사카 아사히상사 리조트 개발 담당
James Jung 외국어학원 영어, 일어 강사
강원도립대학교 관광과 강사
현) 세경대학교 카지노경영과 겸임교수

新保 直美(신포 나오미)

日本 北海道 千歲(홋카이도 치토세) 고등학교 졸업
강릉원주대학교 일반대학원 관광과 박사 수료
강릉원주대학교 일반대학원 관광학 석사
강릉원주대학교 관광경영/일본어학과 졸업
현) 송양초등학교 일본어 강사
강릉시노인종합복지관 일본어 강사
인재개발원 일본어 강사
강릉시문화센터 일본어 강사
북부노인종합복지관 일본어 강사

저자와의
합의하에
인지첩부
생략

일본어 회화

2019년 2월 15일 초판 1쇄 인쇄
2019년 2월 20일 초판 1쇄 발행

지은이 정천석 · 신포 나오미
펴낸이 진욱상
펴낸곳 (주)백산출판사
교 정 편집부
본문디자인 오행복
표지디자인 오정은

등 록 2017년 5월 29일 제406-2017-000058호
주 소 경기도 파주시 회동길 370(백산빌딩 3층)
전 화 02-914-1621(代)
팩 스 031-955-9911
이메일 edit@ibaeksan.kr
홈페이지 www.ibaeksan.kr

ISBN 979-11-89740-15-3 13730
값 25,000원